Ewige Weisheit – Teil 1

Überarbeitete Übersetzung

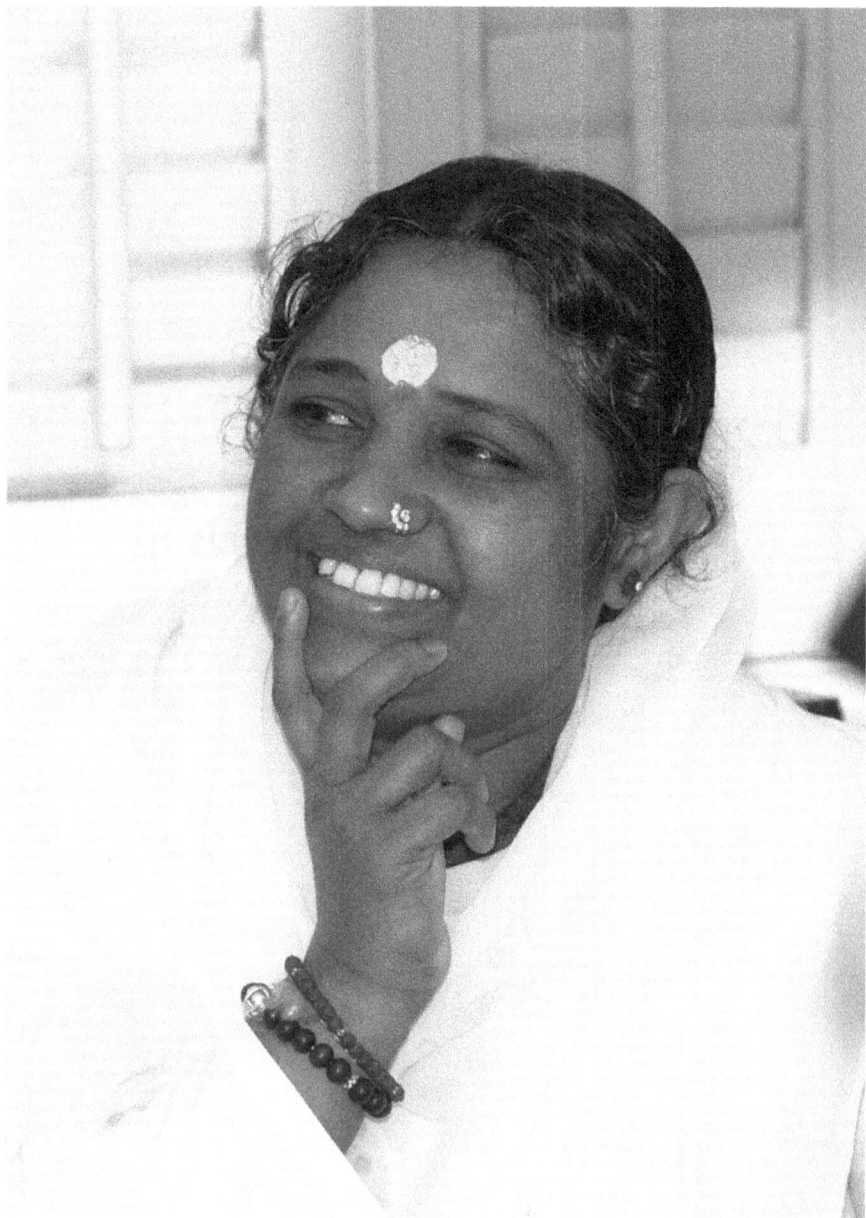

Ewige Weisheit
Teil 1

Überarbeitete Übersetzung

Gespräche mit
Sri Mata Amritanandamayi

Zusammengestellt von
Swami Jnanamritananda Puri

Mata Amritanandamayi Center, San Ramon
Kalifornien, Vereinigte Staaten

Ewige Weisheit – Teil 1

zusammengestellt von Swami Jnanamritananda
Überarbeitete Übersetzung

Publiziert von:
Mata Amritanandamayi Center
P.O. Box 613
San Ramon, CA 94583
Vereinigte Staaten

———————— *Eternal Wisdom 1 (German)* ——————

In Deutschland: www.amma.de

In der Schweiz: www.amma-schweiz.ch

In Indien:
inform@amritapuri.org
www.amritapuri.org

Im vorliegenden Buch möchten wir so nahe wie möglich an den ursprünglichen spirituellen Lehren bleiben. Dafür wird, sofern möglich, eine sprachlich etablierte geschlechtsneutrale Formulierung genutzt. Wo dies nicht der Fall ist, wird zur besseren Verständlichkeit das generische Maskulinum verwendet. Auch in diesem Fall sind jedoch Personen mit allen, inkl. non-binären, Geschlechtsidentitäten immer ausdrücklich mitgemeint und angesprochen.

Mutter,

Lass jede meiner Handlungen
eine Verehrung von Dir,
in völliger Hingabe sein.

Lass jeden Ton, der über meine Lippen kommt,
ein Gesang Deines Mantras sein.

Lass jede Bewegung meiner Hände
ein Mudra der Verehrung sein.

Lass jeden meiner Schritte
eine verehrende Umrundung von Dir sein.

Lass mein Essen und Trinken
Gaben für Dein heiliges Feuer sein.

Lass mein Ausruhen
eine Verneigung zu Deinen Füßen sein.

Amma, lass alle meine Handlungen,
und jeder Trost, den ich spende,
eine Verehrung von Dir sein.

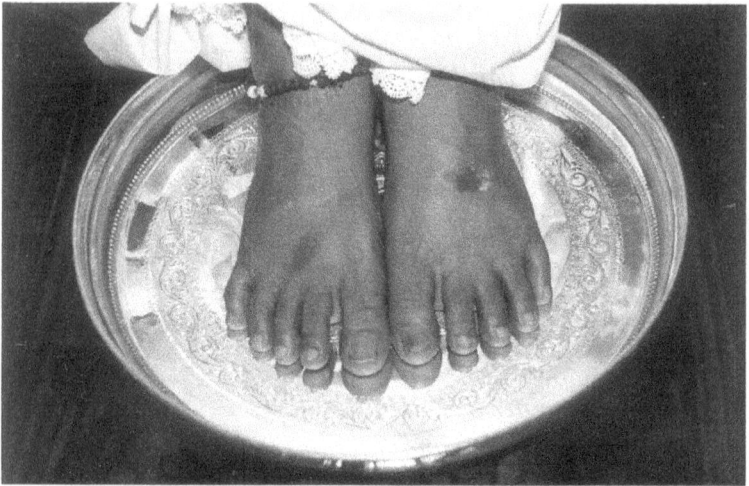

Dieses Buch enthält eine kleine Auswahl
der wundervollen Worte Ammas.
Mit Liebe bringen wir dieses zu Ihren Lotusfüßen dar.

.

Inhalt

Vorwort

Mahatmas, die fähig sind, das ganze Universum im *Atman* und *Atman* im Universum zu sehen, sind in der Tat selten. Erkennen wir sie als *Mahatmas*, wollen sie vielleicht nicht mit uns sprechen oder uns beraten, da ihr Bewusstsein eingetaucht ist in die ewige Stille des Selbst. Deshalb ist es für uns ein großes Glück, wenn ein verwirklichter *Mahatma* bereit ist, mit der sanften Liebe einer Mutter und dem unfassbaren Mitgefühl eines *Gurus* uns zu leiten und Disziplin zu lehren. Auf der ganzen Welt verändern der *Darshan* (Begegnung, lebendige Präsenz) von Sri Mata Amritanandamayi Devi und Ihre weisen Worte das Leben von Hunderttausenden. Das vorliegende Buch, so unvollständig es auch sein mag, ist eine kostbare Sammlung von Gesprächen zwischen Amma und Ihren Schülern, *Devotees* und fragenden Besuchern in der Zeit von Juni 1985 bis September 1986.

Die Weisheit der *Mahatmas*, die unter uns sind, um die Welt zu erheben, hat unmittelbare und auch eine zeitlose Bedeutung. Auch wenn sie ewige Werte verkünden, sind ihre Worte doch auf die heutige Zeit abgestimmt, in der sie leben und sie antworten entsprechend dem Puls der Zuhörer.

Amma spricht Ihre unsterblichen Worte, die die Gesellschaft verändern, in einer Zeit, in der der Mensch seine traditionellen Werte, edlen Ansichten und den inneren Frieden verloren hat. Die unnötige Verstrickung in sinnliche Vergnügungen, das Streben nach Macht und Prestige, ohne Wissen über das Selbst, lässt den Menschen die Harmonie in seinem Leben verlieren.

Mangelnder Glaube, Angst und Wettbewerb haben persönliche Bindungen und familiäre Beziehungen zerstört. Die Liebe ist nur noch eine Fata Morgana in einer Kultur des übermäßigen Konsums geworden.

Die selbstlose Liebe zu Gott weicht einer Form der Hingabe, die von persönlichen Wünschen geleitet wird. Menschen messen dem Intellekt, der nach dem unmittelbaren Gewinn strebt, übermäßige Bedeutung bei, während der von wirklicher Weisheit sprechende, dauerhafte Glanz verworfen wird. In der heutigen Gesellschaft leuchten keine hohen spirituellen Prinzipien und noblen Erfahrungen, es gibt nur noch leere Worte. In einer solchen Situation spricht Amma zu uns in einer Sprache der reinen Hingabe, der Sprache des Herzens, der Weisheit und der Liebe, die Ihr ganzes Leben ausmachen. Ihre strahlenden Worte haben eine unmittelbare, aber auch eine zeitlose Bedeutung.

Die Weisheit der Mutter, die unzählige persönliche Probleme von Hunderttausenden gehört hat, zeigt Ihre tiefe Einsicht in das menschliche Wesen. Sie erkennt die Bedürfnisse der Menschen und begibt sich auf die Ebene jedes einzelnen; des Rationalisten, des Gläubigen, des Wissenschaftlers, des einfachen Mannes, der Hausfrau, des Geschäftsmannes, des Gelehrten und des Analphabeten. Ob Mann, Frau oder Kind, Sie gibt jedem die passende Antwort, die seinen jeweiligen Bedürfnissen entspricht.

Amma verweist auf Ihr eigenes Leben und sagt: „Da ich alles als die Wahrheit oder *Brahman* sehe, verbeuge ich mich vor dieser Wahrheit, vor meinem Selbst. Ich diene jedem, denn ich sehe jeden als das wahre Selbst.“ Zwar sieht Amma die Philosophie des *Advaita* (Nicht-Dualität) als die höchste Wahrheit an; doch ist der Weg, den sie meistens vorschlägt, eine harmonische Mischung aus *Mantra-Japa*, Meditation auf die göttliche Form, hingebungsvollem Singen, *Archana*, *Satsang* und selbstlosem Dienst für die Welt.

Ihre Empfehlungen sind nicht nur theoretisch, sondern sehr praktisch und im täglichen Leben verwurzelt. Durch Ihre Anweisungen erläutert Sie die Wichtigkeit von spiritueller Erziehung und *Sadhana* und unterstreicht dessen Notwendigkeit für jeden Einzelnen und als auch für die Gesellschaft. Sie erhellt die Rolle des selbstlosen Dienstes bei der Suche nach dem wahren Selbst und die Bedeutung des aufrichtigen Gebets voller Hingabe und reiner Liebe. Sie bespricht auch Themen, wie Verhaltenskodex in Familien, Probleme des täglichen Lebens und das *Dharma* der Beziehung zwischen Mann und Frau, praktische Richtlinien für spirituell Suchende und gibt manchmal Rätsel philosophischer Natur auf.

Wir hören, wie Sie Ihre Kinder ermahnt, in ihrem Leben spirituellen Werten zu folgen, auf Luxus zu verzichten, schlechte Gewohnheiten abzulegen und denen zu dienen, die leiden: „Kinder, die Verwirklichung Gottes ist das wahre Ziel des Lebens." Spiritualität ist kein blinder Glaube, sondern der Weg, der die Dunkelheit verdrängt. Es ist das Prinzip, das uns lehrt, allen widrigen Umständen oder Hindernissen mit einem Lächeln zu begegnen. Spiritualität ist eine Lehre für den *Mind*[1]. Mutter weist darauf hin, dass wir alles andere nur dann wirkungsvoll nutzen können, wenn wir dieses Wissen verinnerlichen.

Ammas unendliche Weisheit tröstet diejenigen, die nach Lösungen ihrer Probleme suchen, antwortet denen, die sich für Spiritualität interessieren und gibt Ihren Schüler gelegentlich Anweisungen.

Jede Antwort entspricht der Wesensart und den Lebensumständen des Fragenden. Selbst wenn der Fragende nicht dazu

---

[1] *Mind* = der Fluss, all unserer Gedanken, Gefühle, Konzepte, innewohnenden Neigungen und Überzeugungen und Angewohnheiten, der mit dem Pendel einer Uhr verglichen werden kann. Wie das Pendel einer Uhr schwingt der Mind ununterbrochen von Glück zu Leid und wieder zurück.

in der Lage ist, seine Ideen vollständig darzustellen, gibt Amma die passende Antwort; Sie kennt die Sprache des Herzens. Es ist nicht ungewöhnlich, dass Amma schon antwortet, bevor die Frage oder der Zweifel überhaupt geäußert wurde.

Amma beantwortet eine Frage oft so, dass Ihre Worte auch einen Rat für einen stillen Zuhörer enthalten. Nur jener wird verstehen, dass die Antwort für ihn war. Wer sich mit Ammas Lehren befasst, sollte sich dieser speziellen Qualität bewusst sein.

Die Worte eines *Mahatmas* haben verschiedene Bedeutungsebenen. Wir sollten die Bedeutung aufnehmen, die für uns am meisten zutrifft. Eine bekannte Geschichte in den *Upanishaden* erzählt, als *Brahma* (der Schöpfer des Universums) das Wort „Da" aussprach. Dies deuteten die Dämonen als Ratschlag, Mitgefühl *(Daya)* zu entwickeln, die Menschen als Aufforderung, zu geben *(Dana)*, und die himmlischen Wesen als Anordnung, Zurückhaltung zu üben *(Dama)*.

Es ist eine kostbare Erfahrung, Amma zuzuhören und Sie zu beobachten, wenn Sie mit lebhafter Mimik und vollendeter Gestik spricht. Ihre Sprache ist einfach und gleichzeitig mit äußerst passenden Geschichten und Vergleichen aus dem Leben. Die Liebe, die aus Ammas Augen leuchtet und Ihr strahlendes, mitfühlendes Gesicht bleibt dem Zuhörer gegenwärtig als Meditations-Bild.

An spiritueller Literatur herrscht heute kein Mangel, doch es ist eine traurige Tatsache, dass die höchsten Ideale nur in den Worten der Menschen, aber nicht in ihrem Leben zu finden sind. Amma hingegen spricht von dem, was Sie täglich lebt. Sie gibt niemals einen Rat, den Sie nicht selbst in Ihrem eigenen Leben vorlebt. Sie erinnert uns immer wieder daran, dass spirituelle Prinzipien und *Mantren* nicht bloß auf unseren Lippen bleiben, sondern wir sie in unser Leben umsetzen müssen. Das Geheimnis dieser tiefen spirituellen Prinzipien, die beständig aus Amma strömen, die weder Schriften studiert, noch Anleitung von einem

Guru erhalten hat, ist nichts anderes als Ihre direkte Erfahrung des Selbst.

Das Leben der *Mahatmas* ist die Grundlage der heiligen Schriften. Amma spricht Worte wie: „Die ganze Welt gehört dem, der die Wahrheit erkannt hat." „Freundlichkeit gegenüber den Armen ist unsere Pflicht gegenüber Gott." „Wenn du Zuflucht in Gott suchst, wird Er dir bringen, was du brauchst, wenn du es brauchst." Solche Worte spiegeln Ihr eigenes Leben wider. In jeder Ihrer Handlungen schwingen Mitgefühl für die ganze Welt und Liebe zu Gott mit. Und diese Einheit von Gedanke, Wort und Tat in Ammas Leben ist der tatsächliche Grund für Ihre Aussage, dass es nicht notwendig sei, irgendwelche anderen Schriften zu studieren, wenn man Ihr Leben genau betrachtet und analysiert. Amma erstrahlt inmitten der Gesellschaft als eine lebendige Verkörperung von *Vedanta*.

Die *Mahatmas*, die die Welt durch ihre Anwesenheit heiligen, sind selbst *Tirtas*, d.h. bewegliche, heilige Orte. Regelmäßige Pilgerreisen und Verehrung in Tempeln reinigen unseren *Mind* erst nach vielen Jahren, doch ein einziger *Darshan*, eine Berührung oder ein Wort eines *Mahatmas* heiligt uns und legt in uns den Samen zu einem erhabeneren *Samskara*.

Die Worte der *Mahatmas* sind nicht nur bloße Laute. *Mahatmas* verströmen durch ihre Worte Gnade. Ihre Worte wecken das Bewusstsein sogar in einem Menschen, der zuhört, ohne ihre Bedeutung zu verstehen. Wenn diese Worte in der Form eines Buches erscheinen, wird ihr Studium zum höchsten *Satsang* und zur wertvollsten Meditation. *Mahatmas* wie Amma, welche die Wirklichkeit erfahren haben, transzendieren Zeit und Raum. Ammas Worte zu hören oder zu lesen ermöglicht es uns, eine unsichtbare innere Verbindung mit Ihr aufzubauen, aufrechtzuerhalten und bereit zu werden, Ihren Segen zu empfangen. Das ist die wahre Bedeutung des Studiums solcher Bücher.

Demütig bieten wir die vorliegende Sammlung von Ammas unsterblichen Worten dem Leser an, mit dem Gebet, dass er inspiriert werden möge, den hohen spirituellen Idealen nachzueifern, die stets durch Ammas Leben leuchten, und auf dem Weg der höchsten Wahrheit weiterzugehen.

– Die Herausgeber

Kapitel 1

Das erste Licht der Morgendämmerung schimmerte durch den Kokoshain. Aus Ammas Zimmer waren die lieblichen Klänge einer Tambura zu hören. Ein *Devotee* hatte Amma die *Tambura* kürzlich geschenkt. Morgens spielte Sie sie jeweils für längere Zeit. Bevor Amma das Instrument hochhob, berührte Sie es ehrfurchtsvoll und verbeugte sich davor. Sie verbeugte sich erneut, wenn Sie es wieder ablegte.

Für Amma ist alles eine Form Gottes. Sie hat schon oft gesagt, dass wir jedes Musikinstrument als eine Form von Devi *Saraswati* ansehen sollten. Beim *Bhajan*-Singen fällt es schwer, genau festzustellen, wann Amma die Zimbeln, mit denen Sie gespielt, niederlegt, weil dies mit so viel Achtung und Aufmerksamkeit geschieht.

Die Mutter, die niemals ausruht

Amma kam morgens kurz nach neun zur *Darshan*-Hütte. Verschiedene *Devotees* warteten bereits auf Sie, und Amma fragte: „Kinder, seid ihr schon lange hier?" Einer der *Devotees*: „Erst seit Kurzem. Wir hatten heute das Glück zu hören, wie Amma die Tambura spielte."

Amma: „Beim Spielen hat Amma die Zeit völlig vergessen. Sie hatte nach dem *Bhava-Darshan* letzte Nacht keine Zeit zum Schlafen, da viele Briefe zu lesen waren. Als Sie alle gelesen hatte, war es bereits Morgen. Gayatri hatte Amma wiederholt gedrängt, schlafen zu gehen, doch Amma erwiderte immer ‚nur noch einen‘. Immer, wenn Sie dann den nächsten Brief sah, konnte Amma nicht widerstehen, ihn zu öffnen und zu lesen. Amma fühlte den Schmerz dieser Kinder, und er durchbohrte Ihr eigenes Herz. Viele der Kinder erwarten nicht einmal eine Antwort. Alles, was sie möchten, ist, dass Amma von ihrem Kummer erfährt. Wie kann Amma solche Gebete ignorieren? Amma vergisst völlig die eigenen Probleme, wenn Ihr die Leiden Ihrer Kinder in den Sinn kommen.

Amma ging an diesem Morgen dann gar nicht mehr schlafen. Nach Ihrem Bad wollte Sie alleine sein und begann deshalb die Tambura zu spielen. Ihr Klang lässt Amma alles vergessen. Wenn Sie spielt, bleibt die Zeit stehen. Als die Uhr neun schlug, erinnerte sich Amma wieder an Ihre Kinder. Deshalb kam Sie sofort hierher.“

Dieser Tagesablauf war nicht ungewöhnlich. Die meisten Tage verlaufen so ähnlich. Amma hat oft keine Zeit zu schlafen oder zu essen. Beim *Bhava Darshan* wird es immer sehr spät, bis Sie in Ihr Zimmer zurückkehrt und dann noch anfängt, Briefe zu lesen. Täglich kommen viele Briefe an, und die meisten von ihnen erzählen herzzerreißende Geschichten. Amma liest sie alle, bevor Sie sich hinlegt. An manchen Tagen hat Sie Gelegenheit, Briefe schon mittags zu lesen. Wann kann Sie da noch die Zeit zum Ausruhen finden, wenn Sie den Problemen Ihrer Kinder, die in die Hunderttausende gehen, so viel Aufmerksamkeit widmet? Nur selten kann Amma mehr als zwei Stunden schlafen. Manchmal schläft Sie überhaupt nicht. Doch sobald Sie sich daran erinnert, dass Ihre *Devotees* auf Sie warten, vergisst Sie alles und kommt herunter. Dann ist sofort jede Müdigkeit aus Ihrem Gesicht verschwunden.

Ratschläge für Familien

Eine junge Frau mit schmutzigen Kleidern und unordentlichem Haar näherte sich Amma mit ihrem Kind auf dem Arm und verbeugte sich vor Ihr. Das Gesicht war vom Leid gezeichnet. Amma: „Gehst du heute, Tochter?" Die Frau: „Ja, Amma, ich war jetzt drei Tage von Zuhause weg."

Sie legte ihren Kopf auf Ammas Brust und begann zu schluchzen. Amma hob ihren Kopf hoch, wischte ihre Tränen weg und sagte: „Mach dir keine Sorgen, Tochter, alles wird gut"

Die Frau verbeugte sich erneut vor Amma und ging hinaus.

Ein *Devotee*: „Ich kenne diese junge Frau, sie hat sich so sehr verändert."

Amma: „Ihr Mann hatte eine gute Arbeit, aber er kam in schlechte Gesellschaft und begann zu trinken. Bald hatte er kein Geld mehr und bat seine Frau um ihren Schmuck, um den Alkohol zu bezahlen. Als sie zögerte, begann er, sie zu schlagen. Aus Angst gab sie ihm schließlich alles. Er verkaufte den Schmuck und gab das Geld für Alkohol aus. Er kam jede Nacht betrunken nach Hause und zog sie dann an ihren Haaren und schlug sie. Und wie sie jetzt aussieht nach den Schlägen! Vor ein paar Tagen gab es Streit um das kleine Goldkettchen, das das Baby um den Hals trägt. Die Frau wurde dabei heftig geschlagen. Deshalb nahm sie das Kind und kam hierher. Anfangs war das so eine glückliche Familie. Kann von Rauschmitteln irgendetwas Gutes kommen? Gesundheit, Vermögen und die häusliche Harmonie - alles ist verloren."

Eine andere Frau: „Einer unserer Nachbarn trinkt. Kürzlich kam er betrunken nach Hause, nahm seine 1 ½ Jahre alte Tochter und warf sie heftig zu Boden. Was für ein *Mind* ist das! Seine Frau ist ebenfalls in einer sehr traurigen Verfassung wegen der Schläge, die sie einstecken muss."

Amma: „Kinder, wenn Alkohol einen Mann besinnungslos macht, erkennt er nicht einmal mehr seine Frau und seine Kinder. Er kommt nach Hause, nachdem er vielleicht selbst verprügelt wurde. Welche Art von Glück kann man in solchen Dingen finden?

Man bildet sich nur ein, dass man Freude daran hat. Liegt das Glück in Zigaretten, Alkohol und Drogen? Es gibt Leute, die jeden Monat mehrere hundert Rupien dafür ausgeben. Das würde reichen, um die gesamte Ausbildung eines Kindes zu bezahlen. Rauschmittel mögen uns helfen, alles für eine kurze Zeit zu vergessen, aber in Wirklichkeit verliert der Körper seine Vitalität und der Mensch ruiniert sich. Die gesundheitlichen Schäden führen zu einem vorzeitigen Tod. Diejenigen, die der Familie und der Gesellschaft dienen sollten, zerstören sich selbst und schaden anderen."

Devotee: „Warum zerstören sich diese Menschen wissentlich?"

Amma: „Kinder, es ist die egoistische Suche des Menschen nach Vergnügen, die ihn dazu bringt, dem Rauchen und Trinken zu verfallen. Er denkt, dass all das Glück bedeutet. Wir sollen den Menschen die spirituellen Prinzipien erklären. Um das überzeugend zu tun, müssen wir selbst dieser Prinzipien leben. Dann werden uns andere nacheifern. Sie werden dann auch großzügiger und weniger egoistisch.

Wir erleben Menschen, die Unsummen an Geld für maßlosen Komfort und Luxus ausgeben. Gleichzeitig hungert vielleicht der Nachbar, oder die Hochzeit eines Mädchens muss abgesagt werden, weil ihre Eltern die erforderlichen tausend Rupien Mitgift nicht aufbringen können. In einer anderen Familie wird eine verheiratete Freu nach Hause zurückgeschickt, weil der Anteil des elterlichen Vermögens, den sie als Mitgift bekommen hatte, nicht groß genug war. Unterdessen geben die Nachbarn Millionen für die Heirat ihrer Tochter aus. Diejenigen, die Mittel haben, aber nicht bereit sind, anderen in ihrer Not zu helfen, fügen der Gesellschaft den größten Schaden zu. Sie verraten sogar ihre eigene Seele."

Spirituelle Lebensführung zwecks Läuterung des eigenen Verhaltens

Ammas Gesicht wurde ernst. Sie sagte nachdrücklich: „Kinder, solch ein egoistischer *Mind* kann nur durch spirituelle Gedanken großzügig werden. Wir sind alle das eine Selbst. Alle sind Kinder derselben Mutter, der Mutter des Universums. Wir alle atmen dieselbe Luft. Als ich geboren wurde, hatte ich weder Namen noch Kastenzugehörigkeit. Kaste und die Religion kamen sehr viel später. Deshalb ist es meine Pflicht, diese Barrieren niederzureißen und jeden wie einen Bruder oder Schwester zu lieben. Wirkliches Glück kann ich im Leben nur finden, wenn ich andere liebe und ihnen helfe. Wahre Verehrung Gottes heißt, denen zu helfen, die leiden. Wenn wir solche Gedanken hegen, wird sich unseren Blickwinkel erweitert. Wenn wir diese Prinzipien verstehen, wird sich unser Charakter wesentlich verändern und wir werden mitfühlend.

Heutzutage kennen die meisten Menschen nur ‚Ich' und ‚Mein'. Sie denken an ihr eigenes Glück und an das ihrer Familie. Das ist tödlich. Es ruiniert nicht nur sie selbst, sondern auch die Gesellschaft. Kinder, solchen Menschen sollten wir erklären, das ist nicht die Art und Weise, wie man leben sollte! Ihr seid keine Teiche, in welchen das Wasser stagniert und mit der Zeit verschmutzt, ihr seid Flüsse, die zum Wohle der Welt fließen sollten. Ihr seid nicht dazu gemacht zu leiden, sondern dazu, Glückseligkeit zu erfahren!

Wenn das Wasser eines Teiches in einen Fluss fließt, wird es gereinigt. Wenn es in den Abfluss fließt, wird es noch schmutziger. Der Abfluss ist die egoistische Haltung von ‚Ich' und ‚Mein'. Der Fluss ist Gott. Kinder, lasst uns Zuflucht in Gott suchen, davon werden wir profitieren, ganz gleich, ob wir im Leben gewinnen oder verlieren. Wenn wir in Gott Zuflucht suchen, erfahren wir Freude und inneren Frieden. Frieden und Wohlstand werden sich dann in unserer Familie und in der Welt verbreiten."

Amma schaute auf einen *Devotee*, der in der Nähe saß, und sagte: „Als dieser Sohn das erste Mal zu Amma kam, war er bis zur Bewusstlosigkeit betrunken. Einige Leute stützten ihn und brachten ihn." Amma lachte.

Der *Devotee*: „Nachdem ich Amma gesehen hatte, trank ich keinen Alkohol mehr. Einige meiner Freunde hörten auch auf zu trinken, als sie sahen, dass ich es aufgegeben habe. Jetzt mag ich nicht mal mehr etwas über Alkohol hören."

Amma: „Sohn, als du dich zum Besseren verändert hast, haben sich nicht auch andere zur gleichen Zeit geändert? Brachte das nicht auch ihren Familien Frieden?

Kinder, wir bringen Kinder zur Welt und wir erschaffen unsere eigenen Kinder. Was tun wir aber darüber hinaus, Gutes für die Welt? Es ist wahr, dass wir für unsere Familie sorgen, aber ist das unsere einzige Pflicht? Wie können wir alleine dadurch Frieden finden? Sind wir damit zufrieden, wenn der Tod uns ereilt? Wir leben, ohne die Prinzipien eines rechtschaffenen Lebens zu kennen, somit erfahren wir nur Leid, und verursachen auch Leid für andere. Wir bringen Kinder zur Welt, die ebenfalls Schmerz und Leid erfahren. Ist das Leben nicht so, heutzutage?"

Ein *Devotee*: „Sagt Amma hiermit, wir sollen keine Ehefrauen und Kinder haben?"

Amma: „Nein, Amma sagt, dass wir lernen sollten, in diesem Leben Frieden zu erreichen, statt es auf einer Ebene zu verbringen, vergleichbar die eines Tieres. Statt dem Vergnügen nachzulaufen, sollten wir das Ziel des Lebens kennen und dafür leben. Führt ein einfaches Leben. Gebt anderen etwas ab, nachdem ihr eure eigenen Bedürfnisse erfüllt habt. Lebt, ohne anderen Schaden und bringt auch anderen diese Prinzipien bei. Auf diese Art sollten wir eine große Kultur erschaffen. Lasst unsere eigenen Herzen gut werden, das hilft anderen, ebenfalls gut zu werden. Das ist es, was wir brauchen. Wenn wir uns an diese Grundsätze halten, werden wir immer inneren Frieden und Zufriedenheit empfinden, selbst wenn uns äußerer Komfort fehlt.

Auch wenn wir anderen nicht helfen können, sollten wir ihnen wenigstens keinen Schaden zufügen. Das ist an sich schon ein großer Dienst. Trotzdem ist es nicht genug. Versucht Arbeit zu verrichten, die anderen nützt. Beschränkt euch auf das, was wirklich notwendig ist; unternehmt nichts, was nicht wesentlich ist. Essen, Denken, Schlafen und Reden sollten auf das Wesentliche beschränkt sein. Ein Leben mit solcher Disziplin bewirkt nur gute Gedanken im *Mind*. Solche Menschen verunreinigen die Atmosphäre nicht, sondern heiligen sie. Solche Menschen sollten wir als unsere Vorbilder betrachten."

Die Gesichter der *Devotees* zeigten, wie tief sie von Ammas Worten für das Wohlergehen des Einzelnen und der Gesellschaft bewegt waren. Sie erkannten, dass Amma Ihren *Devotees* klare Richtlinien gab, wie sie sich von jetzt an in ihrem Leben verhalten sollten. Sie verbeugten sich vor Ihr, erfüllt von den kostbaren Momenten in Ihrer Gegenwart.

Montag, 10. Juni 1985

Um 10.00 Uhr saßen einige *Brahmacharis* und *Devotees* zusammen mit Amma vor dem *Kalari*. Auf der rechten Seite des *Kalari* war das Gebäude, in dem früher Büro, Bibliothek, Küche und Speiseraum untergebracht waren. An der Rückseite des Gebäudes gab es drei kleine Räume für die *Brahmacharis*. Ammas Familie hatte in diesem Haus gelebt, bis sie in ein neues umzog. Links vom *Kalari* befanden sich die *Vedanta*-Schule, einige Hütten, Ammas Zimmer und die Meditationshalle.

Gurus Anweisungen

Amma: „Amma hat heute einen Ihrer Schüler ernsthaft zurechtgewiesen." Sie meinte einen der *Brahmacharis*.
Devotee: „Warum, Amma?"
Amma: „Er fuhr kürzlich nach Kollam, um das Auto zu reparieren. Bevor er ging, sagte Amma zu ihm, er soll am selben Tag zurückkehren, egal, ob die Reparatur fertig ist oder nicht. Trotzdem blieb er über Nacht, weil das Auto noch nicht repariert war. Als er am nächsten Tag zurückkam, tadelte Amma ihn. Gestern fuhr er wieder nach Kollam, ohne es Amma zu sagen oder Ihr wenigstens eine Notiz zu hinterlassen. Amma wies ihn erneut zurecht. Amma ist unglücklich, wenn Sie Ihre Kinder auf ihre Pflicht hinweisen muss. Die Qualität eines spirituell Suchenden zeigt sich darin, wie er den Anweisungen des Meisters folgt. Was kann Amma tun? Sie scheint manchmal Ihren Kindern gegenüber sehr grausam zu sein.

Manche Patienten erlauben dem Arzt nicht, ihnen Spritzen zu geben, weil sie Angst haben, dass es ihnen weh tut. Aber der Arzt weiß, dass sie ohne die Spritze nicht geheilt werden. Deshalb gibt er die Injektion, auch wenn er dazu den Patienten mit Gewalt festhalten muss. Wenn er aus Freundlichkeit davon absieht, die Spritze zu geben, wird der Patient vielleicht sterben. Soll der Patient gesund werden, ist die Behandlung unumgänglich. Ebenso besteht ein wirklicher Meister darauf, dass der Schüler ihm gehorcht. Es ist die Pflicht des Meisters, den Schüler dazu zu bringen, das zu tun, was notwendig ist, damit der Schüler sein Ziel erreicht.

Nachdem der Schmied ein Stück Eisen im Ofen erhitzt hat, schlägt er unentwegt darauf: nicht aus Grausamkeit, sondern um ihm, die gewünschte Form zu geben. Jemand schneidet ein Papier in viele Stücke, um eine wunderbare Blume daraus zu machen. In ähnlicher Weise tadelt und erzieht der *Guru* den Schüler, nur um ihm die Natur des Selbst zu offenbaren. Jede Bestrafung zeigt sein großes Mitgefühl für den Schüler. Der Schüler sollte Demut und Hingabe entwickeln und sich als Diener des Meisters betrachten. Nur dann wird die Gnade des Meisters fließen und ihn zu seiner eigenen Welt emporheben. Der Schüler sollte die Haltung haben: 'Ich bin nichts, du bist alles. Ich bin nur dein Werkzeug.'

Alles außer unserem Ego gehört Gott. Nur das Ego ist unsere eigene Schöpfung, und es ist nicht leicht, es loszuwerden. Allein durch Gehorsam dem *Guru* gegenüber können wir das Ego zerstören. Wenn wir den Anweisungen des *Gurus* folgen und uns seinem Willen beugen, wird das Ego durch seine Gnade beseitigt.

Ein Baumstamm, der den Fluss hinab treibt, bewegt sich mit der Strömung. So ähnlich sollte der Schüler dem Wunsch des Meisters folgen: mit Hingabe und mit dem Gefühl, ‚Du bist alles'. Das ist der einzige Weg, das Ego zu beseitigen. Welche Kraft besitzen wir schon, dass wir sagen können, ‚unser Wille'? Jemand ruft vom oberen Treppenabsatz, ‚Ich komme jetzt herunter', stürzt jedoch nach zehn Stufen und ist tot. Gibt es nicht unzählige Beispiele wie dieses? Wenn es sich um ‚unseren Willen' handelte, würde er dann nicht die ganze Treppe herunterkommen, wie er gesagt hat? Aber dazu war er nicht in der Lage. Deshalb müssen wir verstehen; Alles ist Gottes Wille."

Amma faltete Ihre Hände und betete laut: „O Devi, sei so gütig und lass mich bitte meine Kinder von jetzt an nicht mehr ausschimpfen! Gib ihnen Intelligenz und Unterscheidungsvermögen! Gib ihnen deinen Segen!" Amma blieb einige Momente lang in dieser Haltung. Die um Sie Stehenden falteten ebenfalls die Hände, schlossen die Augen und beteten.

Dienstag, 11. Juni 1985

Verkörperung von Mitgefühl

Amma kam um 4.00 Uhr nachmittags zur *Darshan*-Hütte herunter. Neben der Hütte lag eine Schlange, und die *Devotees* und *Brahmacharis* versuchten, sie zu entfernen. Amma ging zu ihnen und sagte: „Kinder, verletzt sie nicht. Werft einfach nur etwas Sand auf sie." So, als hätte die Schlange Ammas Worte gehört, bewegte sie sich langsam davon. Die Schriften sagen:

> *Viele Verbeugungen vor Devi,*
> *die in allen Wesen*
> *in der Form von Mitgefühl wohnt.*

Amma setzte sich in der Hütte nieder und begann *Darshan* zu geben. Die *Devotees* kamen einer nach dem anderen zu Amma, verbeugten sich und legten Ihr ihre Sorgen zu Füßen. Sie flüsterten Amma ins Ohr all ihre Wünsche und Probleme, die ihren Seelenfrieden störten. Manche brachen beim Anblick von Amma sofort in Tränen aus. Jene, die bedrückt von den Lasten des täglichen Lebens zu Ihr kamen, verließen sie zufrieden und froh.

Als alle *Devotees* gegangen waren, versammelten sich die *Brahmacharis* um Amma herum.

Ein *Brahmachari:* „Amma hat heute über nichts Spirituelles gesprochen."

Amma: „Sohn, all die Leute, die hier gesessen haben, waren voller Leid. Ein hungriges Kind benötigt keinen Vortrag über *Vedanta* oder spirituelle Prinzipien. Lasst uns zuerst die Sorgen dieser Menschen lindern, dann können wir über Spiritualität reden. Es ist schwierig für sie, so etwas zu begreifen.

Aber diejenigen, die sich nach Gott sehnen, möchten über nichts anderes als über Gott sprechen, selbst wenn sie großes Leid erfahren. Sie werden in Freude und Kummer ausgeglichen sein. Bei freudigen Ereignissen verlieren sie sich nicht in übermäßiger Freude, bei Kummer und Schmerz brechen sie nicht zusammen. Sie können Freude und Leid als Gottes Willen und Segen akzeptieren.

Wenn ihr beim Laufen in einen Dorn tretet, dann werdet ihr vorsichtiger weitergehen. So vermeidet ihr in ein Loch zu fallen, das möglicherweise vor euch ist. Gott gibt uns Leid, um uns zu retten. Wahre Gläubige werden sich auch in Zeiten des Kummers an Gottes Füße klammern. In ihren Gebeten werden sie niemals um Glück bitten. Sie werden niemals an ihren egoistischen Vorteil denken. Aber wenn jemand, der leidet, zu uns kommt, sollten wir ihm Trost spenden. Wir sollten die Zeit finden, ein paar tröstende Worte zu sprechen."

Amma sieht die Leiden anderer als Ihre eigenen und nimmt gerne die Lasten der Leidenden auf sich. Sie ist das Opferfeuer, worin das *Prarabdha* eines jeden geopfert wird und Sie ist das Licht der Hoffnung für alle Leidenden.

Amma kam nach dem *Bhava-Darshan* aus dem Tempel heraus und alle versammelten sich um Sie. Da die meisten *Devotees* geplant hatten, am Morgen den *Ashram* mit dem Bus zu verlassen, umringten sie Amma, um sich nochmals vor Ihr zu verbeugen und Ihren Segen zu erhalten. Ein junger Mann aber kam nicht zu Amma. Er saß abseits der Gruppe, alleine auf der Veranda des Meditationsraumes. Ein *Brahmachari* fragte ihn: „Gehst du nicht zu Amma?" Der junge Mann: „Nein." *Brahmachari:* „Jeder möchte unbedingt in Ammas Nähe sein und mit Ihr sprechen, und du sitzt hier allein?"

Der junge Mann: „Ich war genauso wie sie. Normalerweise warte ich vor dem *Kalari,* um der erste zu sein, der sich vor Ihr verbeugt, wenn Sie aus dem Tempel herauskommt. Heute jedoch erlaubt es mir mein *Mind* nicht, in Ihre Nähe zu gehen. Ich bin ein solcher Sünder."

Brahmachari: „Ich kann das gar nicht glauben. Du bildest dir etwas ein. Welchen Fehler hast du gemacht, dass du nicht in Ammas Nähe gehen kannst?"

Junger Mann: „Ich lebe in Kollam. Einige Jahre lang trank ich regelmäßig und dies führte dazu, dass ich mit meiner Frau stritt. Ich schickte sie zu ihren Eltern zurück. Meine Familie und meine Nachbarn hassten mich. Ich hatte keinen einzigen Freund in dieser Welt. Deshalb beschloss ich schließlich, mein Leben zu beenden. In dieser Krise hatte ich das enorme Glück, Ammas *Darshan* zu erhalten. Das war der Wendepunkt in meinem Leben.

Nach meinem ersten *Darshan* hörte ich völlig auf zu trinken. Das wirkte sich auf mein Verhalten aus, und die Leute änderten ihre Meinung über mich. Aber heute habe ich wieder getrunken. Zusammen mit einigen Freunden war ich auf einer Hochzeit, und auf dem Rückweg wollten sie etwas trinken. Sie drängten mich, mitzumachen, und ich gab nach. Später konnte ich das Schuldgefühl, das mich plagte, nicht ertragen. Ich kam geradewegs hierher. Früher hatte ich mich nie schuldig gefühlt, ganz gleich, wie viel ich getrunken hatte. Aber jetzt ist das anders.

(Er sprach mit stockender Stimme.) Jetzt finde ich es schwierig, Amma auch nur in die Augen zu schauen."

Brahmachari: „Diese Reue selbst ist schon Wiedergutmachung für deinen Fehler. Mach dir keine Sorgen. Sage Amma einfach alles, und dann wird dein Kummer verblassen."

Der junge Mann: „Ich weiß, dass ich mich einfach nur vor Ihr verbeugen muss und mein Unbehagen verschwindet sofort: diese Erfahrung habe ich früher schon gemacht. Aber das ist es nicht, was mir jetzt Sorgen macht. Meine Freunde werden mich nicht in Ruhe lassen, wenn ich zu Hause bin. Deshalb würde ich gerne einige Tage hier bleiben, aber ich habe nicht den Mut, Amma zu fragen. Ich fühle mich so schwach, weil ich in den Augen von Amma, die mich mit mehr Liebe überschüttet als die leibliche Mutter, erneut auf Abwege geraten bin."

Seine Augen waren mit Tränen gefüllt. Der *Brahmachari* hatte nicht die nötigen Worte, den jungen Mann zu trösten. Aber es war jemand da, der den heftigen Schmerz in seinem schweren Herzen verstand.

Nachdem Amma den anderen *Devotees* gezeigt hatte, wo sie schlafen konnten, ging Sie zu dem jungen Mann, der sofort aufstand und ehrfürchtig mit gefalteten Händen dastand. Amma hielt seine beiden Hände und fragte: „Bist du so schwach, mein Sohn?"

Tränen flossen seine Wangen hinunter. Amma wischte sie weg und fuhr fort: „Sohn, hör auf, dir Sorgen zu machen. Warum bereust du, was vergangen ist? Geh nicht mit diesen Leuten, wenn sie dich wieder rufen, das ist alles.

Einst hatten ein Tempel und ein Spirituosengeschäft jeweils einen Papagei als Haustier. Während der Tempel-Papagei *vedische Mantren* rezitierte, gab der Papagei des Spirituosen-Geschäftes Obszönitäten von sich. Sohn, die Gesellschaft in die wir uns begeben beeinflusst unser Verhalten. Sitzen wir in einem Zimmer mit einem eingeschalteten Fernseher, werden wir schließlich irgendwann fernschauen. Wollen wir dies nicht, müssen wir ihn ausschalten oder in ein anderes Zimmer gehen. Wenn wir es mit schlechten Menschen zu tun haben, werden wir ihre Gewohnheiten übernehmen. Wir müssen also besonders darauf achten, nicht in solche Gesellschaft zu geraten. Sohn, wenn du ein Problem auf dem Herzen hast, kannst du zu Amma kommen. Amma ist für dich da. Bleibe für ein paar Tage hier. Besorge dir einige Bücher aus der Bibliothek, lies sie."

Amma wandte sich an den *Brahmachari*: „Sorge dafür, dass dieser Sohn oben im Haus an der Nordseite wohnen kann."

Als der junge Mann diese liebevollen Worte von Amma hörte, die jeden seiner Gedanken kannte, konnte er sich nicht mehr beherrschen. Er brach erneut in Tränen aus.

Amma wischte seine Tränen liebevoll weg und tröstete ihn: „Sohn, geh jetzt schlafen Amma wird morgen mit dir reden."

Nachdem Sie den jungen Mann mit dem *Brahmachari* weggeschickt hatte, ging Amma zum Kokos-Hain vor dem *Ashram*. Eine Frau begleitete Amma. Die Frau hatte lange auf Sie gewartet um mit Amma alleine zu reden. Als Amma diese Frau getröstet hatte und schließlich in Ihr Zimmer ging, war es bereits nach drei Uhr morgens.

Mittwoch, 12. Juni 1985

Bhakti Yoga

Amma kam, begleitet von vier *Brahmacharis* und einigen Haushältern, die das erste Mal im *Ashram* waren, in den *Kalari*. Sie sprach zu ihnen über die Wichtigkeit, reine Hingabe für Gott.

Amma: „Ammas Gebet war gewöhnlich so: ‚O *Devi*, ich will Dich einfach nur lieben. Es ist in Ordnung, wenn Du mir deinen *Darshan* nicht gibst; gib mir nur ein Herz, das jeden liebt! Es ist in Ordnung, wenn Du mich nicht liebst, aber bitte lass ,mich Dich lieben!' Ein Mensch, der Gott wirklich liebt, ist wie jemand, der an Fieber leidet. Er hat keinen Appetit auf Essen. Er schmeckt weder Salziges noch Saures, selbst Süßes empfindet er als bitter. Er wird sich überhaupt nicht sehr für Nahrung interessieren. Aber es ist sehr ungewöhnlich, dass ein Suchender diese Art von Liebe gleich zu Beginn empfindet. Deshalb sollte man am Anfang seine Gewohnheiten mit Hilfe von *Shraddha* kontrollieren. Besonders, wenn es sich ums Essen geht. Wenn der *Mind* zu äußeren Dingen wandert, sollte man ihn wieder dazu bringen, sich auf Gott zu konzentrieren. Nicht ein einziger Moment sollte verschwendet werden."

Ein *Devotee*: „Amma, ich verschwende keine Zeit. Ich komme entweder hierher, um mit dir zusammen zu sein, oder ich gehe in den Tempel. Ist das nicht alles, was ich tun kann?"

Amma: „Hierherzukommen oder in den Tempel zu gehen, ist in Ordnung, aber unser Ziel sollte sein, den *Mind* zu reinigen. Erreichen wir das nicht, bleibt alles Verschwendung. Glaubt nicht, dass wir Frieden finden können, ohne unseren *Mind* und unsere Handlungen zu reinigen. Daran sollten wir uns erinnern, wenn wir zu einem *Mahatma* gehen oder einen Tempel besuchen. Wir sollten Hingabe haben. Aber heutzutage sind die Meisten mit der Zimmerreservierung beschäftigt, selbst noch bevor sie ihr Haus verlassen. Sobald sie die Fahrt begonnen haben, fangen sie an, über die Familie und die Nachbarn zu reden, und wenn sie wieder zuhause sind, hören sie damit nicht auf. Gott wird einfach vergessen."

Wir mögen jede erdenkliche Anzahl von *Mahatmas* oder Tempeln besuchen und auch unzählige Opfer darbringen, aber nur durch *Sadhana* werden wir wirklich weiterkommen. Unsere Herzen müssen auf Gott eingestimmt sein. Einfach nach Tiruppati oder Kashi (Pilgerorte in Indien) zu gehen, führt nicht zur Befreiung. Den Tempel zu umrunden oder an solchen Orten ein Bad zu nehmen, bewirkt nicht automatisch spirituellen oder materiellen Fortschritt. Wenn man die Befreiung durch einen Besuch in Tiruppati erreichen könnte, dann müssten alle Geschäftsleute dort mittlerweile die Befreiung erlangt haben, oder nicht?

Wo immer du auch hingehst, vergiß nicht den Namen Gottes. Schau dir den Split an, der mit Zement gemischt wird, um die Straße zu befestigen. Nur wenn der Split sauber ist, wird der Zement richtig aushärten und fest werden. Ebenso ist es mit unserem Herzen. Nur wenn wir es durch *Japa* reinigen, können wir Gott darin erwecken. Um den *Mind* zu reinigen, gibt es keinen besseren Weg, als Göttliche Namen zu rezitieren.

Wenn TV-Programme ausgestrahlt werden, können wir sie zu Hause nur bei eingeschaltetem Fernseher sehen. Es ist sinnlos, andere zu beschuldigen, dass wir nichts auf dem Bildschirm sehen, weil wir den Fernseher nicht eingeschaltet haben. Gottes Gnade fließt uns immer zu, doch um daraus Nutzen ziehen zu können, müssen wir uns auf Seine Welt einstimmen. Was nützt es, drinnen zu bleiben, alle Türen geschlossen zu halten und sich dann über die Dunkelheit zu beschweren, während draußen die Sonne strahlt? Wenn wir nur die Türen unserer Herzens öffnen, können wir die Gnade und das Mitgefühl empfangen, die uns Gott ständig schenkt.

Ob wir davon einen Nutzen haben, hängt davon ab, was wir aufnehmen.

Kinder, solange wir uns nicht völlig auf Gottes Welt einstimmen, bringen wir nur die schrillen Töne der Unwissenheit hervor, aber keine göttliche Musik. Wir müssen uns mit unserer mangelnden Qualitäten beschäftigen. Es bringt nichts, andere dafür zu beschuldigen.

Wir sind bereit, auf einen Bus zu warten, egal wie lange es dauert. Es macht uns nichts aus, wegen irgendeiner Rechtsangelegenheit den ganzen Tag im Gerichtsgebäude zu verbringen. Doch wir haben keine Geduld, wenn wir einen *Mahatma* oder einen Tempel besuchen. Wenn ihr in einen *Ashram* oder Tempel geht, dann verbringt einige Zeit dort und denkt mit Hingabe an Gott. Chantet den göttlichen Namen, meditiert eine Weile oder engagiert euch in selbstloser Arbeit. Nur dann werdet ihr aus dem Besuch einigen Nutzen ziehen können."

Die Bedeutung der richtigen Einstellung

Amma fuhr fort: „Wenn unser *Mind* rein ist, wenn wir alles tun, um uns an Gott zu erinnern, dann wird seine Gnade mit uns sein, selbst wenn wir nie einen Tempel besuchen. Andererseits werden unzählige Tempelbesuche nichts bringen, wenn wir nicht aufhören, egoistisch zu sein oder andere zu hassen.

Es lebten einmal zwei Frauen als Nachbarinnen. Die eine war eine *Devotee* und die andere eine Prostituierte. Die *Devotee* sagte oft zu ihrer Nachbarin: ‚Was du da tust, ist sehr gottlos. Es wird dich in die Hölle bringen.' Sich ständig daran erinnernd, vergoss die Prostituierte jeden Tag viele Tränen und dachte: ‚Was für eine Sünderin bin ich doch! Ich habe keinen anderen Lebensunterhalt. Das ist der Grund, warum ich dies tue. O Gott, bitte verzeih mir! Gib mir wenigstens in meinem nächsten Leben eine Chance zu beten und Dich täglich zu verehren, so wie es meine Nachbarin tut! Bitte vergib mir meine Fehler!'

Die andere Frau dachte, selbst wenn sie im Tempel war, ständig mit Ablehnung an die Prostituierte und ihre Lebensweise. Schließlich starben beide Frauen und kamen an die Himmelspforte. Dort wurde folgendes entschieden: Die Prostituierte sollte in den Himmel kommen und die *Devotee* in die Hölle. Die *Devotee* konnte dies nicht fassen. Sie fragte die göttlichen Helfer: ‚Ihr bringt eine Person in den Himmel, die ihr ganzes Leben lang ihren Körper verkauft hat. Ich betete täglich und verehrte Gott im Tempel, trotzdem bringt ihr mich in die Hölle. Was für eine Gerechtigkeit ist das? Dies muss ein Irrtum sein.'

Die Antwort war: 'Wir irren uns nicht. Selbst als du im Tempel warst und *Pujas* durchgeführt hast, dachtest du an die schlechten Handlungen der Prostituierten. Die Prostituierte hat sich jedoch nicht mit ihrer Arbeit identifiziert. Ihre Gedanken waren nur auf Gott ausgerichtet. Es verging nicht ein einziger Tag, an dem sie ihre Fehler nicht tief bereut und Gott um Vergebung gebeten hat. Obwohl sie gezwungen war, ihren Lebensunterhalt mit Prostitution zu verdienen, war sie eine wirkliche *Devotee*. Deshalb kommt sie in den Himmel.'"

Für spirituell Suchende

Die abendlichen *Bhajans* waren vorüber. Amma kam aus dem *Kalari* und legte sich vor dem Meditationsraum in den Sand. Es wurde zum Abendessen geläutet, und Amma sagte den *Devotees*, dass sie essen gehen sollten. Einer nach dem anderen gingen sie; nur ein oder zwei *Brahmacharis* blieben zurück, um in Ammas Gegenwart zu meditieren.

Alle *Devotees* kamen nach dem Abendessen zurück und setzten sich um Amma herum. Eine der Frauen legte Ammas Füße in ihren Schoß und begann sie zu massieren.

Amma: „Habt ihr gegessen, Kinder?"

Ein *Devotee*: „Ja, Amma, wir haben alle gegessen."

Amma: „Zu Hause hättet ihr sehr leckere Gerichte gehabt. Hier gibt es nichts dergleichen. Ihr habt wahrscheinlich nicht einmal genug gehabt."

Ein anderer *Devotee*: „Amma, wir haben alle genug gegessen. Wir mögen zuhause eine Menge guter Gerichte haben, aber nichts schmeckt so gut wie das, was wir hier bekommen."

Amma (lachend): „Sohn, du sagst das nur aus Liebe zu Amma." Alle lachten.

Ein *Devotee*: „Amma, ich habe eine Frage."

Amma: „Kinder, ihr könnt Amma alles fragen."

Devotee: „Ich habe dich zu einem *Brahmachari* neulich sagen hören, dass wir *Ahimsa* ablegen sollten. Wir sollten auf niemanden wütend werden. Selbst wenn jemand auf uns wütend ist, sollten wir versuchen, Gott in dieser Person zu sehen und liebevoll mit ihr umzugehen. Ist es nicht sehr schwer, dies auszuführen?"

Amma: „

Sohn, das Wichtigste ist nicht, ob wir erfolgreich sind, sondern ob wir es aufrichtig versucht haben oder nicht. Diejenigen, die einen spirituellen Weg gehen, sollten zu einigen Opfern bereit sein. Dadurch ist ihr Leben bereits auf diesen Weg ausgerichtet. Wenn ihnen jemand Widerstand entgegenbringt, sollten sie dies als eine von Gott geschaffene Gelegenheit sehen, ihr Ego zu beseitigen. Sie sollten nicht unter dem Bann des Ego zurückschlagen. Nur wenn ein *Sadhak* Gott in jedem Menschen sieht und liebevoll und mitfühlend ist, kann er wachsen."

Ein *Devotee*: „Amma, ich habe viele Dinge für Gott aufgegeben, aber ich kann keinen Frieden finden."

Amma: „Sohn, wir reden alle über die von uns gebrachten Opfer. Aber was besitzen wir eigentlich wirklich, das wir aufgeben könnten? Was besitzen wir, das uns gehört? Was wir heute als unser Eigentum ansehen, wird uns morgen nicht mehr gehören. Alles gehört Gott. Nur durch seine Gnade sind wir in der Lage, uns an den Dingen zu erfreuen. Wenn es etwas gibt, das uns gehört, dann sind es unsere Wünsche und unser Ärger. Das ist es, worauf wir verzichten müssen. Selbst wenn wir auf viele Dinge verzichten - unsere Anhaftung daran geben wir nicht auf. Das ist der Grund für unser Leiden. Wirklich verzichten wir, wenn wir tief in unserem Herzen davon überzeugt sind, dass Beziehungen, Reichtum, Stellung oder Ruhm uns keinen andauernden Frieden geben können. Was lehrt die *Bhagavad Gita*? Ist es nicht, ohne Anhaftung zu handeln?"

Reichtum und seine Gefahren

Amma begann eine Geschichte zu erzählen. „Einst lebte ein reicher Mann mit seiner Familie in einem großen Haus. Eines Tages kamen einige seiner Freunde zu Besuch. Sie sahen einen Diener und fragten ihn, wo denn sein Herr sei. Nachdem der Diener nachgeschaut hatte, kam er zurück und berichtete, dass sein Herr Kieselsteine zählt. ‚Solch ein reicher Mann zählt Kieselsteine?' wunderten sich die Gäste. Als der reiche Mann wenig später erschien, fragten sie ihn danach. Er antwortete: ‚Ich habe mein Geld gezählt. Ist mein Diener so dumm, zu denken, dass ich Kieselsteine zähle? Jedenfalls tut mir die ganze Verwirrung leid.' Nachdem seine Freunde gegangen waren, schimpfte er heftig mit dem Diener.

Einige Tage später kam ein anderer Freund den reichen Mann besuchen. Er bat den Diener, seinen Herrn zu suchen. Nachdem er im Haus nachgeschaut hatte, berichtete er seinem Herrn: ‚Er liebt seinen Feind'. Der reiche Mann zählte in der Tat sein Geld und legte es in den Safe zurück. Jetzt hatte er das Gefühl, dass der Diener ihn absichtlich beleidigte und er war wütend über seine Unverschämtheit. Er schlug den Diener und warf ihn hinaus. Als der Diener ging, gab ihm der reiche Mann eine Puppe und sagte: ‚Wenn du jemanden triffst, der noch dümmer ist als du, dann gib ihm diese Puppe!' Still ging der Diener davon.

Einige Monate vergingen. Eines Nachts wurde das Haus des reichen Mannes ausgeraubt. Die Räuber stahlen all den Reichtum. Als er versuchte sie aufzuhalten, warfen sie ihn aus dem oberen Stockwerk des Hauses und entkamen mit allem. Am nächsten Morgen fanden ihn die Verwandten auf der Erde vor dem Hause liegend, unfähig aufzustehen. Es wurden verschiedene Therapien ausprobiert, aber seine Gesundheit konnte nicht wiederhergestellt werden. All sein Reichtum war weg und so verließen ihn auch seine Frau und seine Kinder. Er hatte ständig Schmerzen, und es gab niemanden, der sich um ihn kümmerte. Er hatte nichts zu essen im Haus, deshalb aß er, was immer die Nachbarn ihm gaben.

Sein ehemaliger Diener hörte von seinen Schwierigkeiten und kam zu besuch. Er hatte die alte Puppe bei sich. Sowie er ankam, bot er dem Herrn die Puppe an. Sein Herr fragte ihn: ‚Warum streust du auch noch Salz in meine Wunden?'

Der Diener antwortete: ‚Wenigstens hast du jetzt verstanden was ich damals gesagt habe. Ist das Geld, das du angehäuft hattest, für dich jetzt überhaupt so viel wert wie ein Kieselstein? Hat sich dein Reichtum nicht in der Tat als dein Feind entpuppt? Dein Reichtum ist die Ursache deines jetzigen Zustands. Hast du nicht alles wegen deines Reichtums verloren? Wer ist dümmer als du, der du den Reichtum zum Objekt deiner Liebe gemacht hast? Die, die dich bis heute geliebt haben, haben in Wirklichkeit dein Geld und nicht dich geliebt. Als dein Geld weg war, warst du in ihren Augen so gut wie tot. Niemand liebt dich jetzt noch. Verstehe wenigstens jetzt, dass Gott dein einziger, dauerhafter Freund ist. Bitte um seine Hilfe!'

Der Diener begann seinen Herrn mit viel Liebe zu pflegen. Da überkam den reichen Mann Reue: ‚Ich weiß nicht, was ich tun soll. Mein Leben war bisher sinnlos. Ich dachte, meine Frau, meine Kinder und mein Reichtum gehörten mir für immer, und ich lebte dafür. Aber jetzt ist alles weg. Die sich vor mir mit Respekt verbeugt haben, sehen mich nicht einmal mehr an. Stattdessen spucken sie auf mich voller Verachtung.'

Der Diener tröstete ihn: ,Denke nicht, dass du niemanden hast, der nach dir schaut. Gott ist mit dir.' Er blieb bei seinem alten Herrn und pflegte ihn."

Amma hörte auf zu erzählen. Ein Mann, der hinten in der Gruppe von *Devotees* saß, begann laut zu weinen. Es war sein erster Besuch bei Amma. Er weinte bitterlich und konnte seinen Schmerz nicht beherrschen. Amma rief ihn zu sich und tröstete ihn. Immer noch schluchzend sagte der Mann: „Amma, du hast gerade meine Geschichte erzählt. Mein Geld ist weg. Meine Frau und meine Kinder hassen mich. Mein einziger Trost ist mein alter Diener."

Seine Tränen wegwischend sagte Amma: „Was weg ist, ist weg. Trauere nicht darüber. Nur Gott ist immer da. Alles andere wird heute oder morgen dich verlassen. Es reicht, wenn du mit diesen Gedanken lebst. Mach dir keine Sorgen."

Amma bat Br. Balu, heute Swami Amritaswarupananda, das nachfolgende Lied zu singen. Er sang:

Manase nin svantamayi

Erinnere dich, O Mind an diese höchste Wahrheit:
Niemand ist dein eigen!
Wegen deiner sinnlosen Handlungen
irrst du im Ozean dieser Welt umher.

Obwohl die Menschen dich ehren,
und dich „Herr, Herr" nennen,
wird dies nur für eine kurze Zeit sein.
Dein Körper, der so lange geehrt worden ist,
muss abgelegt werden, wenn das Leben endet.

Die Liebste, um die du gekämpft hast,
all die Zeit, ohne Rücksicht auf dein Leben -
Selbst sie wird sich vor deinem toten Körper fürchten, sie wird
dich nicht begleiten.

Gefangen wie du bist, in Mayas feiner Schlinge,
vergiss nicht den heiligen Namen
der Göttlichen Mutter.

Gott zieht die mit Hingabe durchdrungenen Seelen an,
so wie ein Magnet das Eisen.
Stellung, Ansehen und Reichtum sind vergänglich;
die einzige Wirklichkeit ist die universelle Mutter.

Auf unsere Begierden verzichtend,
lasst uns in Glückseligkeit tanzen
und den Namen von Kali singen.

Mittwoch, der 19. Juni 1985

Mutter des Universums

Ein junger Mann mit langem Haar und Bart kam in den *Ashram*. Er näherte sich einem *Brahmachari* und stellte sich als Reporter einer Zeitung vor. „Wir haben verschiedene gute und schlechte Dinge über Amma gehört", sagte er. „Ich bin hierhergekommen um herauszufinden, was in diesem *Ashram* wirklich vor sich geht. Ich habe mit ein, zwei Bewohnern gesprochen. Da gibt es etwas, was ich überhaupt nicht verstehe."

Brahmachari: „Was ist das?"

Reporter: „Wie können gebildete Menschen wie du blind an einen Gott in menschlicher Form glauben?"

Brahmachari: „Was verstehst du unter Gott? Meinst du ein Wesen mit vier Armen, das eine Krone trägt und im Himmel sitzt?"

Reporter: „Nein. Jeder hat seine eigenen Vorstellungen von Gott. Generell stellen wir uns Gott als die Verkörperung all der Eigenschaften vor, die wir als erhaben ansehen."

Brahmachari: „Was ist also falsch daran, ein Individuum, in dem wir diese göttlichen Eigenschaften sehen können als göttlich zu verehren? Wenn wir dies nicht akzeptieren, dann müssten wir sagen, dass Gott auf Steinfiguren begrenzt ist, die der Mensch im Tempel aufstellt und verehrt.

Die spirituellen Texte Indiens erklären, dass das menschliche Wesen, die individuelle Seele (jivatman), wahrlich von Gott nicht verschieden ist, und dass der Mensch seine Göttlichkeit erkennt, sobald sein Ego (das Gefühl, dass er begrenzt ist) durch ständige Übung zerstört wird. Wenn sich das alles durchdringende Höchste in einer Tempelgottheit manifestieren kann, warum sollte es dann nicht auch in einem Individuum erscheinen?"

Der Reporter wusste darauf keine Antwort.

Der *Brahmachari* fuhr fort: „In Amma erleben wir all jene Eigenschaften, die die Schriften Gott zuschreiben, wie Liebe, Mitgefühl, Selbstlosigkeit, Vergebung und Gleichbehandlung aller Menschen. Deshalb betrachten einige von uns Amma als Mutter des Universums. Andere sehen Sie als die liebevolle Mutter, die schon in unzähligen Leben mit uns zusammen war. Wieder andere sehen Sie als *Guru*, der die Selbsterkenntnis in uns weckt. Sie selbst beansprucht nicht, Gott, *Guru* oder überhaupt irgendetwas zu sein. Wenn du Fische aus dem Meer willst, dann bekommst du Fische, wenn du Perlen willst, kannst du Perlen bekommen. Ebenso ist alles in Amma enthalten. Wenn wir uns bemühen, dann können wir das Gewünschte erhalten.

Die Botschaft der *Upanishaden* ist, dass ein jeder von uns die Essenz des Höchsten ist. Lebten nicht Rama, Krishna und Buddha einstmals in menschlicher Form auf dieser Erde? Wenn wir sie anbeten, warum können wir nicht jemanden verehren, der alle ihre unendlich erhabenen Eigenschaften aufweist und gleichzeitig in menschlicher Form unter uns lebt?"

Reporter: „Genügt es nicht, Amma als *Guru* anzusehen? Warum muss man Sie zum Gott machen?"

Brahmachari: „Gut. Trotzdem sagen die Schriften, dass der *Guru* niemand anderer als Gott in menschlicher Form ist. In gewisser Weise stellt unsere Tradition sogar den *Guru* über Gott."

Mittlerweile war Amma in der *Darshan*-Hütte angekommen und begann, den *Devotees Darshan* zu geben. Der *Brahmachari* lud den Reporter ein, zu Amma zu gehen: „Gehen wir doch hinein, du kannst deine Fragen direkt an Amma richten."

Der Reporter setzte sich in Ammas Nähe und beobachtete mit Erstaunen, wie sich die *Devotees*, einer nach dem anderen, Amma näherten. Amma streichelte und tröstete jede Person mit überfließender Liebe. Als der Reporter Amma vorgestellt wurde, lachte Sie.

Amma: „Amma liest keine Zeitung oder sonst etwas, mein Sohn. Die meisten der Kinder hier bekommen nicht einmal eine Zeitung zu Gesicht."

Reporter: „Ich habe einen *Brahmachari* gefragt, ob Amma Gott sei."

Amma: „Sie ist nur eine verrückte Frau! All diese Leute rufen Sie ‚Amma' (Mutter), und deshalb nennt Sie sie Ihre Kinder."

Wenn Amma spricht, verbirgt Sie meist Ihr wahres Selbst. Nur wer ein gewisses Maß an spirituellem Verständnis besitzt, kann Ammas innewohnende Natur ein wenig begreifen. Viele Leute stellen sich unter einem *Guru* jemanden vor, der lächelnd auf einem prächtigen Thron sitzt, ständig von seinen Schülern bedient wird und über alle seinen Segen verströmt. Diejenigen, die in den *Ashram* kommen, müssen diese Idee aufgeben. Wer Amma zum ersten Mal sieht, wird in Ihr eine Person finden, die ‚normaler' ist, als die meisten anderen. Man kann Sie dabei beobachten, wie Sie den Vorhof reinigt, Gemüse schneidet, kocht, den *Devotees* ihre Zimmer zeigt oder eine Ladung Sand trägt. Trotzdem ist es für jemanden, der die Schriften kennt, einfach, die wahre Mutter zu erkennen. Ihre Demut zeigt ganz klar Ihre Größe.

Einmal fragte ein *Brahmachari* Amma: „Die meisten Menschen, sobald sie auch nur den kleinsten *Siddhi* erlangen, geben vor, *Brahman* zu sein und nehmen viele Schüler an. Und die Menschen vertrauen ihnen. Wenn dies überall geschieht, warum täuscht Amma Ihre Kinder und sagt, Sie sei nichts?"

Amma gab die folgende Antwort: „Die *Brahmacharis*, die heute hier leben, sind diejenigen, die morgen in die Welt hinaus gesandt werden. Sie müssen Vorbilder für die Welt sein. Hier lernen sie durch Ammas Handlungen und durch jedes Wort, das Sie spricht. Falls nur eine Spur von Ego in Ammas Worten und Taten vorhanden ist, wird es sich in jedem von euch verzehnfachen. Ihr würdet denken: ‚Wenn Amma das tun kann, warum nicht auch ich?' Und das würde der Welt schaden.

Wisst ihr Kinder eigentlich, wie schwer es für Amma ist, auf eurer Ebene zu bleiben? Ein Vater bemüht sich, mit seinem kleinen Kind mitzulaufen, indem er nur ganz kleine Schritte geht. Er tut dies nicht um seinetwillen, sondern um des Kindes willen. Nur wenn er kleine Schritte macht, kann das Kind mit ihm mithalten. Die Rolle, die Amma spielt, ist nicht für Sie selbst, sondern für euch alle. Nur für euer Wachstum.

Hat ein Kind Gelbsucht, wird eine liebevolle Mutter vermeiden, ihm stark gewürztes und salziges Essen zu kochen. Sie wird solches Essen vor dem Kind verstecken, da es sonst davon essen würde. Dann würde es vielleicht Fieber bekommen und könnte sogar sterben. Dem Kind zuliebe isst die Mutter auch fades Essen, ohne Gewürze. Obwohl sie selbst nicht krank ist, verzichtet sie auf das, was ihr schmeckt. Genauso sind die Worte und Taten Ammas, als gutes Vorbild für euch alle gedacht. Bei jedem Schritt denkt Sie an euer Wachstum. Nur wenn der Arzt ein Nichtraucher ist, wird der Patient seine Anordnung annehmen, das Rauchen aufzugeben. Nur wenn der Arzt nicht trinkt, wird sich der Patient ebenfalls dazu motiviert fühlen, das Trinken aufzugeben. Amma tut nichts für sich selbst, alles ist für die Welt. Alles ist als Hilfe für euren Fortschritt gedacht."

Der Reporter fragte Amma: „Amma, leitest du diese Menschen hier nicht als ihr *Guru*?"

Amma: „Das hängt von der Haltung eines jeden Einzelnen ab. Amma hatte keinen *Guru*, und Sie hat auch niemanden als Schüler angenommen. Amma sagt nur, dass alles gemäß dem Willen der göttlichen Mutter geschieht."

Reporter: „Ich habe einen Freund, der ein großer *Devotee* von J. Krishnamurti ist."

Amma: „Viele, die hierher kommen, sind seine Devotees. Besonders die Kinder aus dem Westen mögen ihn."

Reporter: „Krishnamurti nimmt keine Schüler an. Keiner wohnt bei ihm. Wir können in seine Nähe gehen. Wir können mit ihm sprechen. Es wird allgemein geglaubt, dass wir allein durch das Gespräch bekommen, was wir wollen. Seine bloße Anwesenheit ist eine Inspiration. Er ist sehr fröhlich. Es gibt keine *Guru*-Aura um ihn herum."

Amma: „Aber gerade seine Aussage, dass man keinen *Guru* benötigt, ist bereits eine Lehre oder nicht? Und wenn ihm jemand nahe ist und ihm zuhört, haben wir dann nicht einen *Guru* und einen Schüler?"

Reporter: „Er erteilt weder Ratschläge, noch gibt er Anweisungen."

Amma: „Aber was ist mit seinen Reden, Sohn?"

Reporter: „Sie sind gerade so wie Gespräche, von sehr lockerer Art."

Amma: „Kein *Guru* besteht darauf, dass ihm andere gehorchen oder entsprechend seinen Worten leben. Aber jedes Wort eines *Gurus* ist eine Art Ratschlag. Sein Leben selbst ist eine Lehre. Wir hören auf Krishnamurtis Worte, und wenn wir diesen folgen, werden wir unsere wahre Essenz erkennen, nicht wahr? Diese Bereitschaft, etwas zu befolgen, ist nichts anderes als Schüler sein. Sie vermittelt Demut und gutes Verhalten in uns. Normalerweise werden nur die Kinder gute Erwachsene, die den Rat ihrer Eltern befolgen.

Wenn wir unseren Eltern gehorchen, vermittelt uns dies Pflichtgefühl und richtiges Verhalten. Amma sagt nicht, dass Krishnamurtis Methode falsch ist. Er hat viele Bücher gelesen. Er hat viele weise Menschen besucht und viel von ihnen gelernt. Außerdem hat er etliche Methoden ausprobiert. Dann erreichte er seine jetzige Bewusstseinsebene, weil er verstanden hatte, dass alles in ihm selbst ist. Sohn, du jedoch hast diese Ebene noch nicht erreicht.

Heutzutage ist unsere Aufmerksamkeit in erster Linie auf äußere Dinge ausgerichtet. Wir schauen fast nie nach innen. Wenn Kinder im Schulalter sind, interessieren sie sich hauptsächlich fürs Spielen und sie lernen in erster Linie aus Angst vor ihren Eltern. Aber wenn sie z.B. Ingenieur werden wollen, haben sie gute Noten als Ziel, und sie werden anfangen selbstmotiviert zu lernen. Obwohl wir ein spirituelles Ziel haben, lenken uns unsere Gedanken, aufgrund des Drucks, den unsere *Vasanas* verursachen, immer wieder davon ab. Um unsere Gedanken in den Griff zu bekommen, ist die Hilfe eines *Satguru* unbedingt notwendig. Ist einmal ein bestimmtes Stadium erreicht und der innere *Guru* erweckt, dann ist keine Hilfe mehr nötig. Dieser lenkt uns dann.

Das Lied, das wir auswendig gelernt haben, ist vielleicht vergessen. Wenn uns aber jemand an die erste Zeile sagt, können wir wieder das gesamte Lied singen. Ebenso liegt alles Wissen in uns. Der *Guru* erinnert uns daran; er weckt, was in uns ruht.

In der Behauptung, dass man keinen *Guru* braucht, ist bereits ein *Guru* enthalten. Es muss uns schließlich jemand sagen, dass wir keinen *Guru* brauchen. Ein *Guru* ist jemand, der unsere Unwissenheit beseitigt. Wenn der *Mind* noch nicht entsprechend gereinigt wurde, ist es notwendig, einige Zeit unter der Anleitung eines *Gurus* zu verbringen. Selbst wenn wir ein angeborenes Talent für Musik haben, können wir nur dann unser Talent voll entfalten, wenn wir mit einem kompetenten Lehrer üben.

Gewöhnliche *Gurus* können die spirituellen Prinzipien nur erklären. Ein *Satguru* aber, der das Selbst verwirklicht hat, übermittelt dem Schüler einen Teil seiner geistigen Kraft. Dies lässt den Schüler das Ziel schneller erreichen. So wie die Schildkröte ihre Eier im Sand durch Konzentration ausbrütet, wecken die Gedanken des *Satgurus* die spirituelle Fähigkeit im Schüler.

Satsang und spirituelle Bücher haben die Kraft, uns auf gute Gedanken zu bringen. Das alleine genügt aber nicht, um sich ständig weiterzuentwickeln. Gewöhnliche Ärzte untersuchen den Patienten und verschreiben ihm dann eine Medizin. Ist eine Operation nötig, muss der Patient zu einem Chirurgen gehen. Genauso müssen wir, um zum ultimativen Ziel zu gelangen, unseren *Mind* von Negativität befreien, und Zuflucht bei einem *Guru* suchen."

Reporter: „Sagen die Schriften nicht, dass alles in uns ist? Warum ist dann soviel *Sadhana* notwendig?"

Amma: „Obwohl bereits alles in uns ist, nützt es uns nichts, wenn wir es nicht erfahren. Aus diesem Grund ist *Sadhana* absolut notwendig. Die *Rishis*, die uns die *Mahavakyas* wie ‚Ich bin *Brahman*' (*aham Brahman*) und ‚Du bist Das' (*tat tvam asi*) gegeben haben, waren Wesen, die diese Erfahrungsebene erreicht hatten.

Ihre Lebensweise war anders als unsere. Sie sahen alle lebenden Wesen als gleichwertig an. Sie liebten und dienten allen Wesen ohne Unterschied. In ihren Augen war nichts im Universum von ihnen getrennt. Während sie über göttliche Eigenschaften verfügten, entsprechen unsere eher denen einer Fliege. Eine Fliege lebt auf Schmutz und Exkrementen. Ähnlich kann unser Verstand nur Fehler und Mängel in anderen sehen. Das muss sich ändern. Wir sollten das Gute in allem sehen. Solange wir die Wahrheit nicht durch *Sadhana* und Kontemplation verwirklicht haben, hat es keinen Sinn zu sagen, dass bereits alles in uns ist.

Es kommen Leute hierher, welche die Schriften und *Vedanta* vierzig oder fünfzig Jahre lang studiert haben. Sogar sie sagen, dass sie bisher keinen Frieden gefunden haben. Wir können kein Licht erhalten, indem wir das Bild einer Lampe an die Wand hängen. Wenn wir etwas sehen wollen, dann müssen wir tatsächlich Licht anschalten. Aus Büchern zu lernen und Reden zu halten ist nicht genug. Um die Wahrheit zu erfahren, muss man *Sadhana* praktizieren und das wirkliche ‚Ich' entdecken. Dazu ist die Hilfe eines *Gurus* erforderlich."

Reporter: „Ist das die Hilfe, die Amma hier gibt?"

Amma: „Amma macht selbst nichts. Der *Paramatman* läßt Amma alles tun! Diese Menschen hier brauchen Amma jetzt. Suchende brauchen den *Guru*. Warum? Unser *Mind* ist jetzt schwach. Kleine Kinder strecken gerne ihre Hand ins Feuer. Ihre Mutter wird ihnen sagen: ‚Berühre es nicht, mein Kind, es wird deine Hand verbrennen!' Jemand muss es dem Kind sagen, damit es das Feuer meidet. Das ist alles, was Amma tut. An einem bestimmten Punkt brauchen wir jemanden, der uns auf unsere Fehler aufmerksam macht."

Der Reporter: „Ist es nicht wie Sklaverei, wenn jemand dem *Guru* blind folgt?"

Amma: „Mein Sohn, um die Wahrheit zu erkennen, müssen wir das Gefühl des ‚Ich-Sein' loswerden. Das ist sehr schwierig, wenn man allein *Sadhana* ausübt. Um das Ego auszulöschen, ist spirituelle Praxis unter der Anleitung eines *Gurus* wesentlich. Wenn wir uns vor dem *Guru* verneigen, verneigen wir uns nicht vor dem Individuum, sondern vor dem Ideal in ihm. Wir tun das, damit wir auch seine Ebene erreichen können.

Wir können nur durch Demut aufsteigen. Der Same enthält in sich bereits den Baum, aber wenn er sich damit begnügt, irgendwo in einem Lagerraum zu liegen, wird er von Mäusen gefressen. Nur wenn er unter die Erde kommt, entfaltet sich seine wahre Form. Wenn man den Knopf drückt, öffnet sich der Schirm; erst dann kann er vor dem Regen schützen.

Weil wir unsere Eltern, die Älteren und die Lehrer respektierten und ihnen gehorchten, sind wir gewachsen und haben Wissen erlangt. Sie haben gute Eigenschaften und gutes Verhalten in uns entwickelt. Auf die gleiche Art und Weise erhebt Gehorsam dem *Guru* gegenüber den Schüler auf eine höhere Stufe.

Um später einmal König der Könige zu werden, nimmt der Schüler zunächst die Rolle des Dieners an. Wir umzäunen einen kleinen Mangobaum; wir hegen ihn und lassen ihn wachsen, damit wir später die süßen Früchte erhalten. Der Schüler zeigt dem *Guru* gegenüber Ehrerbietung und Gehorsam, um schließlich die Wahrheit zu erreichen, die der *Guru* repräsentiert.

Vor Start und Landung eines Flugzeuges werden wir gebeten, die Sicherheitsgurte anzulegen. Das tut man nicht, um uns gegenüber Macht zu demonstrieren, sondern für unsere eigene Sicherheit. Ebenso hält der *Guru* den spirituellen Schüler dazu an, bestimmte Regeln einzuhalten und sich einzuschränken, aber ausschließlich, um ihn emporzuheben. Er tut es nur, um den Schüler vor Gefahren zu schützen, die ihm möglicherweise begegnen könnten. Der *Guru* weiß, dass das Ego eine Gefahr für den Schüler und für andere bedeutet. Die Straße ist für Autos bestimmt. Wenn man jedoch darauf herumfährt, gerade wie man will, dann passieren mit Sicherheit Unfälle. Deshalb ist es notwendig, die Straßenverkehrsregeln einzuhalten. Gehorchen wir nicht dem Polizisten, der den Verkehr an den Kreuzungen lenkt? Durch diesen Gehorsam verhindern wir viele Unfälle.

Wenn unser Sinn von ‚Ich' und ‚Mein' drauf und dran ist, uns zu zerstören, so werden wir gerettet, indem wir den Anweisungen des *Satgurus* folgen. Er gibt uns das notwendige Training, um diese Situationen später zu vermeiden. Allein die Nähe des *Gurus* gibt uns Stärke.

Der *Guru* ist die Verkörperung von Selbstlosigkeit. Weil ein *Guru* die entsprechenden Eigenschaften lebt, können wir von ihm lernen, was Wahrheit, *Dharma*, Entsagung und Liebe bedeuten. Der *Guru* ist die lebendige Verkörperung dieser Eigenschaften. Indem wir ihm gehorchen und ihm nacheifern, sprießen solche Eigenschaften auch in uns. Gehorsam dem *Guru* gegenüber zu sein ist keine Sklaverei. Das Ziel des *Gurus* ist die Sicherheit des spirituellen Schülers. Er weist uns den Weg. Ein wirklicher *Guru* betrachtet den Schüler niemals als seinen Sklaven. Er ist voller Liebe für ihn. Er möchte, dass der Schüler erfolgreich ist, selbst wenn es für ihn Härte bedeutet. Der wahre *Guru* ist tatsächlich wie eine Mutter."

Mutters Worte drangen tief in den *Mind* des Zuhörers ein, entwurzelten Zweifel und pflanzten die Saat des Glaubens. Der

Reporter verabschiedete sich zufrieden, weil er so viel Neues erfahren hatte.

Samstag, 22. Juni 1985

Meditation

Amma und die *Brahmacharis* saßen im Meditationsraum. Einige Haushälter-*Devotees* saßen ebenfalls in der Nähe. Ein gerade neu angekommener *Brahmachari* wollte die Chance, in Ammas Nähe zu sein, nicht ungenutzt vergehen lassen. Er wünschte sich, mehr über Meditation zu erfahren.

Brahmachari: „Amma, was ist mit Meditation gemeint?"

Amma: „Stellen wir uns vor, dass wir *Payasam* kochen. Fragt uns jemand, warum wir Wasser in den Topf gießen, dann sagen wir, es sei für den *Payasam*. Aber genau genommen erhitzen wir nur Wasser. Ähnlich ist es, wenn wir den Reis und den *Jaggery* besorgen; auch dann sagen wir, dass diese Zutaten für den *Payasam* sind. Tatsache jedoch ist, dass der *Payasam* erst noch hergestellt werden muss. Genauso sagen wir, dass wir meditieren, wenn wir mit geschlossenen Augen dasitzen. Eigentlich handelt es sich nicht um Meditation, sondern es ist ein *Sadhana*, um die wahre Meditation zu erreichen. Wahre Meditation ist ein besonderer Zustand des *Mindes*, eine Erfahrung. Sie kann nicht in Worten beschrieben werden.

Sprechen wir nicht über 'Sadhakam' im Zusammenhang mit Singen? Es bedeutet nur, Singen üben. Um wirklich singen zu können, muss man immer wieder üben. Genauso ist es auf dem spirituellen Weg. *Sadhana* entspricht dem spirituellen Üben und Meditation ist der Zustand, den du als Ergebnis erreichst.

Meditation ist konstantes, auf Gott ausgerichtetes Denken, wie das Fließen eines Flusses. Du erreichst diesen Zustand in der

Meditation nur durch ungeteilte, auf einen Punkt ausgerichtete Konzentration. Am Anfang solltest du den *Mind* reinigen. Stärke seine Konzentration und entschlacke ihn durch *Japa* und hingebungsvolle Gesänge; dann übe dich im Meditieren.

Ohne Liebe zu Gott, können wir unseren *Mind* nicht auf Ihn richten. Wenn jemand diese Liebe hat, wird sein *Mind* nicht mehr zu weltlichen Dingen abschweifen. Für ihn sind weltliche Vergnügungen wie die Ausscheidungen eines Hundes. Kleinkinder heben Schlamm und Schmutz auf und stecken ihn in den Mund. Werden sie das noch tun, wenn sie größer sind und Unterscheidungsvermögen haben?"

Sorgen des weltlichen Lebens

Ein *Brahmachari* brachte einige gerade angekommene Briefe, und Amma begann sie zu lesen. Während Sie las, sagte Sie zu den *Devotees:* „Eigentlich kann man schon alles über das Leben erfahren, wenn man diese Briefe liest. Die meisten Briefe sind Leidensgeschichten."

Brahmachari: „Sind denn keine Briefe mit Fragen über spirituelle Themen dabei?"

Amma: „Ja, schon, aber die meisten Briefe erzählen leidvolle Geschichten. So wie der Brief, der neulich von einer Tochter kam. Ihr Mann kommt jeden Tag betrunken nach Hause und verprügelt sie. Eines Tages kam ihr zwei Jahre altes Kind dazwischen. Welchen Unterschied gibt es für einen Betrunkenen zwischen einem Kind und einem Erwachsenen? Ein Tritt, und das Bein des Kindes war gebrochen. Das Bein ist jetzt in einem Gipsverband. Sogar nach diesem Vorfall trinkt der Ehemann genauso viel wie zuvor. Die Frau muss sich um das Kind kümmern und auch alles andere zu Hause erledigen. Sie bat um Ammas Segen, damit ihr Ehemann mit dem Trinken aufhört"

Ein *Devotee*: „Amma, liest du all diese Briefe selbst? Da ist ein großes Bündel an Briefen, allein in der heutigen Post."

Amma: „Wenn Amma an die Tränen der Menschen denkt, wie könnte Sie es dann fertigbringen, ihre Briefe nicht zu lesen? Einigen schreibt Sie sogar selbst eine Antwort. Wenn es sehr viele Briefe sind, dann sagt Sie jemandem, was geantwortet werden soll. Es ist schwierig, sie alle zu lesen und zu beantworten. Einige Briefe sind zehn oder zwölf Seiten lang. Amma hat nicht die Zeit, jede Einzelheit zu lesen. Trotzdem liest Sie fast bis zum Tagesanbruch Briefe. Sie hat einen Brief in der Hand, während Sie isst. Amma diktiert häufig eine Antwort, wenn Sie ein Bad nimmt."

Sie gab die Briefe einem *Brahmachari* und sagte: „Sohn, bringe die Briefe in Ammas Zimmer. Amma wird sie später lesen."

Einzelheiten zum Sadhana

Amma fragte einen neu angekommenen *Brahmachari*:„Liest du momentan irgendwelche Bücher, Sohn?"

Brahmachari: „Ja, Amma. Aber die meisten Bücher sagen dasselbe. Vieles wird im gleichen Buch an verschiedenen Stellen wiederholt."

Amma: „Sohn, es gibt nur eines, was gesagt werden muss: 'Was ist ewig und was ist vergänglich? Was ist gut und was ist schlecht? Wie kann jemand das Ewige verwirklichen?' Die *Gita* und die *Puranas* versuchen ein- und dasselbe aufzuzeigen. Die wichtigsten Prinzipien werden wiederholt. Und dies geschieht, um ihre Wichtigkeit zu betonen. Wenn man die Prinzipien immer wieder hört, werden sie in das Bewusstsein eindringen und dort bleiben. Es gibt einige scheinbare Unterschiede zwischen den Büchern, das ist alles. Während das *Ramayana* die Schlacht zwischen Rama und Ravana behandelt, beschreibt das *Mahabharata* den Krieg zwischen den Kauravas und den

Pandavas. Das Grundprinzip ist dasselbe. Wie man die Prinzipien befolgen und sich in den verschiedenen Situationen des Lebens weiterentwickeln kann, das ist es, was all die *Mahatmas* und all die Bücher zu lehren versuchen."

Ein anderer *Brahmachari*: „Amma, mein Körper ist im Moment sehr schwach. Es fing an, nachdem ich Yogastunden genommen hatte."

Amma: „Sohn, wenn du anfängst, Yogapositionen zu üben, wirst du dich die ersten Monate erschöpft fühlen. Du solltest gut essen. Wenn sich der Körper erst einmal daran gewöhnt hat, wirst du dich wieder ganz normal fühlen. Dann sollten sich deine Essgewohnheiten ebenfalls wieder normalisieren." Amma lachte.

„Lass mich dich nicht dabei erwischen, wie du dich vollstopfst und sagst: ‚Amma hat mir gesagt, ich soll viel essen...‘" Alle lachten.

Amma fuhr fort: „*Sadhaks* sollten bezüglich ihrer Essgewohnheiten sehr sorgfältig sein. Es ist besser, am Morgen nichts zu essen. Ihr solltet euch bis 11.00 Uhr in Meditation vertiefen. Die *tamasische* Qualität nimmt zu, wenn man zu viel isst. Der *Mind* wird schlechte Neigungen haben. Wenn du am Morgen etwas isst, sollte es sehr leicht sein. Der *Mind* sollte sich auf die auf die Meditation konzentrieren."

Ein junger Mann saß in der Nähe der Tür des Meditations- raumes und hörte Ammas Worten genau zu. Er war ein gebildeter Mann mit Magisterexamen und hatte die letzten vier Jahre in Rishikesh gelebt. Im vorigen Monat hatte er, als er einen Freund in Delhi besuchte, von Amma gehört. Vor zwei Tagen war er im *Ashram* angekommen, um Amma erstmals zu begegnen.

Der junge Mann: „Amma, ich habe in den letzten Jahren viel *Sadhana* praktiziert, aber das Ergebnis war bisher ziemlich enttäuschend. Es nimmt mir meine Kraft, wenn ich daran denke, dass ich bis jetzt noch nicht in der Lage war, Gott zu verwirklichen."

Amma: „Sohn, weißt du überhaupt, welche Art von Losgelöstheit nötig ist, um die Verwirklichung Gottes zu erlangen? Stell dir vor, dass du Zuhause fest schläfst. Plötzlich wachst du auf, weil dir sehr heiß ist. Du stellst fest, dass um dich herum ein Feuer wütet. Würdest du nicht augenblicklich in helle Aufregung geraten und versuchen, dem Feuer zu entkommen? Denke an deine dringlichen Hilferufe, da du den Tod vor dir siehst. Du musst mit der gleichen Dringlichkeit rufen, um die Vision Gottes zu erhalten. Denk so intensiv daran, wie jemand, der in tiefes Wasser gefallen ist und nicht schwimmen kann, und nach Luft ringt. Genauso musst du dich darum bemühen, mit dem Höchsten zu verschmelzen. Dass du noch nicht die Vision Gottes erlangt hast, sollte dir beständig fühlbaren Schmerz bereiten. In jedem Moment sollte dein Herz sich danach verzehren."

Amma hielt einen Moment inne und fuhr dann fort: „Du kannst die Vision Gottes nicht erlangen, nur indem du in einem *Ashram* lebst. Du musst *Sadhana* mit größtmöglicher Losgelöstheit praktizieren. Du musst das Gefühl haben: ‚Ich will nichts anderes als Gott'. Für jemanden, der Fieber hat, werden selbst süße Dinge bitter schmecken. Ebenso wird dein *Mind* nirgendwo anders hinwandern, wenn dich das Fieber der Liebe zu Gott erfasst. Deine Augen möchten nichts anderes sehen als die Form Gottes. Deine Ohren werden sich danach sehnen, den göttlichen Namen zu hören, alle anderen Geräusche werden schmerzhaft und irritierend sein. Dein *Mind* wird wie ein Fisch auf dem Trockenen zappeln - bis du Gott erreicht hast!" Amma schloss Ihre Augen und versank in Meditation. Alle saßen da und beobachteten Sie.

Einige Minuten später stand Amma auf und ging an der Außenmauer des Meditationsraumes entlang. Der

Trinkwasser- Vorratstank war an der Südseite, etwa einen halben Meter von der Mauer des Meditationsraumes entfernt, so dass ein schmaler Gang dazwischen frei war. Das Wasser dieses Tanks wurde zu einem anderen, höhergelegenen Tank gepumpt, von wo es in den gesamten *Ashram* verteilt wurde. Bevor Sie in die Hütte ging, um den bereits wartenden Besuchern *Darshan* zu geben, sagte Sie zu den *Brahmacharis*: „Im Tank bildet sich Moos, Kinder. Er sollte gereinigt werden."

Die Dämmerung war hereingebrochen. In göttlicher Stimmung saß Amma auf dem Bett in ihrem Zimmer und sang *Bhajans*. Die Flamme in der Öllampe, die bei Anbruch der Dämmerung angezündet worden war, brannte völlig still, so als wäre auch sie eingetaucht in Ammas Lied:

Agamanta porule jaganmayi

O Essenz der Veden,
die das Universum durchdringt,
die mit Weisheit erfüllt ist,
wer kennt Dich?
O glückseliges Selbst,
ewiges Sein, frei von Leid.
O ursprüngliche höchste Energie,
beschütze mich!

Du wohnst in allen Herzen und kennst alles.
Eifrig bereit, die Glückseligkeit der Befreiung
zu schenken.

Ungesehen von den Gottlosen,
eine stets leuchtende Erscheinung
in der Meditation der Tugendhaften.

Du erstrahlst
als ewige Wahrheit.
O Devi, O Ewige,
zeige mir den Pfad der Erlösung;
leuchte in mir, einem Dummkopf unter den Menschen.

Klar sage ich Dir, O Mutter,
komm' und scheine in meinem Herzen.
Erlaube mir, Deine Geschichte zu lobpreisen
und befreie mich aus den Fängen von Maya.

An der Wand hinter Amma befand sich ein Bild der Göttin Saraswati mit ihrer *Vina*. Begannen etwa die Finger der Göttin die *Vina* zu spielen, als Amma anfing zu singen? Bevor das Echo ihres Liedes verklang, nahm Amma das Foto und küsste das Bildnis der Göttin wieder und wieder. Sie hielt das Bild an Ihr Herz und saß für eine Weile still da.

Sie blieb in der gleichen Pose ohne die kleinste Bewegung sitzen. Als die Abend-*Bhajans* im *Kalari* begannen, legte Sie das Bild von Saraswati vorsichtig auf das Bett. Zwei Tränenspuren waren auf dem Foto zu sehen. Sie stand auf und begann langsam hin und her zu schreiten, immer noch tief in göttlicher Stimmung eingetaucht.

Die *Bhajans* endeten gerade mit den letzten Zeilen des *Arati*. Amma ging nach draußen und spazierte im kleinen Hof vor dem Meditationsraum.

Rat für Haushälter

Einige *Devotees*, die etwas entfernt standen, näherten sich Amma. Sie führte sie zum *Kalari* und setzte sich.
Ein *Devotee*: „Amma, ich habe eine Frage bezüglich dessen, was du heute Morgen dem *Brahmachari* gesagt hast."

55

Amma: „Was ist es denn, Sohn?"

Devotee: „Amma hat gesagt, dass das weltliche Leben mit Hundekot vergleichbar sei. Sollte man das weltliche Leben als derart schlecht ansehen?"

Amma (lachend): „Hat Amma das nicht zu den *Brahmacharis* gesagt? Sie müssen diese Art von Nicht-Anhaftung erreichen, damit sie auf dem spirituellen Weg ausharren. Einen *Brahmachari*, der seinen Blick fest auf das Ziel gerichtet hat, wird das weltliche Leben überhaupt nicht interessieren. Amma muss einem *Brahmachari* so eine geringschätzige Sichtweise des weltlichen Lebens vermitteln, damit er die Stärke bekommt, zum Ziel zu gelangen. Sonst werden ihn Vergnügungen auf der physischen Ebene anziehen, und er wird Energie verlieren.

Ein Soldat erhält das Training, das er für seine Arbeit in der Armee benötigt, während ein Polizist entsprechend seinen Pflichten als Polizeibeamter ausgebildet wird. Ebenso sind die Anleitungen für *Brahmacharis* und Haushälter verschieden. Obwohl natürlich beide das gleiche Ziel haben, ist die Intensität, mit der sie danach streben, unterschiedlich. Der *Brahmachari* hat bereits all seine Bindungen aufgegeben und widmet sich gänzlich diesem Weg. Er rezitiert bei jedem Schritt ein Mantra der Nicht-Anhaftung.

Amma würde niemals behaupten, dass das Haushälter-Dasein *(Grihasthashrama)* etwas Geringeres ist. Waren nicht all die *Rishis* Haushälter? Lebten nicht auch Rama und Krishna als Haushälter? Aber jemand, der das *Brahmacharya*-Gelöbnis abgelegt hat, muss das weltliche Leben mit Hundekot gleichsetzen. Dann erst wird er dazu in der Lage sein, die nötige Haltung des Nicht-Anhaftens zu bewahren, die wesentlich ist, um auf dem Weg zu bleiben.

Der Rat zuvor war also nicht für Haushälter gedacht, sondern für *Brahmacharis*, die allem völlig entsagen sollen. Amma freut sich sehr darüber zu sehen, wie der Sinn für Entsagung in jenen Kinder, die Haushälter sind, erwacht. Sie müssen nur aufpassen, dass die Flamme nicht erlischt, dann können sie das Ziel erreichen. Amma verlangt von niemandem, alles aufzugeben und ein *Sannyasi* zu werden, bevor er nicht den Wunsch zum Entsagen hat.

Bei dem Weg, den Amma vorschreibt, muss man nicht in den Himalaja gehen, mit geschlossenen Augen dasitzen und nur an *Moksha* denken. Man muss lernen, den Umständen entsprechend zu leben. Der Schakal sitzt im Dschungel und nimmt sich vor, beim nächsten Mal, wenn er einen Hund sieht, nicht zu heulen. Doch sobald er dann einen Hund sieht, kann er nicht anders, als aus reiner Gewohnheit zu heulen. Über wirklichen Mut verfügt ein Mensch, der auch inmitten weltlicher Erfahrungen frei von Anhaftung und Besitzgefühl ist. Der wahre *Grihasthasrami* sollte so sein.

Sobald die Frucht anfängt Form anzunehmen, fällt die Blüte ab. Ebenso werden weltliche Begierden verschwinden, sobald Entsagung reift. Eine solche Person kann später von keinerlei Verlangen gebunden werden, unabhängig davon, ob sie zuhause oder im Wald lebt. Für jemand, der sich die Verwirklichung Gottes als höchstes Ziel gesetzt hat, ist nichts anderes mehr wichtig. Er hat bereits verstanden, dass nichts Physisches von Dauer ist, und dass die wirkliche Glückseligkeit in uns selbst liegt."

Devotee: „Wie können wir den *Mind* zähmen, wenn er nach äußeren Vergnügungen sucht?"

Amma: „Das Kamel frisst von Dornbüschen, wenn es hungrig ist. Dann blutet sein Maul. Stellt euch vor, ihr seid hungrig, und weil ihr scharfen Pfeffer so gerne mögt, esst ihr nur Pfeffer. Euer Mund wird brennen und der Magen ebenfalls. Ihr wolltet den Hunger stillen, aber jetzt müsst ihr den Schmerz ertragen. Ebenso wird derjenige am Ende leiden, der von materiellen Dingen abhängig ist und davon Glück erwartet.

Nehmt zum Beispiel den Moschusochsen. Wie lange er auch nach der Ursache des Moschusduftes sucht, er wird nichts finden, da der Duft von ihm selbst ausgeht. Glückseligkeit liegt ebenfalls nicht in äußeren Dingen, sondern in uns selbst. Haben wir erst den nötigen Abstand, es so zu sehen, werden wir aufhören, äußeren Vergnügungen nachzulaufen.

Weil wir wissen, dass der Saft in der Frucht ist, schälen wir die Frucht und werfen die Schale weg. Das ist die Haltung, die ein *Sadhak* haben muss. Dann wird sich sein Mind nicht nach außen wenden. Wir werden fähig, die Essenz von allen Dingen zu erkennen."

Devotee: „Ist es nicht möglich, spirituelle Glückseligkeit zu erfahren, während man ein weltliches Leben führt?"

Amma: „Wie kannst du spirituelle Glückseligkeit erfahren, ohne dich ausschließlich auf Gott zu konzentrieren? Wenn du *Payasam* mit vielen anderen Gerichten mischst, wie kannst du dich dann an seinem Geschmack erfreuen?

Vishnu bat Sanaka und die anderen Heiligen wiederholt, sie mögen doch heiraten. Aber sie antworteten: 'Jeden Augenblick, den wir verheiratet sind, werden wir nicht an dich denken. Wir brauchen nur dich, Herr! Nichts anderes.'

Manche Menschen argumentieren, dass das weltliche Leben in Ordnung sein müsse, da ja nichts von Gott getrennt ist. Es ist in Ordnung, wenn man in allen Situationen an Gott denken kann. Aber sind wir dazu in der Lage? Was machen wir normalerweise, wenn wir etwas Süßes essen? Erfreuen wir uns des süßen Geschmackes oder denken wir an Gott? Wenn man sogar dann an nichts anderes als an Gott denken kann, ist es kein Problem. Dann könnt ihr einen solchen Weg einschlagen."

Devotee: „Schreiben unsere Schriften nicht vier Stadien im Leben vor: *Brahmacharya, Grihasthashrama, Vanaprastha* und *Sannyasa*? Wenn man das Leben eines *Grihastha* geführt hat und anfängt loszulassen, folgt *Vanaprastha*. Ein *Sannyasi* wird man, wenn man von allem völlig losgelöst ist. Alle weltlichen Bindungen sind gelöst, und man gibt sich gänzlich Gott hin. Das ist in der Tat das Ziel des Lebens."

Ein anderer *Devotee*: „Es wird auch gesagt, dass man von *Brahmacharya* direkt zu *Sannyasa* übergehen kann, wenn man bereits völlig losgelöst ist."

Amma (lachend): „Natürlich, aber die Eltern erlauben das nicht. Einige der Kinder im *Ashram* haben heftigen Widerstand überwunden, um hier zu bleiben."

Devotee: „Verdienen wir überhaupt die Verwirklichung? Wir sind so traurig, dass wir in diesem weltlichen Leben gefangen sind!"

Amma: „Meine lieben Kinder, denkt nicht so! Macht euch bewusst, dass all dies nur dazu dient, euch Gott näher zu bringen. Wenn wir auf einem Ausflug sind und etwas unseren Weg blockiert, werden wir es entfernen und dann weiterfahren. Wenn wir das Hindernis nicht beseitigen, wird es weiterhin den Weg versperren. Das weltliche Leben ermöglicht es uns, das Verlangen und den Zorn in uns zu beseitigen. Amma empfiehlt manchmal den Kindern zu heiraten, in denen die *Vasanas* sehr stark vorhanden sind. Wenn die *Vasanas* unterdrückt werden, explodieren sie früher oder später. Wir müssen sie transzendieren. Dafür bietet das Familienleben die idealen Voraussetzungen.

Der *Mind* sollte durch Kontemplation gestärkt werden. Wenn ein Kind beim Laufen hinfällt, sollte es aufstehen und weiterlaufen. Wenn es nur daliegt, wird es niemals Fortschritte machen. Das Familienleben ist nicht dazu gedacht, uns von Gott zu entfernen, sondern uns Ihm näherzubringen. Nutzt es zu diesem Zweck, Kinder, und macht euch nicht unnötig Sorgen.

Das Familienleben erlaubt es uns, unsere *Vasanas* zu überwinden. Geht nicht im Meer der *Vasanas* unter. Versteht, was sie sind, und wachst darüber hinaus. Wir erreichen unser Ziel nur, wenn wir uns völlig von unseren *Vasanas* lösen. Wir sind zufrieden, wenn wir unsere Portion *Payasam* genießen, doch später möchten wir gerne doppelt so viel. Aber wenn wir die wahre Natur dieses Verlangens verstehen, wird der *Mind* nicht danach streben. Würde jemand den *Payasam* anrühren, wenn eine Eidechse hineingefallen ist?

Sobald uns die *Vasanas* überwältigen möchten, werden wir widerstehen, da der *Mind* weiß, dass sie nicht die Ursache wahrer Freude sind und dass sie uns nur Leid bringen. Dieses Wissen muss fest in eurem *Mind* und Intellekt verankert sein. Lasst nicht zu, dass euer Leben vergeudet wird, indem ihr Sklaven eures *Mindes* seid! Tauscht nicht einen unschätzbaren Juwel gegen ein Bonbon. Unser *Mind* wird sich beruhigen, wenn wir aufhören, den Sinnenfreuden so viel Wichtigkeit beizumessen, wie wir es momentan tun.

Macht euch keine Sorgen, wenn ihr nicht sofort die Stärke dazu habt. Setzt euch jeden Tag in Stille hin, denkt darüber nach und nehmt dabei die Haltung eines Zeugen ein. Macht dies zu einer regelmäßigen Gewohnheit. Ihr werdet mit Sicherheit die Kraft bekommen, die ihr braucht. Es hat keinen Sinn, irgendwo zu sitzen und darüber zu weinen, dass ihr zu schwach seid. Findet die Stärke, die ihr braucht. Dann seid ihr ohne zu zögern jeder Herausforderung gewachsen. Kinder, vergießt keine Tränen und denkt nicht, dass ihr unwürdig seid. Das wird euch nur Kraft rauben.

Sohn, bereue nicht, dass du kein *Brahmachari* werden konntest oder dass du nicht immer bei Amma sein kannst. Ihr

Kinder seid alle wie die Blätter einer Pflanze. Einige Blätter sind dem Stamm sehr nahe, andere sind weit weg von ihm, aber alle Blätter gehören zur selben Pflanze. Ebenso seid ihr alle Ammas Kinder, zweifelt daran nicht. Sei nicht traurig darüber, dass du dich nicht an Ammas physischer Präsenz erfreuen kannst. Du kannst das letztendliche Ziel ebenfalls eines Tages erreichen."

Devotee: „Aber ist unser Leben nicht vergeudet, weil wir in all diesen weltlichen Wünschen gefangen sind?"

Amma: „Warum solltest du dich über die Vergangenheit grämen? Gehe mit Vertrauen vorwärts.

Es lebte einmal ein Holzfäller, der sehr arm war. Er ging jeden Tag in den Wald, um Holz zu schneiden und daraus Kohle zu machen. Die Kohle brachte er in ein Geschäft, wo sie als Brennstoff verkauft wurde. Die Bezahlung war sehr schlecht, nicht einmal genug, um seinen Magen zu füllen. Als Haus hatte er eine alte, verrottete und undichte Hütte. Da es ihm seine Gesundheit nicht erlaubte, härter zu arbeiten, war er ständig verzweifelt. Eines Tages kam der König in den Ort. Er hörte von der traurigen Lage des armen Holzfällers. Der König sagte zu ihm: 'Von heute an musst du dich nicht mehr so abplagen. Ich gebe dir einen Wald aus lauter Sandelholzbäumen. Mit dem Einkommen, das du daraus erhältst, wirst du gut auskommen können.'

Am nächsten Tag ging der Holzfäller wie gewohnt zur Arbeit. Da er jetzt seinen eigenen Wald hatte, musste er nicht mehr nach Bäumen suchen, die er fällen konnte. Er fällte einige Sandelholzbäume, machte daraus Kohle und brachte diese wie immer zu dem Geschäft für Brennmaterialien. Er verdiente nicht mehr als vorher.

Nach einigen Jahren kam der König erneut durch das Dorf. Er fragte nach dem Mann, dem er den Wald mit den Sandelholzbäumen geschenkt hatte. Der König erwartete, dass er jetzt ein reicher Mann sei. Er war sehr erstaunt, als er den

Holzfäller sah. Er war eher noch ärmer. Auf seinem Gesicht zeigte sich keinerlei Freude, und er hatte sogar vergessen, wie man lacht. Der König fragte ihn bestürzt: 'Was ist denn mit dir passiert? Was hast du mit dem Wald gemacht, den ich dir gegeben habe?' 'Ich fällte die Bäume und verkaufte sie als Brennmaterial', sagte der Mann. Der König konnte es nicht glauben, dass der Mann diese kostbaren Bäume für eine so erbärmliche Summe verkauft hatte. 'Sind denn noch Bäume übrig?', fragte er. 'Ja, noch einer', sagte der Mann. Der König erwiderte: 'Oh du Dummkopf! Was ich dir gab, war ein Wald voller Sandelholzbäume. Sie waren nicht dazu gedacht, als Brennholz verkauft zu werden! Also gut, wenigstens ist noch ein Baum übrig. Fälle ihn und verkaufe ihn, ohne daraus Brennmaterial zu machen. Du wirst genug bekommen, um für den Rest deines Lebens davon leben zu können.' Der Holzfäller folgte dem Rat des Königs, und es ging es ihm von da an gut.

Kinder, ihr habt den Wunsch, Gott zu erkennen. Das ist genug. Euer Leben wird erfüllt werden. Führt in Zukunft ein gutes Leben."

Eine Frau kam mit zwei kleinen Kindern zu Amma und fiel vor ihr nieder. Sie legte ihren Kopf auf Ammas Schoß und begann bitterlich zu weinen, während sie ihre Leidensgeschichte erzählte.

Ihr Mann hatte ein Geschäft mittels eines Kredits begonnen, dessen Zinsen unverschämt hoch waren. Das Unternehmen scheiterte. Sie mussten ihr Land verkaufen und verpfändeten den Schmuck der Frau, um die Schulden zurückzuzahlen. Sie konnten den Schmuck nicht rechtzeitig wieder auslösen, deshalb wurde er versteigert. Aufgrund des Drucks der Gläubiger verkauften sie ihr Haus und mieteten ein anderes. Jetzt war kein Geld mehr vorhanden, um die Miete zu zahlen. Die Frau war so verzweifelt, dass sie mit den Kindern zusammen Selbstmord begehen wollte. Zu diesem Zeitpunkt erzählte ihr eine Freundin von Amma, und nun war sie gekommen, um Amma zu sehen.

Unter Tränen sagte sie zu Amma: „Mutter, weißt du, wie gut es uns vorher ging? Mein Mann hat alles ruiniert. Ich kann dort nicht länger leben. Es ist nicht einmal Geld für die Miete da. Meinen Verwandten geht es gut. Wie kann ich ihnen nur mein Gesicht zeigen? Deshalb beschloss ich, dieses Leben zu beenden und auch das meiner Kinder."

Amma: „Tochter, du musst deshalb nicht sterben. Ist denn der Tod überhaupt in unseren Händen? Und welches Recht hast du, das Leben der Kinder zu vernichten?

Wo Feuer ist, da ist auch Rauch, mein Kind. Wo Wünsche sind, da ist auch Schmerz. Ihr wolltet ein grandioses Leben, deshalb habt ihr dieses große Geschäft aufgemacht. Das ist die Ursache für dein Leid. Wenn ihr gelernt hättet, mit dem zufrieden zu sein, was ihr hattet, dann hättet ihr jetzt keine Probleme. Das Leben ist voller Freude und Schmerz. Es gibt kein Leben, das nur Freude ist oder nur Schmerz.

Es gibt für alles eine Zeit. Zu bestimmten Zeiten in unserem Leben geht einfach alles schief, egal was wir beginnen. Es hat keinen Sinn, zusammenzubrechen, wenn das geschieht. Halte dich immer fest an Gott. Er ist unsere einzige Zuflucht. Er wird es nicht versäumen, uns einen Ausweg zu zeigen. Wenigstens bist du gesund. Du kannst für den Lebensunterhalt arbeiten. Gott wird das arrangieren. Es gibt keinen Grund, in einer Ecke zu sitzen und zu weinen. Das ist nur Zeitverschwendung und wird deine Gesundheit ruinieren. Gräme dich nicht über das, was vergangen ist, Tochter! Sich an Vergangenes zu erinnern und darüber zu trauern, gleicht dem Liebkosen eines toten Körpers.

Die Vergangenheit kehrt nie zurück. Über die Zukunft wissen wir auch nichts. Anstatt deine Zeit zu verschwenden und deine Gesundheit zu ruinieren, indem du über die Vergangenheit und die Zukunft nachdenkst, solltest du die Gegenwart stärken. Momentan ruinierst du die Gegenwart, indem du ständig mit deinen Gedanken in der Vergangenheit oder der Zukunft bist. Nur der *Paramatman* kennt alle drei: Vergangenheit, Gegenwart und Zukunft. Deshalb solltest du ihm alles überlassen, stets an ihn denken und nach vorne schauen. Dann wird immer ein Lächeln auf deinem Gesicht sein.

Stell dir jemand vor, der Eis isst. Während er löffelt, denkt er: 'In dem Restaurant, in dem ich gestern war, war das Essen nicht abgedeckt. Vielleicht ist eine Küchenschabe oder eine Eidechse hineingefallen? Waren meine Kopfschmerzen möglicherweise durch dieses Essen? Heute Morgen hat mich mein Sohn erneut um neue Kleider gebeten. Wovon soll ich ihm etwas kaufen? Ich habe nicht das Geld dafür. Ich träume schon so lange von einem besseren Haus. Doch ich verdiene nicht genug. Alles würde sich zum Besseren wenden, wenn ich eine entsprechende Arbeit finden könnte!' Während der Mann so in seine Gedanken versunken war, hat er das ganze Eis aufgegessen und dabei nicht einmal dessen Geschmack wahrgenommen. Die Vergangenheit belastete ihn und die Zukunft hat ihm ebenfalls Sorgen bereitet. Daher hat er den angenehmen Moment in der Gegenwart nicht genossen, sondern verschwendet. Hätte er stattdessen Vergangenheit und Zukunft vergessen und seine Aufmerksamkeit auf die Gegenwart gerichtet, hätte er zumindest den Geschmack der Eiscreme genießen können. Deshalb genießt jeden Moment, während ihr vorangeht, Kinder. Überlasst alles Gott und begrüßt alle Lebensumstände mit einem Lächeln. Vergesst die Vergangenheit und die Zukunft und seid ganz im gegenwärtigen Moment.

Wenn du fällst, dann steh auf und gehe mit Begeisterung weiter. Stell dir vor, dass der Sturz dazu gedacht war, deine Aufmerksamkeit zu schärfen. Betrachte die Vergangenheit als einen annullierten Scheck. Es hat keinen Sinn, über sie zu grübeln. Es ist auch sinnlos, einfach nur dazusitzen und sich über seine

Wunden Gedanken zu machen. Man sollte so schnell wie möglich die Wunden medizinisch versorgen.

Tochter, niemand bringt irgendetwas in diese Welt oder nimmt etwas mit. Wir eignen uns hier Dinge an und verlieren sie dann wieder. Das ist alles. Wenn wir erst einmal erkennen, dass dies die Natur der Dinge ist, werden wir unsere Kraft nicht auf Sorgen verschwenden. Der wahre Reichtum ist Frieden im *Mind*, Tochter! Wir sollten einen Weg finden, diesen zu bewahren.

Bleibe hier, bis dein Mann eine Arbeit bekommt. Deine Kinder können auch hierbleiben. Höre auf, dir Sorgen zu machen." Mit Ihrer Hand wischte Amma die Tränen und all die Sorgen weg.

Eine andere Frau sagte: „Amma, ich bin sehr traurig, wenn ich nicht in der Lage bin, meinen *Mind* mit Gott zu verbinden, viele schlechte Gedanken kommen auf und beunruhigen mich."

Amma: „Tochter, ärgere dich nicht über schlechte Gedanken. Der *Mind* ist nur eine Ansammlung von Gedanken. Denke, dass die schlechten Gedanken auftauchen, weil es Zeit ist, dass sie verschwinden. Aber achte darauf, dass du dich nicht mit ihnen identifizierst.

Wenn wir im Bus reisen, dann sehen wir viele schöne Dinge: schöne Häuser, wundervolle Blumen und herrliche Gärten und so weiter. Wir stellen jedoch keine Verbindung zu ihnen her. Wir lassen sie einfach vorüberziehen, sie sind nicht unser Ziel. Wir müssen lernen, Gedanken, die uns durch den Kopf gehen, auf die gleiche Weise zu betrachten. Beobachte sie, aber stelle keine Verbindung zu ihnen her. Klammere dich nicht an sie. Wir stehen am Ufer und schauen zu, wie der Fluss dahin fließt. Es ist interessant, den Fluss zu beobachten. Wenn wir jedoch hineinspringen, verlieren wir bald unsere Kräfte. Versuche, die Fähigkeit zu entwickeln, als Zeuge zurückzutreten, während dir die Gedanken durch den Kopf gehen, Tochter. Das wird deinen *Mind* stärken."

Eine Frau, die Ammas Worten hörte, sagte: „Amma, wenn wir erst einmal im Netz des Familienlebens verstrickt sind, ist es schwer, wieder herauszukommen, auch wenn wir uns sehr bemühen."

Amma: „Ein Vogel sitzt auf dem trockenen Ast eines Baumes und isst eine Frucht, die er irgendwo gefunden hat. Er weiß, dass der Ast jeden Moment abbrechen könnte. Deshalb ist er sehr wachsam. Du solltest verstehen, dass diese Welt genauso ist. Alles kann jeden Augenblick verloren gehen. Daran solltet ihr denken, Kinder. Haltet euch immer an der Wahrheit fest, dass nur Gott ewig ist. Dann gibt es keinen Grund für Leid.

Wenn wir wissen, dass um uns herum ein Feuerwerk stattfindet, dann wird uns der nächste laute Knall nicht erschrecken und uns dahinführen, unseren Gleichmut zu verlieren. Genauso ist es, wenn wir die wahre Natur dieser Welt verstehen, werden wir unsere Gelassenheit nicht verlieren. Wir sollten lernen, alles als übertragene Pflicht auszuführen und auf unserem Weg voranschreiten, ohne uns mit irgendetwas zu identifizieren, zu binden.

Seht euch einen Bankmanager an und die Angestellten, für die er verantwortlich ist. Er ist außerdem für die Leute zuständig, die einen Kredit aufnehmen wollen, und muss ihre Anträge überprüfen. Wenn der Manager sich von dem Lächeln und den Komplimenten der Antragsteller beeindrucken lässt und Kredite vergibt, ohne die Unterlagen sorgfältig zu prüfen, kommt er selbst ins Gefängnis. Er ist sich im Klaren darüber, dass einige dieser Leute gekommen sind, um von ihm das Geld, ganz gleich wie, zu bekommen. Er weiß auch, dass das Geld der Bank nicht sein eigenes ist, trotzdem gibt er es nicht jedem, der danach fragt. Er ist mit niemandem ärgerlich, und er zögert nicht, dem

Kreditwürdigen Geld zu geben. Er tut nur seine Pflicht, das ist alles. Da hat er keinen Grund, bekümmert zu sein.

Wir sollten alle so sein. Wir sollten fähig sein, alles mit Aufrichtigkeit und Enthusiasmus zu tun. Wir sollten uns weder entmutigen lassen noch faul werden, weil wir denken, dass uns am Ende nichts bleibt. Wir sollten unsere Arbeit als Pflicht ansehen und sie mit *Shraddha* ausführen. Wir sollten keine Abneigungen entwickeln. Seht alles als einen Aspekt des *Paramatman* an. Alles folgt demselben höchsten Prinzip.

Hast du nicht schon Bonbons gesehen, die in verschiedenfarbige Papiere eingewickelt sind - rote, weiße, blaue und grüne? Alle sehen anders aus, und Kinder werden sich streiten, weil sie das Bonbon in ihrer Lieblingsfarbe möchten. Das Kind, das ein Bonbon in rotem Papier möchte, wird nicht zufrieden sein, wenn es eines in Blau bekommt. Es wird weinen, bis es eines in rotem Papier bekommt. Doch wenn man das Papier entfernt, schmecken alle Bonbons gleich. Wir sind wie diese Kinder. Wir denken nicht an das Bonbon. Wir sind von den verschiedenen Verpackungen beeindruckt und kämpfen darum. In Wirklichkeit ist das Prinzip, das in allem Lebendigen ist, das gleiche. Auch wenn die äußeren Formen und Farben unterschiedlich sind, ändert sich das höchste Prinzip nicht. Wir können das nicht verstehen, weil wir unsere kindliche Unschuld und innere Reinheit verloren haben.

Wenn jemand ärgerlich auf uns ist und sich feindselig verhält, reagieren wir darauf gewöhnlich mit Ärger und Aggression. Das ist so, als würden wir in einer Wunde an seiner Hand herumstochern und sie damit vergrößern, anstatt für Medizin und Heilung zu sorgen. Der Eiter seiner Wunde wird auch auf unseren Körper spritzen und stinken. Sein Ego wird stärker, während sich unsere Unwissenheit verstärkt. Aber wenn wir ihm vergeben, ist es so, als würden wir Medizin auf seine Wunden auftragen, und wir erweitern unser Bewusstsein. Deshalb sollt ihr ein Leben der

Liebe und der Vergebung führen, Kinder. Das mag schwierig sein, aber wenn ihr es versucht, habt ihr bestimmt Erfolg."

Devotee: „Amma, wie können wir bei all den Verpflichtungen, die das Familienleben mit sich bringt, Zeit für Meditation und *Japa* finden?"

Amma: „Nichts ist schwierig für die, die es wirklich wollen. Du musst wirkliche Sehnsucht haben. Du solltest mindestens einen Tag in der Woche in Stille verbringen und *Sadhana* ausüben. Du hast vielleicht Verpflichtungen und Arbeit, doch selbst dann solltest du einen Tag dafür finden. Lässt du dich nicht krankschreiben, wenn es dir nicht gut geht, auch dann, wenn eine Menge unerledigter Arbeit vorliegt? Nimmst du dir nicht einen Tag frei, um an der Hochzeit von Verwandten teilzunehmen? Wie viel wichtiger ist es, Zeit für *Sadhana* zu finden! Wenigstens einen Tag in der Woche solltest du in einen *Ashram* gehen und *Sadhana* und *Seva* tun. Dieser Tag wird dir außerdem helfen, die Liebe und den Zusammenhalt in der Familie zu stärken.

Machen deine Kinder Unfug, dann erkläre ihnen die Dinge liebevoll. Die Kindheit ist das Fundament des Lebens. Wenn wir unseren Kindern keine Aufmerksamkeit schenken und ihnen keine Liebe und Zuneigung zeigen, dann geraten sie eventuell auf eine schiefe Bahn. Eltern sollten in den ersten Jahren daran denken, besonders liebevoll zu ihren Kindern zu sein, so wie man bei einer zarten, jungen Pflanze viel mehr aufs Gießen achtet. Sobald die Kinder erwachsen sind und eine Arbeit gefunden haben, sollten die Eltern ihnen die Verantwortung für die Familie übertragen und sich in einen *Ashram* zurückziehen, und dort in Ruhe *Sadhana* zu praktizieren. Reinigt euren *Mind* mit selbstloser Arbeit. Es ist nicht gut, sich bis zu seinem letzten Atemzug an Heim und Kinder zu klammern. Sind die eigenen Kinder erwachsen, wird der Wunsch, die Enkel zu sehen und bei ihrer Erziehung zu helfen, in den Vordergrund treten. Aber alle Lebewesen auf dieser Erde schaffen es und überleben, oder nicht? Sie warten nicht auf Hilfe. Überlasse deine Kinder den Händen Gottes. Das sollten liebevolle Eltern tun. Das ist ein Zeichen wahrer Liebe.

Bis jetzt haben wir uns für 'uns selbst und die eigenen Kinder abgemüht.' In dieser Hinsicht besteht kein Unterschied zwischen uns und den Tieren. Was ist dann eigentlich das besondere Geschenk unseres so kostbaren menschlichen Lebens? Von heute an sollte die Arbeit nicht mehr um unseretwillen geschehen. So wird das 'Ich' langsam von selbst schwinden. Gleichzeitig werden auch unsere Ängste und Sorgen abnehmen.

Wenn wir einmal in einen Zug einsteigen, warum sollen wir unsere Last weiter tragen und uns beschweren, wie schwer sie ist? Wir können sie ablegen. In ähnlicher Weise solltet ihr lernen, in dem Höchsten Zuflucht zu nehmen und alles vollständig aufzugeben, Kinder!

Wenn es einmal in der Woche nicht möglich ist, sollten aber mindestens zwei Tage im Monat in einer *Ashram*-Atmosphäre verbracht werden, vertieft in *Japa,* Meditation und selbstlosen Dienst. Sich an Gott zu erinnern, ist das wahre Fundament des Lebens. Mit der Zeit fallen all unsere Bindungen von uns ab wie die alte Haut einer Schlange, und wir können mit Gott verschmelzen. Befolgt eine regelmäßige Disziplin. Manche Leute sagen, dass die Welt um uns herum doch auch *Brahman* ist, weshalb sich dann von ihr zurückziehen? Ja, alles ist *Brahman*, aber haben wir diese Bewusstseinsebene erreicht? Gott kann in uns nichts Schlechtes sehen. Er sieht nur das Gute in allem. Wenn wir zu derselben Haltung fähig wären, dann wäre die Aussage, 'Alles ist *Brahman*' sinnvoll. Wenn unter Tausenden von Dingen nur eine Sache richtig ist, dann wird Gott nur diese sehen.

Ein *Guru* hatte zwei Schüler. Er übertrug im Ashram dem einen der beiden meist mehr Verantwortung. Dem zweiten

Schüler gefiel dies nicht, da er sich selbst als den besten Schüler des *Ashrams* betrachtete. Er fing an, den ersten Schüler abzulehnen. Eines Tages fragte er den *Guru*: 'Warum vertraust du mir keine *Ashram*-Angelegenheiten an? Ich kann diese Dinge besser erledigen als er.'

Der *Guru* rief beide Schüler zu sich und gab ihnen den Auftrag, hinauszugehen und etwas über das Wesen der Menschen zu erfahren. Als der erste Schüler seines Weges ging, sah er am Straßenrand einen Mann, der ein kleines Kind tröstete und ihm ein Bonbon gab. Erkundigungen ergaben, dass es sich um einen Mörder handelte. Trotzdem war der Schüler von der guten Seite des Mannes sehr beeindruckt. Als er weiterging sah er, wie jemand einem alten Mann, der an der Straßenseite lag und der von Hunger und Durst sehr geschwächt war, Wasser gab. Der Schüler fand heraus, dass dieser Mensch ein Räuber war. Er war erfreut darüber, sogar in einem Räuber Mitgefühl zu finden. Als nächstes sah er eine Frau, die die Tränen einer anderen Frau wegwischte und sie tröstete. Die freundliche Frau war eine Prostituierte. Der Schüler konnte auf die Prostituierte nicht herabsehen, als er das Mitgefühl in ihrem Herzen erkannte. Er kam zum *Guru* zurück, beschrieb ihm alles und lobte besonders die guten Taten, die er gesehen hatte.

Der zweite Schüler kam ebenfalls zurück. Er berichtete, dass er gesehen habe, wie ein Mann ein Kind schlug. Dann habe er jemanden gesehen, der einen Bettler zurechtwies. Weiterhin sah er eine Krankenschwester, die sehr böse mit einem Patienten war. Das erzeugte nur Hass im Herzen des Schülers gegen die Menschen, die er sah. Der Mann, der das Kind geschlagen hatte, war jedoch sehr großzügig. Er verpflegte und kleidete viele arme Kinder, und er zahlte ihre Ausbildung. Dieses eine Kind hatte die Angewohnheit, zu stehlen. Es hatte nicht geholfen, mit dem Kind darüber zu reden. Der Mann hatte sich schließlich entschieden, das Kind zu schlagen, um es auf diese Weise zur Einsicht zu bringen. Aber der Schüler konnte keine Rechtfertigung dafür akzeptieren. Er dachte bei sich selbst: 'Sollte es jemandem, wie gutherzig er auch immer sein möge, gestattet sein, ein Kind zu schlagen? Böser Mensch!'

Der zweite Mann, den er entdeckt hatte, war generell immer großzügig im Geben. Als er einen gesunden Mann betteln sah, versuchte er diesen zu überzeugen, seine von Gott gegebene Gesundheit zu nutzen und für seinen Lebensunterhalt zu arbeiten. Der Schüler fand dies ebenfalls nicht gut. Er dachte: 'Wie großzügig auch immer jemand sein mag, welches Recht hat er, jemanden zurechtzuweisen? Wenn er nichts geben wollte, hätte er den Bettler ja einfach wegschicken können.'

Als letztes nun zur Krankenschwester, die ihre Patienten sehr liebte. Sie kümmerte sich Tag und Nacht um sie. Dieser spezielle Patient hatte die Angewohnheit, die Verbände zu entfernen. Das verzögerte die Heilung der Wunden. Die Schwester schimpfte, weil sie es gut mit dem Patienten meinte. Dem Schüler gefiel auch dies nicht: 'Die Schwester hat wohl Medizin aufgetragen, die ihm Schmerzen verursacht. Das wird wahrscheinlich der Grund sein, warum der Patient den Verband entfernte. Und dann schimpft sie auch noch mit ihm. Gemeine Frau!'

Nachdem der *Guru* sich die Erklärungen der beiden Schüler angehört hatte, sagte er: 'Niemand ist ausschließlich nur schlecht in dieser Welt. Wie böse auch immer jemand angeblich ist, es gibt auch etwas Gutes in ihm. Einer von euch beiden sah das Gute in einem Mörder, einem Räuber und einer Prostituierten. Wenn in uns etwas Gutes ist, dann werden wir es auch in anderen erkennen. Solche Augen brauchen wir.

Der *Guru* sagte dann zu dem zweiten Schüler: 'Mein Sohn, du hast dein eigenes Wesen in den anderen gesehen. Du konntest selbst in jenen, die viel Gutes in sich haben, nur das Schlechte sehen. An dem Tag, an dem sich dein Wesen ändert, wirst du das Gute in allem erkennen.'

Momentan sind wir noch wie der zweite Schüler. Selbst wenn tausend richtige Eigenschaften vorhanden sind, sehen wir sie nicht, sondern nur den einen Fehler, der da sein mag. Gott sieht in seinen Kindern nur das Gute. Nur wenn wir diese Einstellung erreichen, können wir sagen, dass alles *Brahman* oder Gott ist.

Es gibt Leute, die fragen: 'Ist der *Guru* nicht in uns? Reicht es nicht, unserem eigenen Inneren zu folgen? Warum sollen wir Zuflucht bei jemand anderem suchen?' Es ist wahr, dass ein *Guru* in uns ist, aber dieser '*Guru*' ist zur Zeit der Sklave unserer *Vasanas*. Gefühle und Gedanken sind nicht unter unserer Kontrolle, sondern werden von unseren *Vasanas* gelenkt. Deshalb ist es gefährlich, ihnen einfach zu folgen.

Amma wird euch die Geschichte eines Mannes erzählen, der viele *Gurus* aufsuchte. Alle sprachen sie nur von Demut, Glaube und Hingabe. Der Mann mochte das nicht. Er wollte von niemandem ein Sklave sein. Er saß am Straßenrand und sagte sich: 'Keiner der *Gurus*, die ich aufgesucht habe, ist der Richtige, um mich zu führen.' Während er das dachte, schaute er auf und sah ein Kamel, das in der Nähe graste und mit dem Kopf nickte. Der Mann war erstaunt, dass das Kamel verstanden hatte, was er dachte. 'Das muss der *Guru* sein, den ich gesucht habe', dachte er bei sich. Er ging zu dem Kamel und fragte es: 'Willst du mein *Guru* werden?' Das Kamel nickte wieder mit dem Kopf. Der Mann war glücklich.

Danach tat er nichts mehr, ohne zuerst seinen Kamelguru zu befragen. Das Kamel stimmte allem zu, was er auch immer fragte. Eines Tages fragte er das Kamel: 'Ich habe ein Mädchen gesehen, darf ich es lieben?' Das Kamel nickte. Nach einigen Tagen kam er zu dem Kamel zurück und fragte: 'Soll ich es heiraten?' Der Kamelguru gab auch dazu seine Einwilligung. Wieder vergingen einige Tage. Die nächste Frage war: 'Ist es in Ordnung, wenn ich ein bisschen trinke?' Das Kamel nickte erneut. Der Mann kam an diesem Tag sehr betrunken nach Hause. Bald wurde das zu einer Angewohnheit. Seine Frau war dagegen. Er ging deshalb zu seinem *Guru* und fragte, ob er mit seiner Frau streiten dürfe. Wieder stimmte der *Guru* zu. Kurz darauf kam der Mann zurück und fragte: 'Meine Frau mag überhaupt nicht, dass ich ständig trinke: Soll ich sie umbringen?' Das Kamel nickte auch bei dieser Frage mit seinem Kopf. Der Mann eilte nach Hause und stach auf seine Frau ein, wobei er sie ernsthaft verletzte. Die Polizei kam und nahm ihn fest. Er wurde zu lebenslanger Haft verurteilt.

Unser *Mind* ist wie der Kamelguru. Richtig oder falsch spielt keine Rolle. Er heißt alles gut, was uns gefällt. Kein Gedanke gilt den nachfolgenden Konsequenzen. Wenn wir von unserem *Mind* abhängig sind, der ein Sklave unserer *Vasanas* ist, sind wir an äußere Dinge gekettet. Unser *Mind* verfügt noch nicht über genügend Unterscheidungsvermögen, deshalb ist es am besten, den Anleitungen eines wahren *Gurus* zu folgen. Es kommt heutzutage vor, dass wir falsch handeln und das damit entschuldigen, Gott sei der eigentliche Handelnde. Es ist nicht richtig zu erwarten, dass der *Guru* mit allem, was wir tun, einverstanden ist. Nur jemand, der den Anleitungen des *Gurus* folgt, ohne diese in Frage zu stellen, ist fähig, das Ziel zu erreichen. Er ist der wahre geistige Schüler.

So wie eine Schildkröte ihre Eier ausbrütet, indem sie an diese denkt, ist der Gedanke des *Gurus* ausreichend, um den Schüler zum Ziel zu bringen. Ein *Satguru* ist jemand, der die Wahrheit verwirklicht hat. Seinen Anleitungen zu folgen, wird uns emporheben. Jene '*Gurus*', die allen Wünschen der Schüler zustimmen, sind keine wirklichen *Gurus*. Sie wissen nur, wie man mit dem Kopf nickt, genau wie das Kamel. Sie denken nicht an den Fortschritt des Schülers."

Ein *Devotee*: „Amma, sagen die Schriften nicht: 'Alles ist *Brahman*'?"

Amma: „Aber wir haben diese Ebene noch nicht erreicht! Deshalb müssen wir mit Unterscheidungsvermögen handeln. Es ist nicht weise, in die Nähe eines tollwütigen Hundes zu gehen und zu sagen, dass alles *Brahman* ist. Der Freund, der dir sagt, du sollst von dem Hund wegbleiben, ist ebenfalls *Brahman*. Wenn du dich in diesem Fall nicht für das rechte Verhalten entscheidest, ruinierst du dein Leben.

Welchen Sinn hat es zu sagen: 'Alles ist *Brahman*', solange wir Gott nicht erfahren? Denkt an die verschiedenen Dinge, die aus Peddigrohr gemacht sind. Peddigrohr ist im Stuhl, im Tisch und im Korb. Aber das Peddigrohr beinhaltet in sich auch den Stuhl, den Tisch und den Korb. Ebenso ist Gold im Ring, im Armreif und in den Ohrringen. Aber wir sind meistens nur von der äußeren Form dieser Dinge entzückt. Jene, die sich nicht von der äußeren Form faszinieren lassen, sehen das Gold in all den Gegenständen. Wir müssen diese Sichtweise entwickeln. Wir müssen begreifen, dass alles die eine letzte Wahrheit, nämlich Gott ist. Die diese Sicht der Dinge erreicht haben, können nichts mehr falsch machen. Diejenigen, die über *Brahman* reden, aber *Brahman* nicht erfahren haben, machen Fehler.

Advaita ist der Zustand, in dem es nicht mehr gibt als eins. Es ist der Zustand, in dem du spontan jeden anderen als identisch mit dir siehst. Es ist nicht etwas, worüber man spricht, es ist ein Zustand des Seins.

Einst lieh sich ein Mann von verschiedenen Leuten Geld und kaufte sich eine Insel. Dort ließ er sich einen Palast bauen. Mit allen, die ihn besuchten, sprach er nur über den Palast und über seine eigene Wichtigkeit. Eines Tages kam ein *Sannyasi* und bat um *Bhiksha*. Der reiche Mann hatte das Gefühl, dass der *Sannyasi* ihm nicht genug Respekt entgegenbrachte, und war darüber verärgert. Er sagte zu dem *Sannyasi*: 'Weißt du, wem die Insel gehört, der Palast und alles hier? Es gehört mir. Alles ist in meiner Hand. Es gibt hier niemanden, der mir nicht mit Respekt begegnet!'

„Der *Sannyasi* hörte geduldig zu und fragte dann: 'Gehört hier alles dir?'

'Ja', kam die Antwort.

'Wirklich?'

'Ja, wirklich.'

Da sagte der *Sannyasi*: 'Wessen Geld hat all dies hier ermöglicht? Stelle deinem Gewissen diese Frage!'

Der reiche Mann war beschämt. Er erkannte seinen Fehler, und dass ihm in Wahrheit nichts von all dem gehörte. Er fiel dem *Sadhu* zu Füßen.

Das Wissen, das wir jetzt haben, wurde nicht durch *Sadhana* erlangt. Wir haben einfach nur gelesen, was andere geschrieben haben, und wir sitzen da und wiederholen die Worte: 'Ich bin *Brahman*'. Wir sagen: 'Ich bin *Brahman*', aber zeigen keinerlei Mitgefühl, Demut und Vergebung gegenüber unseren Nächsten. So haben wir nicht einmal das Recht, das Wort *Brahman* auszusprechen.

Wir können einem Papagei beibringen, z.B. '*Brahman*, *Brahman*' zu sagen. Wenn jedoch eine Katze vorbeikommt, kennt der Papagei nur noch Angstschreie. Schreiend wird er sterben. Statt nur das Wort *Brahman* zu wiederholen, müssen wir das Prinzip verinnerlichen und in unserem *Mind* durch dauernde Kontemplation verankern. Dieses Prinzip steht für Mitgefühl und Großzügigkeit und muss erfahren werden. Wer Gott erfahren hat, braucht nicht ständig 'Ich bin *Brahman*' zu wiederholen. In der Nähe solcher Menschen können wir Gott fühlen. Unter keinen Umständen verlieren sie ihr Lächeln.

Momentan ist *Brahman* in uns wie der Baum im Samen. Wie würde es klingen, wenn der Samenkorn verkündete: 'Ich bin der Baum?' Der Baum ist im Samen enthalten, aber der Samen muss zuvor in die Erde und Wurzeln schlagen. Dann muss der Setzling wachsen. Wenn er schließlich ein Baum ist, können wir sogar einen Elefanten daran festbinden; aber wenn wir den Samen nicht beschützen, wird er von einem Vogel gefressen. Das höchste Prinzip ist natürlich in uns, aber wir müssen es mit Hilfe von *Sadhana* lebendig erfahren.

Ein junger Mann ging einmal zu einem *Guru* und bat darum, sein Schüler zu werden. Es war ein *Ashram*, mit vielen Aspiranten. Der *Guru* sagte zu dem jungen Mann: 'Das spirituelle Leben ist sehr hart. Es ist besser, du gehst wieder und kommst nach einiger Zeit zurück.'

Der junge Mann war sehr enttäuscht. Als der *Guru* dies sah, fragte er ihn: 'Also gut, welche Arbeit kannst du erledigen?' Der *Guru* schlug verschiedene Arbeiten vor, doch war der junge Mann mit keiner dieser Arbeiten vertraut. Schließlich sagte er: 'Warum kümmerst du dich nicht um unsere Pferde?'

„Der junge Mann sagte: 'Wie du wünschst.'

Man übertrug ihm also die Verantwortung für die Pferde. Der neue Schüler erfüllte seine Pflicht mit großer Hingabe, und die Pferde wurden bald gesünder und kräftiger.

Der *Guru* gab gewöhnlich seinen Schülern keine besonderen Anleitungen. Jeden Morgen gab er ihnen einen Vers, den sie kontemplieren und in ihrem Leben umsetzen sollten. Das war die Methode, nach der er lehrte.

Eines Morgens begann der *Guru* seine tägliche Routine früher als gewöhnlich. Er gab den Schülern ihre Verse und wollte sich auf einem der Pferde auf eine Reise begeben. Da kam der junge Schüler angerannt und bat um seine Instruktionen. Er war mit seiner Arbeit so sehr beschäftigt gewesen, dass er nicht hatte kommen können, als der Guru früher als gewöhnlich alle zu sich gerufen hatte. 'Oh Meister', fragte er 'wie lautet denn meine heutige Lektion?' Der Guru antwortete streng: 'Weißt du denn nicht, dass ich gerade dabei bin, eine Reise anzutreten? Ist das die Zeit, solch eine Frage zu stellen?' Dann bestieg er das Pferd und trabte davon. Der Junge war keineswegs enttäuscht. Er begann über die Worte des Gurus zu meditieren: 'Weißt du nicht, dass ich auf eine Reise gehe? Ist das die Zeit, solch eine Frage zu stellen?' Der Guru kam am Abend zurück. Er fand den jungen Mann nicht bei den anderen Schülern und erkundigte sich nach ihm. Die anderen spotteten über ihn: 'Der Dummkopf sitzt irgendwo und murmelt vor sich hin: 'Weißt du nicht, dass ich auf eine Reise gehe? Ist dies die Zeit, solch eine Frage zu stellen?' Alle fingen an zu lachen. Der *Guru* verstand, was geschehen war. Er rief den jungen Mann und fragte ihn, womit er denn beschäftigt sei. Er sagte: 'Meister, ich meditiere über das, was du mir am Morgen gesagt hast.' Die Augen des *Gurus* füllten sich mit Tränen. Er legte die Hände auf den Kopf des Schülers und segnete ihn. Den Mitschülern gefiel das ganz und gar nicht. Sie beschwerten sich bei ihrem *Guru*: 'Meister, du ignorierst alle, die schon so lange hier sind. Warum bekommt dieser Dummkopf so viel Zuneigung?'

Der *Guru* bat einen von ihnen, ein Rauschmittel zu besorgen. Als es gebracht wurde, mischte er es mit Wasser und goss jedem ein wenig davon in den Mund. Sie sollten es sofort wieder ausspucken. Dann fragte er sie: 'Fühlt sich irgendjemand von euch berauscht?'

„'Wie sollte das denn möglich sein? Hast du uns nicht gesagt, dass wir es sofort wieder ausspucken sollen?'

Der *Guru* antwortete: 'Das ist genau die Art, wie du meine morgendlichen Instruktionen behandelst! Du hörst, was ich sage, und vergisst es sofort wieder. Der junge Mann, über den du dich beschwert, ist nicht so. Er akzeptiert alles, ganz gleich was ich ihm sage, ohne geringsten Zweifel, so unschuldig ist er. Zudem waren die Pferde, als du noch dafür verantwortlich warst, nur Haut und Knochen, da du sie nicht ordentlich gefüttert und versorgt hast. Darum waren sie waren leicht reizbar und haben jeden getreten, der sich ihnen näherte. Nachdem ich ihm die Verantwortung übergeben hatte, wurden die Pferde gesund und nahmen an Gewicht zu. Nähert sich ihnen jetzt jemand, kommen sie und zeigen ihre Zuneigung. Er hat ihnen nicht nur Futter, sondern auch Liebe gegeben. Er hat seine Pflicht ernsthaft und regelmäßig ausgeführt. Dies tat er nicht um seiner selbst willen. Meine Worte nimmt er vollständig ohne Zweifel oder Fragen an'

Kinder, ihr müsst genauso sein, ihr dürft kein einziges Wort des *Gurus* als bedeutungslos ansehen. Wir sollten bereit sein, über seine Worte zu reflektieren und sie verinnerlichen. Bei solchem Verhalten, kann der *Guru* gar nicht anders, als seine Gnade fließen zu lassen. Dann kann er die Gnade nicht zurückhalten.“

Unter den *Devotees* war eine Frau. Sie fragte: „Amma, wenn sich ein Mann nach seiner Heirat aus dem weltlichen Leben zurückziehen will, ist es dann richtig, Frau und die Kinder zu verlassen?“ Ihr Mann, der neben ihr stand, lachte, als er die Frage seiner Frau hörte. Alle anderen mussten ebenfalls lachen. Amma antwortete schmunzelnd: „Hab keine Angst, meine Tochter. Mon wird dich nicht verlassen und hierherkommen. Wenn doch, dann werden wir ihn dazu bringen, dass er zu dir zurückrennt.“ Alle lachten.

Amma fuhr fort: „Ist man verheiratet, so kann man nicht einfach alles aufgeben und davongehen. Ist die Loslösung von der Welt sehr stark und genügend Geld für die Familie vorhanden, so dass sie ohne ihn leben kann, darf er allem entsagen. Aber diese innere Loslösung muss wahrhaftig und wirklich sein, so wie bei Buddha und Ramatirtha.

Es ist niemals richtig, ein *Sannyasi* zu werden, um sich den Verpflichtungen zu entziehen. Man muss die nötige Reife erlangt haben, um alles loszulassen. Ansonsten wäre es, als würde man ein Ei öffnen, bevor es ausgebrütet ist."

Ein *Devotee*: „Amma, ich habe überhaupt keine Lust, jetzt zur Arbeit zu gehen. Der Wahrheit und dem *Dharma* werden dort keine Bedeutung beigemessen. Zudem verletzen mich die Kollegen, sobald ich nicht nach ihrer Pfeife tanze."

Amma: „Dieses Problem ist nicht nur deines, Sohn. Viele von Ammas Kindern kommen und beschweren sich darüber. Heutzutage ist es schwierig, seine Arbeit mit Aufrichtigkeit zu verrichten. Wahrheit und *Dharma* haben keinen Wert mehr und deshalb leiden wir unter den Konsequenzen. Diejenigen, die in die Welt hinausgehen, um zu arbeiten, müssen viele Hindernisse überwinden. Halten sie an Wahrheit und Ehrlichkeit fest, begegnen ihnen oft durch die Reaktionen ihrer Kollegen Schwierigkeiten. Was hat es für einen Sinn, traurig zu sein und sich schwach zu fühlen? Sohn, schenke dem, was die anderen tun, keine Beachtung. Verhalte dich entsprechend deinem eigenen Gewissen. Gott wird diejenigen nicht im Stich lassen, die das tun. Diejenigen, die Unrecht tun, nur um sofortigen Gewinn zu erzielen, sind sich nicht bewusst, wie viel Leiden vor ihnen liegt. Sie werden die Ergebnisse für ihre Handlungen erleben, wenn nicht heute, dann morgen."

Amma hielt kurz inne und fragte dann: "Wie viel Uhr ist es, Kinder?"

Ein *Devotee*: „Es ist nach elf."

Amma: „Geht jetzt ins Bett, Kinder. Amma hat noch nicht die Briefe gelesen, die heute Morgen gekommen sind. Lasst Amma in Ihr Zimmer gehen."

Amma stand auf, und als Sie sich den Stufen näherte, kam ein *Devotee* auf Sie zugerannt und verbeugte sich vor Ihr.

Amma: „Was ist denn, Sohn?"

Devotee: „Ich fahre morgen früh, Amma. Bevor ich fahre, wird es mir nicht möglich sein, dich nochmals zu sehen. Das ist der Grund, warum ich dich jetzt störe."

Amma (lachend): „Wie kann es für Amma eine Störung sein?"

Devotee: „Ich hatte leider bisher noch keine Gelegenheit, dir den Grund meines Besuches mitzuteilen. Die Heirat meiner Tochter findet nächste Woche statt. Ich muss nicht einmal eine *Paisa* als Mitgift geben. Der Junge arbeitet am Persischen Golf und sagt, dass er sie dorthin mitnehmen will. Seine Familie ist finanziell sehr gut gestellt."

Dieser Mann hatte sieben Jahre lang versucht, seine Tochter unter die Haube zu bringen. Doch in ihrem Horoskop stand der Mars ungünstig. Sie hatten viele Heiratsangebote in Betracht gezogen, aber meist hatten die Horoskope nicht zusammengepasst. Selbst wenn sie passten, ging etwas schief. Der Vater war lange Zeit deshalb sehr besorgt. Dann hörte er von Amma und brachte seine Tochter zu Ihr. Amma gab ihr ein *Mantra* und sagte: „Es ist nicht mehr nötig, deswegen herumzulaufen. Rezitiere das *Mantra* mit Hingabe, Tochter, dann wird alles gut werden." Drei Wochen später kam über einen entfernten Verwandten ein Heiratsangebot. Die Horoskope passten besonders gut zueinander, und das Datum der Hochzeit wurde eilig festgelegt.

„Hier habe ich den Hochzeitsring für den Jungen. Bitte segne ihn, Amma." Er gab Amma eine kleine Schachtel. Amma hielt sie vor Ihre Augen und gab sie ihm dann zurück. Danach ging Amma in Ihr Zimmer. Leelabai, eine Haushälter-*Devotee*, wartete vor Ammas Zimmertür. Sie war unglücklich darüber, dass sie ihre *Tali* irgendwo verloren hatte.

Amma: „Tochter, hast du die Kette nicht mitgebracht, um sie Amma zu geben? Stell dir einfach vor, dass Gott sie genommen hat. Warum deshalb traurig sein?"

Leela war aus Kottayam. Ihre jüngste Tochter lebte im *Ashram* und ging von dort in die Schule. Leelas Vater verurteilte es, dass seine Enkelin im *Ashram* lebte.

Amma: „Wie geht es deinem Vater?"

Leela: „Er mag es überhaupt nicht, dass wir hierher kommen. Er schimpft deshalb die ganze Zeit mit uns."

Amma: „Das ist ganz normal! Wer sieht es schon gerne, wenn sich die Töchter der Familie auf den spirituellen Weg begeben?"

Leela: „Amma, bist du es, die all die Missbilligung verursacht?"

Amma: „Oh, wirklich? Wer sagt das?" Amma lachte. „Beginnst du, ein spirituelles Leben zu führen, dann wirst du auf viele Vorbehalte treffen. Nur wenn du diese überwindest, wird es klar, wie stark dein Band zu Gott ist. Wenn dein Vater böse auf dich ist, dann ist das sein *Samskara*. Warum sich darüber Sorgen? In den *Ashram* zu kommen ist dein *Samskara*. Stell dir vor, dass plötzlich starker Wind und Regen aufkommen, gerade dann, wenn wir zu einer Reise aufbrechen wollen. Bekommen wir Angst und bleiben zuhause, werden wir das Ziel nicht erreichen. Wer sich ernsthaft danach sehnt, das Ziel zu erreichen, wird die Hindernisse ignorieren und vorwärts gehen. Wenn man einfach nur zuhause bleibt, zeigt man kein großes Verlangen nach dem Ziel.

Bemühe dich, das Ziel zu erreichen. Welche Hindernisse sich auch dir in den Weg stellen mögen, überwinde sie! Darin liegt der wirkliche Mut. Andere werden ihre Meinung entsprechend ihres *Mindes* äußern. Es ist überflüssig, sich über ihre Bemerkungen zu ärgern. Gebt diesen Leuten nicht mehr Bedeutung, als ihnen zusteht. Seid ihnen aber keinesfalls böse."

Amma ging in Ihr Zimmer.

Der mitternächtliche Mond schien durch die Vorhänge in den Raum. Amma begann, Briefe an Ihre weltweiten Kinder zu schreiben, von denen die meisten jetzt um diese Zeit in tiefstem Schlaf lagen. Mit Ihren Worten trocknet Sie die Tränen Ihrer Kinder.

Als Amma sah, dass die *Brahmacharini,* der sie zuvor diktiert hatte, über den Blättern eingeschlafen war, nahm Amma selbst den Stift zur Hand. Sie begann, die kühlende Sandelholzpaste Ihrer tröstenden Worte auf die brennenden Gemüter ihrer Kinder in der ganzen Welt aufzutragen. Vielleicht erreichte Sie sie in ihren Träumen, und ihre Gesichter lächelten im Schlaf.

Kapitel 2

Mittwoch, der 26. Juni 1985

Hingabe

Amma und die *Brahmacharis* waren im Meditationsraum. Einige Haushälter-*Devotees* wie Padmanabhan und Divakaran befanden sich ebenfalls dort.

Padmanabhan, ein Bankbeamter aus Kozhikode, erwähnte einen homöopathischen Arzt, der kürzlich mit seiner Familie den *Ashram* besucht hatte.

Amma: „Amma erinnert sich an sie. Er sieht sich selbst als großen Verehrer der *Advaita*-Philosophie, doch seine Frau ist voller Hingabe. Vielleicht kam er nur zum *Darshan*, weil sie ihn darum bat. Er machte großes Getue, als er hereinkam. 'Es gibt keinen Rama oder Krishna,' sagte er. Amma erwiderte: 'Jeder wird schließlich das gleiche Ziel erreichen, aber man braucht ein *Upadhi* um *Sadhana* auszuführen. Wie kannst du sagen, dass es keinen Rama oder Krishna gibt? Selbst wenn du Ochira nicht auf der Karte Indiens findest, kannst du etwa behaupten, dass es den Ort nicht gibt? Unser Verständnis von *Advaita* ist auf unsere Worte begrenzt. Ohne Hingabe ist es unmöglich, *Advaita* zu erfahren.' Danach war er still."

Amma nahm einen Stift, der in der Nähe lag und schrieb 'Namah Shivaya' auf Ihren linken Unterarm. Während Sie das

Mantra schrieb, schien es, als würde Sie tief in eine göttliche Stimmung eintauchen. Konzentriert schaute Sie das *Mantra* auf Ihrem Arm an und sagte zu Padmanabhan: „Früher, wenn Amma zu Bett ging hat, Sie immer das Kissen an Ihr Herz gedrückt. Sie küsste es fortwährend und hatte das Gefühl, dass es sich nicht um ein Kissen, sondern um *Devi* handelte. Manchmal lag Sie da, Ihre Lippen berührten die Wand, und Sie stellte sich vor, Sie würde die Göttliche Mutter küssen. Oder Sie schrieb 'Namah Shivaya' auf das Kissen und auf die Matte und küsste dann den Namen. Sie schlief nicht ein, bevor Sie nicht lange nach *Devi* gerufen und geweint hatte und fast ohnmächtig war."

Amma schwieg und saß unbeweglich da. Langsam schlossen sich Ihre Augen. Man konnte auf Ihrem Gesicht die Glückseligkeit erkennen, in der Sie sich befand. Alle saßen da und waren vertieft in Ammas Anblick.

Ein *Brahmachari* sang das Lied

Mauna ghanamrita santiniketam

Dort, wo die undurchdringliche Stille wohnt,
von ewiger Schönheit und ewigem Frieden.
Wo sich der Mind von Gautama Buddhas auflöste,
in einer Lichtfülle, die alle Bindungen auflöst,
an den Ufer der Glückseligkeit,
das jenseits der Gedanken liegt.

Im Wissen, das ewige Harmonie schenkt,
dort, wo es weder Anfang noch Ende gibt,
wo Glückseligkeit nur erkannt wird, wenn
die Bewegungen des Mindes verklingen,
am Ort der Kraft,
dem Reich reinen Bewusstseins.

Am Ziel, das den süßen Zustand
des ewigen Ein-Seins schenkt,
beschrieben als 'Du bist das';
Ort meiner Sehnsucht,
erreichbar nur durch Deine Gnade.

Das Lied endete, und wenig später öffnete Amma die Augen.

Das Wesen des Gurus

Divakaran: „Ich habe einen Freund, der einige Zeit bei einem *Swami* lebte und von ihm ein *Mantra* erhalten hat. Eines Tages schimpfte ihn der *Swami* wegen etwas, und mein Freund verließ den *Swami* noch am gleichen Tag."

Amma: „Sohn, wenn du im spirituellen Leben jemanden als deinen *Guru* akzeptierst, solltest du ihm gegenüber völliges Vertrauen und Hingabe haben. Der *Guru* ist manchmal streng, aber nur zum Wohle des Schülers. Der Schüler sollte den *Guru* nicht kritisieren. Ein *Guru* ist vielleicht streng, aber er identifiziert sich nicht damit. Eine Mutter gibt ihrem Kind zum Beispiel einen leichten Schlag, um es davon abzuhalten, seine Hand ins Feuer zu strecken. Tut sie das etwa aus Boshaftigkeit dem Kind gegenüber? Nein, sie möchte nur das Kind vor Gefahr schützen. Dein Freund hätte verstehen sollen, dass der *Guru* nur zu seinem Besten mit ihm schimpfte."

Divakaran: „Er sagte, er ging weg, weil er viele Dinge, die der *Guru* tat, nicht übernehmen konnte."

Amma: „Der Schüler sollte nicht alles tun, was der *Guru* tut. Das würde seinen Fortschritt behindern. Niemand kann es dem *Guru* gleichtun. Um zu entscheiden, welche Handlungen des *Gurus* zur Nachahmung geeignet sind, sollten wir unser Unterscheidungsvermögen nutzen. Man sollte niemals denken: 'Wenn mein *Guru* das macht, warum kann ich dann nicht das

Gleiche tun?' Verwirklichte *Mahatmas* sind ohne Bindungen. Sie sind wie große Bäume, an die man Elefanten anketten kann. Um solch einen Bäume muss man keinen Zaun errichten. Wir sind wie kleine Pflanzen, die sich vor Kühen und Ziegen fürchten müssen. Wir brauchen einen Zaun, um uns selbst zu schützen. Die Handlungen eines *Mahatmas* sind nicht mit unseren vergleichbar. Wir sollten daher auch nicht versuchen, alle seine Handlungen nachzuahmen.

Die Handlungen eines normalen Menschen sind bestimmt von dem Bewusstsein: 'Ich bin der Körper'. Ein *Mahatma* lebt aus der Erkenntnis, reines Bewusstsein zu sein. Deshalb sind viele seiner Handlungsweisen für gewöhnliche Menschen nur schwer verständlich.

Es war einmal ein *Mahatma*, der kochte jeden Morgen etwas Öl und goss es dann sofort über seinen Körper. Anschließend nahm er ein Bad. Einer seiner Schüler sah es und dachte, dies sei die Ursache all der Kräfte des *Gurus*. Am nächsten Tag kochte er sich auch etwas Öl und schüttete es über seinen Körper. Ihr könnt euch die Folgen vorstellen! (Alle lachten.) Wenn wir alles nachmachen, was der *Guru* tut, dann werden wir vielleicht auch solche Erfahrungen machen. Deshalb sollten wir nur Dinge tun, die jedem von uns nützen."

Sadhana ist unerlässlich

Divakaran: „In keinem anderen *Ashram*, den ich bisher besucht habe, habe ich einen Tagesablauf gesehen, der diesem hier ähnelt. Hier liegt die Betonung auf *Karma Yoga* und Meditation. An vielen anderen Orten wird dem Studium der Schriften die größte Wichtigkeit beigemessen."

Amma: „Solange uns Gedanken über weltliche Angelegenheiten stören, brauchen wir einen strikten Tagesplan mit *Japa* und

Meditation, um darüber hinausgehen zu können. Am Anfang ist es notwendig, sich sehr um diese tägliche Routine zu bemühen. Mit der Zeit wird zur Gewohnheit. Nur durch *Sadhana* können wir Fortschritte machen. Ohne *Sadhana* erreichen wir nichts. Was hat es für einen Sinn, Bücher zu studieren und Reden zu halten? Was ist der Unterschied zwischen einem Redner und einem Kassettenrecorder? Er gibt auch nur wieder, was er gelernt hat, das ist alles. Wenn wir ein Kochbuch lesen wird dadurch unser Hunger gestillt? Wir müssen zuerst etwas kochen und es dann essen. *Tapas* ist nötig. Es wird die guten Eigenschaften und die guten *Vasanas* in uns stärken. Die Reinheit und Konzentration des *Mindes* sind am wichtigsten.

Amma sagt nicht, dass man die Schriften nicht studieren sollte. Aber es ist unerlässlich, das Studium mit *Sadhana* zu kombinieren, denn *Sadhana* ist das Wesentliche. Wir sollten darin nicht nachlässig werden. *Sadhana* sollte für uns so natürlich werden, wie Zähneputzen und Duschen.

Wenn wir nach der Schulung im *Ashram* in *Ashram*-Kleidung in die Welt hinausgehen, um Ammas Botschaft zu verbreiten, werden uns Tausende von Menschen lieben und respektieren. Amma sagt dennoch zu Ihren Kindern, dass jene, die sie beschimpfen, ihre größten Lehrmeister sind. Nur wegen solch einer unangenehmen Behandlung werden wir uns selbst sorgfältiger beobachten. Solange nur Menschen um uns sind, die uns lieben, sind wir uns selbst gegenüber nicht kritisch. Wenn andere uns gegenüber Feindseligkeit zeigen, sollten wir uns fragen: 'Warum sind sie mir gegenüber so feindselig?' Welche Fehler habe ich gemacht, dass ich diese Behandlungsweise verdiene? So werden die Anschuldigungen gegen uns zu Wachstumsstufen."

Padmanabhan: „Amma, was ist besser, sich erst um die eigene Verwirklichung zu bemühen oder sich zuerst für andere einzusetzen?"

Amma: „Zuerst muss unser Egoismus völlig verschwinden, sonst sind wir nicht in der Lage, nur an das Beste der anderen zu denken. Wir sollten versuchen, dahin zu kommen. Unsere Gebete und Handlungen, die wir zu diesem Zweck verrichten, bilden den Weg zur Befreiung. Wir müssen uns selbst völlig vergessen und allein an das Wohl der anderen denken. Kümmern wir uns um das Wohl der anderen, wird unser *Mind* dadurch rein.“

Ein *Brahmachari* hörte diesem Gespräch zu und wollte mehr über die Kräfte wissen, über die ein *Guru* verfügt. Amma antwortete: „Es gibt verschiedene Arten von *Gurus*. *Satgurus* können allein durch ihr *Sankalpa* Befreiung schenken. Selbst ihr Atem dient dem Wohle der Natur.“

Brahmachari: „Man sagt, dass der *Guru* den Schüler vor allen Gefahren schützt. Wenn aber dem Schüler eine Gefahr droht, während sich der Guru im *Samadhi* befindet, wie kann der Guru davon wissen und wie kann er ihn schützen?“

Amma: „Letztlich ist niemand vom Selbst getrennt. Ist nicht jeder ein Teil des Selbst? Obwohl ein Fluss zwei getrennte Ufer hat, gibt es nur ein Flussbett. Wenn der *Guru* sich im *Samadhi* befindet, dann ist er eins mit dem Selbst. Dann weiß er auch genau über die Situation seines Schülers Bescheid.“

Hingabe und ihre Bedeutung

Padmanabhan: „Amma, viele Menschen erkennen das Potential der Hingabe nicht. Viele Menschen, die regelmäßig in den Tempel gehen und täglich beten, scheinen kein sehr spirituelles Leben zu führen.“

Amma: „Man glaubt allgemein, dass Hingabe bedeutet, möglichst viele Tempel zu besuchen und hundert verschiedene Gottheiten zu verehren. Diese Art von Hingabe ist blinder Glaube und basiert nicht auf dem Verständnis spiritueller

Prinzipien. Andere, die das sehen, denken möglicherweise, dass das alles ist, was zur Hingabe gehört und kritisieren, was damit zusammenhängt. Spirituelle Menschen werden *Tattvattile Bhakti* - Hingabe, die auf spirituellem Wissen beruht - nicht ablehnen.

Wir sollten begreifen, dass die Verwirklichung Gottes das Ziel unseres Lebens ist und daher Gott mit diesem Ziel vor Augen verehren. Hingabe heißt im Prinzip, zu erkennen, dass es ein und derselbe Gott ist, der sich in allen lebendigen Wesen manifestiert, in all den Gottheiten, Namen und Formen. Das bedingt, sich Gott selbstlos hinzugeben. Das ist die Hingabe, die wir haben sollten. Sogar auf dem *Jnana*-Weg, dem Weg der Weisheit und Erkenntnis, ist es nicht möglich, ohne Hingabe vorwärts zu kommen.

Mit Kies alleine können wir nichts bauen. Wir müssen auch Zement hinzufügen und Beton herstellen. Wir können die Stufen, die uns zu Gott führen, nicht ohne die bindende Qualität der Liebe bauen.

Es gibt viele verschiedene Arten von Nahrung. Wer unter Verdauungsstörungen oder anderen Krankheiten leidet, kann jedoch nicht alles essen. *Kanji*, aus gebrochenem Reis hergestellt, ist für jeden bekömmlich. Das entspricht dem Pfad der Hingabe. Er ist für alle spirituell Suchenden passend.

Solange wir das Bewusstsein von 'Ich' haben, benötigen wir ein Zentrum (*Upadhi*) als Bezugspunkt für unsere Konzentration, um das Ego aufzulösen. Hingabe ist die Liebe für dieses Zentrum und die intensive Bemühung, das Ziel zu erreichen. Hingabe kann man auch mit einer Tinktur vergleichen, die man zur Wundreinigung benutzt. Durch Hingabe wird der *Mind* gereinigt.

Das 'Feld' des *Mindes* sollte mit dem Wasser der Hingabe bewässert werden, damit der Samen des Wissens gesät werden kann. Dann können wir die die Verwirklichung ernten. Jeder, der *Prema Bhakti* - Hingabe verbunden mit höchster Liebe - nur für eine Sekunde gekostet hat, wird niemals mehr davon ablassen. Solche Hingabe entsteht jedoch nicht in jedem Menschen. Bei einem Lotteriespiel gewinnt nicht jeder den ersten Preis. Diesen bekommt unter Millionen nur eine Person. Mit der echten Hingabe ist es genauso: Nur einer unter einer Million von Menschen ist dazu fähig und erlebt sie."

Während Amma die Größe und Schönheit von Hingabe pries, wurde Sie plötzlich still. Ihr Bewusstsein verließ die äußere Welt und stieg zu höheren Ebenen auf. Als Sie mit halb geschlossenen Augen dasaß, erinnerte Ihre bewegungslose Form jeden an die göttliche Mutter, die jenseits aller Eigenschaften ist und die alles bewirkt, obgleich es scheint, als würde sie nicht handeln.

Hingabe kann nur da vorhanden sein, wo sich der von Gott getrennte Verehrer nach der Einheit zurück sehnt. Deshalb kann es für die liebende Seele in gewisser Hinsicht schöner sein, auf der Ebene der Dualität zu bleiben.

Wenig später öffnete Amma Ihre Augen, aber Sie war nicht in der Stimmung zu sprechen. Ihr Gesicht zeigte, dass sie sich in einer anderen Welt befand. War das wirklich die gleiche Mutter, die noch vor wenigen Minuten so gesprächig war?

Wiederum vergingen einige Minuten. Amma stand auf und ging zu einem Kind, dem Sie zwei Bonbons aus einem Päckchen gab, das Ihr ein *Devotee* geschenkt hatte. Das Kind auf den Kopf küssend sagte Amma: „Dieses Bonbon schmeckt jetzt süß, aber später wird es deinen Zähnen schaden. Wenn man Gott verwirklicht hat, kann man die ganze Zeit Süße erfahren - und es ist auch nicht schlecht für die Zähne!"

Vom Meditationszimmer aus ging Amma in die *Darshan*-Hütte. Nacheinander gingen die *Devotees*, die dort saßen und gewartet hatten, zu Amma und verbeugten sich vor Ihr. Eine Frau umarmte Amma und begann zu weinen. Sie war seit vielen

Jahren verheiratet, trotzdem hatte sie noch keine Kinder. Das war der Grund ihres Kummers.

Amma: „Tochter, du weinst, weil du keine Kinder hast und diejenigen, die Kinder haben vergießen Tränen wegen des Verhaltens ihrer Kinder!" Amma zog die Frau hoch, wischte ihre Tränen ab und sagte: „Mach dir keine Sorgen, Tochter. Bete zu Gott. Amma macht ein *Sankalpa* für dich."
Hoffnung erhellte das Gesicht der Frau.

Ammas Anweisungen

Amma bat ein Kind, das in der Nähe saß, einen *Kirtan* zu singen. Sanft erklang die süße Stimme des Kindes, das weder Scheu noch Stolz zeigte. Amma klatschte und gab damit den Rhythmus vor. Sie sang mit den anderen, während einige Devotees meditierten...

Devi Devi Jaganmohini

O Göttin, Bezauberin der Welt,
O Chandika, Besiegerin der Dämonen
Chanda und Munda,
O Chamundesvari, Göttliche Mutter,
zeige uns den richtigen Weg
Um den Ozean von Werden und Vergehen zu überqueren.

Das Lied war zu Ende. Amma begann wieder zu sprechen. „Ihr solltet Sugunacchan (Ammas Vater) hören, wenn er *Japa* macht. Das ist sehr interessant. Er singt, mit schnellem Tempo und ohne Luft zu holen 'Narayana, Narayana.... (Alle lachten, als Amma es imitierte.) Der *Mind* wird nicht umherwandern, wenn du so chantest. Niemand hat ihm das beigebracht, er hat von selbst damit begonnen."

Amma ging in Ihr Zimmer, tauchte jedoch bald wieder auf und ging im Hof auf und ab. Dann kam Sie zum *Ashram*-Büro und setzte sich. Drei oder vier *Brahmacharis* waren bei Ihr.

Das Büro war ein kleiner Raum. Amma nahm einige der Briefumschläge hoch, die auf dem Tisch lagen. Es waren Antworten auf Briefe, zum Verschicken bereit.

Amma: „Sohn, wer hat die Adressen auf die Umschläge geschrieben? Ist das die Art, wie man etwas schreibt? Sieh mal, wie nachlässig das gemacht wurde! Sollte die Adresse nicht ordentlich geschrieben sein, auch wenn es etwas mehr Zeit in Anspruch nimmt? Oder suche dir dafür jemanden mit einer schönen Handschrift. Wer kann das schon lesen? Die Buchstaben verschwimmen. Diese Adressen sollten neu geschrieben werden. Ein *Sadhak* sollte alles mit *Shraddha* durchführen."

Sie war dabei, die Umschläge einem *Brahmachari* zu geben, als Sie die Briefmarken sah.

Amma: „Woran denkt ihr eigentlich bei solchen Arbeiten? Alle Briefmarken sind falsch herum aufgeklebt! Dies ist reine Nachlässigkeit. Wir können das *Lakshya Bodha* eines Menschen klar aus seinen Handlungen sehen.

Ihr seid alle Devotees. Ihr werdet Gott nicht ohne Geduld und Aufmerksamkeit erreichen. Wie könnt ihr Konzentration beim Meditieren erlangen, wenn ihr keinerlei *Shraddha* bei diesen kleinen Dingen auf der grobstofflichen Ebene zeigt? Meditation ist etwas sehr Subtiles. Es sind *Shraddha* und Geduld für die kleinen Dinge, durch die wir zu großen Leistungen fähig werden.

Hört euch folgende Geschichte an: 'Es gab einmal einen *Mahatma*, der wies seine Frau an, als Gedeck beim Essen immer ein Glas Wasser und eine Nadel in seine Nähe zu legen. Seine Frau befolgte diese Anweisung regelmäßig, ohne nach dem Grund zu fragen. Schließlich, als der Mann sehr alt war und sich dem Tode näherte, sagte er zu ihr: 'Willst du mich etwas fragen?' Ihre

Antwort war: 'Es gibt nichts, was ich von dir brauche, aber ich würde gerne eines wissen. All die Jahre habe ich deine Anweisung regelmäßig befolgt und dir zum Essen ein Glas Wasser und eine Nadel hingelegt. Aber ich habe niemals verstanden, wofür.' Der *Mahatma* antwortete: 'Wäre ein Reiskorn auf den Boden gefallen, während des Bedienens oder des Essens, hätte ich es mit der Nadel aufgepickt, in das Wasser getaucht und gegessen. Weil du aber immer so aufmerksam warst, ist in dieser ganzen Zeit kein einziges Korn auf den Boden gefallen. Deshalb habe ich die Nadel und das Wasser niemals benötigt.'

Sie waren ihr ganzes Leben lang darauf bedacht, nicht einmal ein einziges Reiskorn zu vergeuden. Menschen mit solchem *Shraddha* werden *Mahatmas*."

Brahmachari: „Wir werden diese Briefe in neue Umschläge stecken und sie dann verschicken, Amma."

Amma: „Das würde bedeuten, dass diese Umschläge verschwendet sind. Wozu solche Verschwendung, und dasmit all den Briefmarken! Es reicht, die Adressen ordentlich auf ein kleines Papier zu schreiben und das dann über die alten Adressen zu kleben. Von heute an seid einfach achtsamer."

Amma ging in die Bücherei neben dem Büro und setzte sich auf den Boden, noch bevor die *Brahmacharis* für Sie eine Matte ausbreiten konnten. Sie nahm ein illustriertes Buch mit Krishna-Geschichten in die Hand und begann, jedes Bild genau anzuschauen. Ein Bild zeigte Krishna, wie er mit dem Govardhana-Berg dastand, den er mit der Spitze seines kleinen Fingers hochgehoben hatte. Es regnete sehr stark, und all die Kühe und Hirten fanden Schutz unter dem Berg.

Ein *Brahmachari*, der in Ammas Nähe stand, sah das Bild und fragte: „Amma, hat nicht Krishna *Siddhis* demonstriert, als er den Berg Govardhana emporhob?"

Amma: „Krishna hat den Berg nicht emporgehoben, um andere von seinen Kräften zu überzeugen oder um andere zu beeindrucken. Er tat es, weil es sehr heftig regnete und es keine andere Möglichkeit gab, alle die bei ihm waren zu schützen. Er tat das, was in diesem Augenblick nötig war." Sie schwieg einen Moment und fuhr dann fort: „Das Ziel eines *Mahatmas* ist es, die Menschen auf den Pfad der Rechtschaffenheit zu führen. Zahllose schlechte Menschen haben sich vom Grunde ihres Herzens zum Guten hin gebessert, allein durch den *Darshan* eines Mahatmas."

Die Glocke für das Mittagessen klingelte, und Amma sagte: „Kinder, geht jetzt essen. Amma hat einiges zu tun", und Sie ging in Ihr Zimmer.

Manasa Puja

Ein *Brahmachari* wartete bereits in Ammas Zimmer auf Sie. Er las Amma einen Artikel vor, den er für Matruvani, das *Ashram-*Magazin, geschrieben hatte.

Amma: „Kannst du gut meditieren, Sohn?"

Brahmachari: „Ich bin nicht konzentriert genug, Amma."

Amma: „Versuche *Manasa Puja* zu machen, Sohn. Der *Mind* ist wie eine Katze. Wir kümmern uns mit sehr viel Zuneigung um sie, aber in dem Moment, in dem unsere Aufmerksamkeit woanders ist, streckt sie ihren Kopf in den Topf und stiehlt Essen. Die *Manasa Puja* ist eine Methode, den herumwandernden *Mind* auf Gott zu konzentrieren.

„Du solltest diese mentale Verehrung üben, indem du dabei 'Mutter, Mutter!' mit Liebe und Hingabe und intensivem Verlangen rufst. Stell dir vor, die Hand der Göttlichen Mutter zu halten und sie zu baden, indem du Wasser über sie gießt. Stell dir das Wasser vor, wie es auf alle Teile ihres Körpers fließt und nach unten rinnt. Rufe die ganze Zeit: 'Amma, Amma!' und stelle dir ihre äußere Form vor. Stell dir vor, *Abhisheka* mit Milch, Honig, Ghee, Sandelholzpaste und Rosenwasser durchzuführen. Wenn diese Substanzen ihren Körper herunterfließen, visualisiere jeden Teil ihres Körpers, vom Kopf bis zu den Füßen. Sprich mit ihr und bete zu ihr. Nach dem Baden trockne ihren Körper mit einem Tuch. Drapiere einen seidenen Sari um sie. Behänge sie mit Schmuck. Mache ein zinnoberrotes Zeichen auf ihre Stirn."

Amma hörte mit der Beschreibung auf und meditierte lange Zeit. Dann öffnete Sie ihre Augen und fuhr fort: „Lege ihr Fußkettchen an und schmücke sie mit einer Blumengirlande, erfreue dich an ihrer Schönheit. Jetzt biete ihr das *Archana* mit Blumen dar, dies repräsentiert deinen *Mind*. Stell dir vor, wie du die Blüten einzeln ihren Füßen darbringst. Oder stell dir vor, deine *Vasanas* in ein Feuer zu opfern, das vor ihr brennt. Nach dem *Archana* biete ihr den *Payasam* deiner Liebe an. Stell dir vor, dass du das *Arati* für sie darbringst und jeder Teil ihres Körpers leuchtet herrlich im Licht der Flamme. Am Ende stell dir vor, dass du Amma umrundest. Bete dabei die ganze Zeit zu ihr.

Sohn, bemühe dich, all dies mit reiner Liebe zu tun. Dann wird dein *Mind* nicht wandern."

Ammas Worte gaben dem *Brahmachari* für sein *Sadhana* neue Energie. Er verließ Ihr Zimmer mit einem Gefühl von Erfüllung, da er gerade einige von Ammas zahlreichen Gesichtern gesehen hatte: Den allwissenden *Guru*, der seinem Schüler den Weg zeigt, die liebende Mutter, die immer um das Wohlergehen Ihrer Kinder besorgt ist und schließlich die fähige Verwalterin des *Ashrams*, dessen Angelegenheiten Sie mit großem Geschick leitet.

Freitag, 5. Juli 1985

Ein Lehrer und sein Freund kamen um 6.00 Uhr abends aus Kozhencheri an, um Amma zu besuchen. Nachdem sie ihre

Hände und Füße gewaschen hatten, betraten sie den Tempel und verbeugten sich vor Amma. Die Musikinstrumente für die *Bhajans* waren bereits aufgestellt. Einer der Besucher sagte zu dem *Brahmachari*, der die *Tabla* stimmte: „Wir sind heute morgen losgefahren, aber wir sind zu spät gekommen, weil wir den Weg nicht genau kannten. Wir würden Amma gerne treffen und noch heute Nacht zurückkehren."

Brahmachari: „Amma ist gerade in Ihr Zimmer zurückgegangen. Sie war bis jetzt hier und hat mit allen Besuchern gesprochen. Vielleicht könnt ihr Sie treffen, wenn sie für die *Bhajans* wieder herunterkommt."

Ihre Gesichter zeigten deutlich ihre Enttäuschung, weil sie Ammas *Darshan* um ein paar Minuten verpasst hatten.

Brahmachari: „Es wird vielleicht schwierig für euch sein, heute Nacht zurückzukehren, da wahrscheinlich kein Bus mehr fährt. Ihr könnt Amma später treffen und dann morgen zurückkehren."

Der Lehrer: „Ich habe meiner Familie versprochen, dass ich heute Nacht zurückkehren werde. Sie werden sich Sorgen machen. Wenn wir Amma wenigstens einen Moment sehen könnten. Ich bin sicher, dass es keinerlei Probleme geben wird, wenn wir Ihren Segen erhalten."

Brahmachari: „Wie habt ihr denn von Amma gehört?"

Der Lehrer: „Der Vater einer meiner Schüler erzählte mir von Ihr. Als er über Amma sprach, waren seine Augen voller Tränen. Er erzählte mir, dass seine Frau in den letzten Jahren bettlägerig war. Sie konnte ohne die Hilfe anderer nicht einmal aufstehen. Sie hatten sich vielen Behandlungen unterzogen, aber nichts hatte geholfen. Letztes Jahr haben sie Amma getroffen, und nachdem sie Ammas Segen erhalten hatten, wurde seine Frau völlig gesund. Mein Freund sagte mir, dass er und seine Frau noch letzte Woche hier waren."

Der *Brahmachari* legte für die Besucher eine Strohmatte aus und sagte: „Setzt euch bitte. Wenn ihr wirklich noch heute Nacht zurück müsst, könnt ihr euch vor Amma verbeugen, wenn Sie zu den *Bhajans* kommt, und dann gehen."

Lehrer: „Mein Schwiegervater besuchte mich neulich. Er hört sich oft spirituelle Vorträge an. Als ich ihm von Amma erzählte, fragte er mich, ob Sie selbstverwirklicht ist. Was soll ich ihm darauf antworten?"

Brahmachari: „Kürzlich hörte ich, wie jemand Amma die gleiche Frage stellte. Sie sagte: 'Oh, Amma ist nur ein verrücktes Mädchen, das gar nichts weiß!' Aber der Mann beließ es nicht dabei. Er fragte sie wieder und wieder. Schließlich sagte Amma: 'Frage nicht die Mutter von zehn Kindern, ob sie jemals ein Kind geboren hat!'"

Es war Zeit für die *Bhajans*. Alle *Brahmacharis* waren bereit. Amma betrat den *Kalari*, und der Lehrer und sein Freund kamen nach vorne und verbeugten sich.

Amma legte Ihre Hand auf die Schultern von beiden und sagte: 'Seid ihr gerade gekommen, Kinder? Amma ist bis vor kurzem hier unten gewesen und ging nur für kurze Zeit in Ihr Zimmer."

Lehrer: „Wir kamen, als du gerade in dein Zimmer gegangen warst. Es ist ein großes Glück für uns, dich jetzt zu sehen. Wir haben versprochen, heute Abend zurück zu sein, ansonsten würden wir gerne bis morgen bleiben."

Amma: „Wollt ihr mich etwas fragen, Kinder?"

Sie führte sie zur Veranda des Meditationsraumes. Dort setzten sie sich hin, während die *Bhajans* im Tempel begannen.

Prinzipien des spirituellen Lebens

Der Lehrer: „Ich habe keinerlei finanzielle Probleme Amma, aber ich bin sehr besorgt um meine Kinder. Ich finde keinen inneren Frieden."

Amma: „Sohn, wenn dein *Mind* ruhelos ist, versuche dein *Mantra* zu rezitieren. Wenn du Trost in etwas anderem suchst, ist alles verloren. Wenn du durch eine Sache keinen Frieden findest, wirst du dich nach einer anderen umschauen. Und wenn das nicht klappt, wirst du wiederum nach etwas anderem schauen. Auf diese Weise findest du keinen inneren Frieden. Nichts bringt dann wirklich inneren Frieden. Aber du wirst bald sehr ruhig und friedvoll, wenn du ständig an Gott denkst und dein *Mantra* rezitierst. Dein *Mind* wird die Stärke bekommen, jeder Situation zu begegnen."

Lehrer: „Amma, manchmal denke ich sogar daran, ein *Sannyasi* zu werden."

Amma: „Das kann man nur nach gründlicher Überlegung entscheiden. *Sannyasa* ist nicht etwas, wohin man flüchtet und das man annimmt, wenn man Schwierigkeiten im Leben hat. Es muss aus dem Verständnis für die Ideale kommen. Ein spirituelles Leben ist nur für jemanden mit viel Geduld möglich. Ansonsten ergeben sich nur Enttäuschungen. Im spirituellen Leben braucht man Disziplin und Selbstkontrolle wie in einem Gefängnis. Später wandelt sich dieses Gefängnis zum Weg in die Freiheit. Ein *Sadhak* sollte immer auf Gott ausgerichtet sein. Nur dann wird er sein Ziel erreichen.

„Viele Besucher fragen die Kinder hier: 'Warum lebt ihr im *Ashram*? Könnt ihr euch nicht eine Arbeitsstelle suchen und ein angenehmes Leben führen?' Sie antworten: 'Wir haben in der Welt gelebt und hatten genug Geld und alle möglichen Annehmlichkeiten des weltlichen Lebens, doch wir hatten keinen inneren Frieden. Hier erfahren wir Frieden und Gelassenheit ohne äußere Annehmlichkeiten. Durch *Japa* und Meditation versuchen wir, diesen Frieden zu bewahren. Wir lernen aus der Erfahrung, dass man wahrhaftigen Frieden nur durch die Ausrichtung auf Gott finden kann. Darum wollen wir im *Ashram* bleiben.'"

Lehrer: „Dies ist unser erster Besuch, doch wir haben mit Leuten gesprochen, die oft hierher kommen. Jeder von ihnen sieht dich anders, Amma. Einige sehen dich als Devi, andere als Krishna, wieder andere als ihren *Guru*. Für manche bist du die Mutter, die Verkörperung von Liebe und Zuneigung. In den Augen anderer Leute wiederum bist du nur eine ganz normale Frau. Was davon bist wirklich du, Amma? Das würden wir gerne wissen."

Amma: „Jeder sieht entsprechend seinem *Sankalpa*. Die gleiche Frau ist für ihren Mann die Ehefrau, die Mutter für ihre Kinder und die Schwester für ihren Bruder. Wird nicht auch ein Mann von seiner Frau, seiner Mutter und seiner Tochter völlig verschieden gesehen? Dieselbe Person verhält sich der Mutter gegenüber anders als gegenüber den Kindern. Der Unterschied liegt in der Vorstellung, die jemand hat - es liegt an dessen *Sankalpa*. Nimm eine wundervolle Blume. Die Biene kommt wegen des Nektars, ein Dichter schreibt ein Gedicht darüber, ein Maler malt ein Bild von ihr, für den Wurm ist sie Futter, der Wissenschaftler nimmt die Blütenblätter auseinander, separiert Pollen und Samen und untersucht sie, und der *Devotee* bietet die Blume Gott dar. Jeder sieht die Blume entsprechend seinen Möglichkeiten und seiner Kultur."

Nach einer kurzen Pause fuhr Amma fort: „Sohn, all diese definierenden Rollen vergeben andere. Amma sagt nicht, dass Sie ein *Mahatma* oder Gott sei. Ammas Ziel ist es einfach, die Menschen vor der Hitze des weltlichen Lebens zu schützen, indem Sie sie unter den Schirm Gottes bringt. Wenn möglich, möchte Sie einen Sinneswandel bei jenen bewirken, die Schwächeren schaden, und ihnen helfen, Gutes zu tun - etwas, das ihnen selbst und der Welt nützt. Amma sieht keinen Unterschied zwischen denen, die sie lieben, und jenen, die sie hassen."

Lehrer: „Manche Leute sagen, dies sei ein Ort, wo junge Leute vom Weg abkommen."

Amma: „Sohn, sollten wir nicht uns erkundigen, beobachten und die Sache prüfen, bevor wir eine Meinung über etwas äußern? Viele Menschen haben die Eigenart, Urteile über etwas zu fällen, ohne sich genau zu erkundigen oder eigene Erfahrungen zu machen. Wie kann jemand, der wirklich die Wahrheit sucht, die Meinung solcher Leute übernehmen?

Viele Menschen hatten sehr schlechte Angewohnheiten und gaben diese auf, nachdem sie hier gewesen waren. Notorische Trinker schafften es, auf Alkohol zu verzichten. Wie kann man also sagen, dass dies ein schlechter Ort sei? Warum misst jemand solchen Meinungen einen Wert bei, ohne zu wissen, was wirklich geschieht?

Es gibt Menschen, die sind bereit, einen wertlosen Sari zu jedem Preis zu kaufen, nur weil ihnen gesagt wurde, dass er aus dem Ausland kommt. Sie schätzen nichts, was zu Hause hergestellt wurde, egal wie gut es ist.

Jemand hört sich ein Lied im Radio an und sagt: 'Oh, was für ein schönes Lied!' Da weist sein Freund darauf hin, dass es die Nachbarin ist, die singt, und er ändert gleich seine Meinung: 'Oh wirklich? Das erklärt es. Ich dachte eigentlich, dass das Lied schrecklich klingt.' Das ist die menschliche Natur. Die Menschen haben die Fähigkeit verloren zu unterscheiden, was gut und was schlecht ist. Sie beschließen im Voraus, was sie sehen und sagen werden."

Der Lehrer, auf den Mann zeigend, der ihn begleitete: „Dies ist ein guter Freund von mir. Sein Geschäft läuft nicht so gut, und er macht Verluste."

Amma: „Die Zeiten können nicht immer günstig für uns sein, Sohn. Es gibt bestimmte Zeiten, die sind schlecht. Doch vergiss nie: Gott kann dir helfen, auch solche Probleme weitgehend zu lindern."

Der Lehrer: „Er glaubt nicht an Tempel und ähnliches."

Der Freund: „Amma, Gott ist doch überall, nicht wahr? Er ist doch nicht auf die vier Wände eines Tempels begrenzt?"

Amma: „Betrachte es nicht so, Sohn. Der Wind ist auch überall, trotzdem benutzen wir Ventilatoren. Ist nicht der Schatten unter einem Baum etwas Besonderes? Die Atmosphäre ist nicht überall gleich. In einem Tempel fühlt man sich anders als in einem Büro. Empfindest du nicht einen besonderen Frieden und eine Kühle in der Umgebung eines Tempels? Das ist die Eigenschaft einer Atmosphäre, in der man sich ständig an Gott erinnert.

Glaube nicht, es sei Zeitverschwendung, in den Tempel zu gehen. Die Schulkinder in der ersten Klasse benötigen einige Murmeln oder Kerne, um zählen zu lernen. Haben sie es einmal gelernt, brauchen sie diese Dinge nicht mehr. Ein Holzbrett kann uns das Schwimmenlernen erleichtern. Sobald du schwimmen kannst, wirst du es jedoch weglegen.

Ein Sportler, der einen Preis im Weitsprung gewonnen hat, springt mehrere Meter weit. Ein Kind muss sehr viel üben, bevor es so weit springen kann. Selbst mit Übung wird es nicht jedem möglich sein, so weit zu springen. Es mag ein paar *Mahatmas* geben, die Gott in allem sehen können. Ihr könnt sie an den Fingern abzählen. Sie brauchen keine Tempel. Aber wir müssen an all die anderen denken. Sie können die Höchste Wahrheit nur durch solche Mittel erreichen."

Amma stand auf und sagte: „Kinder, Amma geht jetzt zu den *Bhajans*. Wartet beide bis zum Ende der *Bhajans*, bevor ihr Heim fahrt."

Noch bevor sie etwas sagen konnten, ging Amma zum *Kalari* und schloss sich dem Singen an. Die Süße der Hingabe erfüllte die Luft.

Kannunirillatta kannunkalenkilum

Auch wenn meinen Augen tränenlos sind,
pocht mein Herz vor Schmerz;
obwohl meine Lippen schweigen,
so sind sie doch bewegt von Deinem Mantra, O Mutter!

O mystischer, Wunsch erfüllender Baum,
mein Mind verweilt stets bei Deinen Blüten.
Aber Maya, die grausame Jägerin,
hat das Ziel, mich zu Fall zu bringen!

Du bist die Verheißungsvolle,
die gekommen ist, um Sandelholzpaste
auf meine Seele zu streichen:
Kühle mich im Mondlicht Deiner Liebe
und erfülle mich!

Als das *Arati* vorüber war, ging eine Familie auf Amma zu und verbeugte sich vor Ihr. Sie lebten in Kozhencheri.

Amma: „Seid ihr heute von zu Hause gekommen, Kinder?"

Devotee: „Wir sind gekommen, um einen Verwandten zu besuchen, der hier in der Nähe, in Kayamkulam, wohnt. Bevor wir wieder nach Hause zurückkehren, wollten wir den Ashram aufsuchen."

Amma: „ Es ist einen Monat her, dass ihr hier wart?"

Devotee: „Ja, wir konnten danach nicht mehr kommen. Mein Vater wurde wegen Rheuma bettlägerig."

Amma: „Wie geht es ihm jetzt?"

Devotee: „Jetzt geht es ihm gut. Er wird nächste Woche mit uns hierher kommen."

Amma: „Amma wird euch etwas *Prasadam* für ihn geben. Kehrt ihr heute noch nach Hause zurück?"

Devotee: „Ja, Amma, meine Tochter muss morgen arbeiten."

Amma: „Wie kommt ihr denn so spät in der Nacht nach Hause?"

Devotee: „Wir sind in einem Jeep gekommen."

Amma: „Oh, da sind noch zwei andere Besucher, die heute ankamen, sie sind gleichfalls aus eurer Gegend. Sie wollten schon früher mit dem Bus wegfahren, aber Amma bat sie, bis nach den *Bhajans* zu bleiben."

Devotee: „Das ist kein Problem. Es ist genug Platz in dem Jeep. Wir sind nur zu dritt."

Amma stellte ihnen den Lehrer und seinen Freund vor. Der Lehrer sagte: „Wir wollten gleich nach dem Gespräch mit Amma gehen, aber sie sagte, wir sollten bis nach den *Bhajans* bleiben. Als Sie uns bat, bis zum Ende der *Bhajans* zu bleiben, sorgten wir uns, dass wir den letzten Bus nicht mehr erreichen werden. Jetzt erleben wir, dass all unsere Probleme verschwinden, wenn wir Amma vertrauen."

Amma bat eine *Brahmacharini*, *Vibhuti* zu bringen, und gab jedem etwas davon als *Prasadam*. Für den kranken Vater des *Devotees* gab Sie eine zusätzliche Portion. Nachdem Sie einem *Brahmachari* aufgetragen hatte dafür zu sorgen, dass alle Essen erhalten, kehrte Amma in Ihr Zimmer zurück.

Montag, 8. Juli 1985

Es war fünf Uhr nachmittags und Amma saß im *Kalari*. Ein *Brahmachari*, der in die Stadt gefahren war, um Gemüse zu kaufen, kam schwer beladen zurück. Er trug einen Sack Reis auf dem Kopf und balancierte eine Tasche mit Gemüse auf seiner Schulter. Er trug mehr, als er bequem bewältigen konnte.

Amma sah seine Schwierigkeiten. Deshalb nahm Sie ihm den Sack Reis vom Kopf und stellte ihn auf den Boden. Sie fragte: „Hast du alleine all diese Sachen gekauft? Hättest du nicht jemanden mitnehmen können?"

Brahmachari: „Ich hatte nicht gedacht, dass es so schwer sein würde." Zwei *Brahmacharis* trugen die Taschen in die Küche.

Amma: „Natürlich, wie kann man wissen, wie schwer Einkäufe sein werden, wenn man zu Hause nicht arbeiten musste und nicht gewohnt ist, schwere Lasten zu tragen? Wie hast du es denn geschafft, den Sack Reis auf deinen Kopf zu hieven?"

Brahmachari: „Der Fährmann hat mir geholfen."

Amma: „Mein armer Sohn! Von jetzt an gehe nicht mehr alleine zum Markt." Sie strich mit den Fingern über seinen Kopf. Der Sohn stand da, genoss diese Liebkosung von Amma, und glückselig vergaß er alles andere.

Glück und Leid des weltlichen Lebens

Amma ging zum *Kalari* zurück und setzte sich. Eine Frau ging auf Sie zu und verbeugte sich vor Ihr. Amma umarmte sie und hielt sie fest. Die Frau legte ihren Kopf in Ammas Schoß und fing an zu weinen. „Nur wenn Amma ein *Sankalpa* trifft, werden sich all meine Probleme lösen", sagte sie unaufhörlich.

Ihren Rücken streichend, tröstete Amma sie: „Tochter, genügt es wirklich, wenn Amma ein *Sankalpa* trifft? Du solltest aber auch bereit sein, es zu akzeptieren. Selbst wenn Amma das Licht anschaltet, musst du die Türe öffnen, nur so kann das Licht hineinfallen. Wie kannst du denn das Licht empfangen, wenn alle Türen fest geschlossen sind? Sogar wenn Amma einen Entschluss fasst, damit er dir auch nützt, musst du doch selbst an Gott denken. Du musst dir jeden Tag etwas Zeit nehmen, um den Namen Gottes zu rezitieren. Wie viel Zeit verschwenden wir jeden Tag! Ist es genug, zu bitten, dass Amma alles wieder richtig stellt, wenn du selbst nichts tust?"

Die Frau war davon überzeugt, dass ihre Probleme durch bösen Zauber hervorgerufen wurden, den ihre Nachbarn gegen sie richteten. Sie versuchte Amma davon zu überzeugen. Sie wollte, dass Amma die Nachbarn bestraft und sie selbst beschützt. Ihr Anliegen wiederholte sie mehrfach. Ammas Stimme wurde sehr streng, als es offensichtlich wurde, dass die Frau Ammas Worten keine Beachtung schenkte. Nun hörte die Frau auf, sich zu beschweren und begann, Amma voll Angst und Ehrfurcht zuzuhören.

Amma: „Zur Zeit gibt es zwei Arten von Freude und Leid. Wenn wir das nicht bekommen, was wir gerne hätten, sind wir traurig; wenn aber andere bekommen, was wir gerne hätten, ist unser Leid noch größer. Ebenso sind wir glücklich, wenn wir Erfolg haben. Wir sind jedoch noch glücklicher, wenn ein anderer scheitert. Unseren eigenen Schmerz vergessend, erfreuen wir uns an dem Schmerz der anderen. Unsere eigene Tochter ist vielleicht noch nicht verheiratet, aber wir freuen uns darüber, dass die Tochter des Nachbarn ebenfalls unverheiratet ist. Doch wir leiden, wenn ihre Hochzeit stattfindet. Kinder, das ist die Verkommenheit des *Mindes*, eine ernsthafte Erkrankung, die unseren Frieden zerstört. Es ist wie ein Krebsgeschwür im *Mind*.

„Einmal gingen zwei Nachbarn Holz kaufen. Einer von ihnen kaufte ein Stück Holz, der andere erstand drei Stück. Als der erste sein Holz zersägte, stellte er fest, dass es innen hohl war. Er war sehr unglücklich darüber, dass er sein Geld verschwendet hatte und verlor sogar seinen Appetit. Kurz danach brachte seine Frau ihm die Nachricht, dass alle drei Hölzer des Nachbarn innen verrottet waren. Der gleiche Mann, der gerade bekümmert war, brach in Freude aus. 'Oh wirklich! Gib mir etwas Tee.', sagte er und lachte fröhlich. 'Er verdient es! Er denkt, dass er so reich ist, und hat gleich drei auf einmal gekauft.'

Kinder, das erste, was wir ändern sollten, ist diese Haltung. Wenn unser *Mind* so funktioniert, dann hilft auch alles *Japa* der Welt nichts. Wir erlangen weder Gottes Gnade noch Frieden. Ein Topf, in dem etwas sauer geworden ist, den müssen wir sehr gut reinigen, bevor wir Milch hinein gießen. Sonst verdirbt die frische Milch ebenfalls. Als erstes solltet ihr Kinder beten um ein Herz, das sich über das Glück anderer freut und ihren Kummer teilt.

Wenn der Nachbar verrückt ist, werden wir ebenfalls Probleme haben. Wegen des Lärms, den er in der Nacht macht, können wir nicht schlafen. Und selbst tagsüber finden wir vielleicht keinen Frieden. Stellt euch unser Elend vor, wenn unser Bruder jeden Tag betrunken nach Hause kommt und anfängt zu streiten. Wir würden unseren Frieden völlig verlieren. Ist unser Bruder ausgeglichenen, wirkt sich das auch auf uns positiv aus. Führen andere ein friedliches und ruhiges Leben, sollte es uns klar sein, dass wir diejenigen sind, die daraus Nutzen ziehen. Wenigsten haben wir durch sie keine Probleme. Wir sollten fähig sein, uns an ihrem Glück zu erfreuen und Mitgefühl für ihre Sorgen entwickeln. So wie wir das tun, bedeutet es, dass wir uns innerlich weiterentwickeln. Gott wohnt in solchen Herzen gerne. Gottes wirkliche Kinder sind jene, die das Glück und das Leid der anderen als ihr eigenes ansehen."

Die Frau weinte die ganze Zeit über, und Amma machte eine Pause, um ihr die Tränen abzuwischen. „Sei nicht so traurig, Tochter. Rezitiere regelmäßig das *Mantra*, das Amma dir gegeben hat. Alles wird gut."

Die Frau war getröstet, verbeugte sich und stand auf. Sie verabschiedete sich, ihre Last und Sorgen hatte sie bei Amma - der Zuflucht aller Leidenden - abgeladen. Bei Amma werden wir getröstet, da wir im Strom Ihres Friedens baden, der zu allen trauernden Herzen fließt.

Samstag, 20. Juli 1985

Kompromisselosigkeit in bezug auf Disziplin

Die Morgenröte des kommenden Tages war noch nicht am östlichen Himmel angebrochen. Die *Brahmacharis* waren im Meditationsraum beim *Archana*, Amma ging in der Dunkelheit auf der Veranda auf und ab, die Hände hinter dem Rücken. An der Art und Weise, wie Sie ging, konnte man eine gewisse Ernsthaftigkeit erahnen. Zwei Männer mit Taschenlampen gingen am Ufer des Kanals an der Ostseite des *Ashrams* vorbei. Es waren Fischer, die bereit waren, ihre Netze auszuwerfen.

In diesem Moment kam ein *Brahmachari* angerannt, um noch am *Archana* teilzunehmen. Er war zu spät aufgestanden. Als er leise die Tür des Meditationsraumes öffnen wollte, hielt ihn Amma auf, indem Sie nach der Tür griff und diese wieder fest verschloss. Der *Brahmachari* stand mit gesenktem Kopf neben der Tür.

Nach einigen Minuten sagte Amma: „Weißt du denn nicht, dass das *Archana* um 5.00 Uhr morgens beginnt? Kommt nach dem Beginn einer nach dem anderen herein, stört das die Konzentration derer, die pünktlich das *Archana* begonnen haben. Deshalb sollst du jetzt das *Archana* draußen rezitieren. Von morgen an sollst du um 4.30 Uhr im Meditationsraum sein. Du musst bei deinem *Sadhana* diszipliniert sein. Nur dann wirst du Fortschritte machen."

Der *Brahmachari* legte sein *Asana* auf die Veranda und setzte sich. Die Bedeutung eines jeden *Mantras* wurde ihm klar, als er sich auf Ammas heilige Füße konzentrierte, die vor ihm mit sanften Schritten auf und ab ging.

Om nakhadititisamchanna namajjana
tamogunayai namah

Wir verehren Devi, deren Zehennägel so hell erstrahlen, dass all die Dunkelheit der Unwissenheit in Ihren Devotees, die sich zu Ihren Füßen verbeugen, vertrieben wird.

Wir verehren Devi, deren Füße, die Lotusblumen an Leuchtkraft weit übertreffen.

Wir verehren Devi, deren glückverheißende Lotusfüße mit edelsteinbesetzten Goldkettchen geschmückt sind, die lieblich klimpern.

Wir verehren Devi, deren Gang gemächlich und sanft ist, wie der eines Schwans.

Nach dem Archana kamen die Brahmacharis langsam heraus und waren sehr überrascht, Amma zu sehen. Sie verbeugten sich. Amma legte die Hände auf den Kopf des Sohnes, der zu spät gekommen war, und segnete ihn.

Amma: „Sohn, warst du traurig, als Amma dich davon abhielt, zum *Archana* zu gehen?"

Brahmachari: „Welchen Schmerz fühlt man schon, wenn das Herz in Ammas Liebe dahinschmilzt, wie der *Chandrakanta*-Stein im Licht des Vollmondes?"

Amma: „Das ist ein *Ashram*, Sohn. Wenn das *Archana* zu *Brahma Muhurta* stattfindet, dann sollten alle Kinder daran teilnehmen. Niemand sollte mehr schlafen, ein Bad nehmen oder Ähnliches. Jeder sollte fünf Minuten vor Beginn des *Achana* dasitzen."

Brahmachari: „Das Wasser tröpfelte heute Morgen nur aus dem Hahn. Deshalb dauerte es so lange, bis ich mein Bad beendet habe."

Amma: „Wirst du vor einer Prüfung oder einem Vorstellungsgespräch auch sagen, dass du zu spät bist, weil kein Wasser oder keine Strom vorhanden war? Die gleiche Einstellung solltet ihr zu eurem *Sadhana* haben.

Wenn so viele von euch das *Archana* zusammen machen, ist die göttliche Mutter auf jeden Fall anwesend. Daher sollte keiner zu spät kommen, reden oder schlafen. Deshalb hat Amma zu dir gesagt, dass du das *Archana* draußen rezitieren sollst, da es drinnen bereits begonnen hatte."

Amma blickte alle Ihre Kinder liebevoll an und ging dann in Ihr Zimmer. Sie kam erneut um 7.00 Uhr mit einer *Brahmacharini* heraus und ging zur Nordseite des *Ashrams*. Sie sammelte das herabgefallene trockene Reisig der Kokospalmen auf. Ein *Brahmachari* trug es zur Küche. Er ließ die Gelegenheit nicht ungenutzt, einige Zweifel zu klären.

Brahmachari: „Amma, kann man den *Mind* völlig ausschalten?"

Amma: „Der *Mind* ist eine Ansammlung von Gedanken. Gedanken sind wie die Wellen im Ozean. Eine nach der anderen tauchen sie immer wieder auf. Selbst mit Gewalt kann man die Wellen nicht aufhalten. In den Tiefen des Meeres hört jedoch jeder Wellengang auf. Versucht also, euch auf einen Gedanken zu konzentrieren, statt all die Gedanken gewaltsam zu unterdrücken. Dann erfahrt ihr tieferen Frieden. In euch wird es still. Auch wenn sich an der Oberfläche manchmal noch kleine Wellen kräuseln, ist es darunter friedvoll."

Ammas Kuh-Seva

Amma kam zum Kuhstall. Ein *Brahmachari* wusch die neu gekaufte Kuh, Shantini, „die Friedliche", genannt. Zwischen dem Namen der Kuh und ihrem Verhalten bestand jedoch keinerlei Verbindung. Bisher war es niemandem gelungen, sie zu waschen, ohne zumindest von ihrem Schwanz geschlagen zu werden. Sie zu melken war ein Kampf, und drei Menschen waren dazu notwendig. Außerdem musste man ihr noch die Füße zusammenbinden. Es war, als hätte sie das Gelübde abgelegt, die Milch auf dem Boden landen zu lassen oder wenigstens denen eine Milchdusche zu verabreichen, die sie melken.

Dieser *Brahmachari*, der Shantinis Charakter sehr gut kannte, benutzte einen Becher, um Wasser über sie zu gießen. Er benetzte ihren Körper zweimal und nannte dies dann ihr Bad. Schmutz und Dung klebten immer noch an ihrem Körper. Amma gefiel es gar nicht, wie er die Kuh gewaschen hatte. Sie nahm dem *Brahmachari* den Wassereimer ab, während eine *Brahmacharini* in die Küche lief, um raue Kokosnuss-Schale zu holen, womit die Kuh abgeschrubbt wurde. Amma zeigte Ihrem Sohn, wie man die Kuh wäscht und Sie entfernte den Dung, der an Bauch und Beinen klebte.

Alle waren über die plötzliche Friedfertigkeit der Kuh überrascht, nie zuvor hatte man sie so gesehen. Sie stand da wie ein äußerst gehorsames Kind. Vielleicht hatte sie die ganze Zeit auf diese eine Gelegenheit gewartet.

Während Amma die Kuh wusch, meinte Sie: „Sohn, beim Waschen stehe nicht hinter der Kuh. Sie könnte ausschlagen. Diese hier ist etwas widerspenstig. Du musst sie sehr vorsichtig waschen. Dabei solltest du an ihrer Seite stehen." Amma zeigte ihm auch, wie die Kuh im Kuhstall angebunden werden soll.

Zwei Devotees hatten gehört, dass Amma die Kuh wusch und kamen um zuzuschauen. Als Amma aus dem Kuhstall trat, sagte

Sie zu ihnen: „Die Kinder hier sind derartiges nicht gewohnt. Sie kommen direkt von der Universität und wurden vorher von ihren Eltern verwöhnt. Sie können nicht einmal ihre eigene Kleidung waschen. Gestern sah Amma, wie einer von ihnen versuchte, 'Super-white' zum Wäschewaschen zu benutzen. Es wäre sehr lustig geworden, wenn Amma nicht rechtzeitig eingeschritten wäre. Er schüttete eine ganze Flasche 'Super-white' in einen halben Eimer Wasser. Amma erschien gerade in dem Augenblick, als er seine Kleidung hineintauchen wollte. Stellt euch vor, was passiert wäre!" Sie lachte. „Er benutzte die Menge 'Super-white', die normalerweise einen ganzen Monat reicht, für so wenig Wäsche. Amma zeigte ihm dann, wie er nur wenig des Mittels, das der Wäsche einen Blauton verleiht, in einen Eimer Wasser zu schütten und dann seine Kleider einzutauchen hat."

Haushälter-Ratschläge

Amma saß auf der Veranda des Meditationsraumes und die *Devotees* saßen auf dem Boden um Sie herum. Herr Menon aus Palakkad begann die Unterhaltung.

Herr Menon: „Amma, ich meditiere regelmäßig, doch wegen verschiedener Probleme bin ich niemals frei von Sorgen. Ich habe mit vielen Haushältern gesprochen, und die meisten von ihnen sind in der gleichen Situation. Ich frage mich sogar manchmal, warum man überhaupt *Japa* und Meditation macht."

Amma: „Sohn, *Japa* und Meditation alleine genügen nicht. Man sollte sich die grundlegenden Prinzipien aneignen. Als Amma jung war, musste Sie die Zweige des *Kampatti*-Baumes schneiden. Dazu musste Sie den Baum hochklettern, Beim ersten Mal schürfte Sie sich den ganzen Körper auf. Ihr Gesicht war so geschwollen, dass Sie überhaupt nichts mehr sehen konnte. Zwei oder drei Tage vergingen, bis alles wieder in Ordnung war. Dann fand Sie heraus, dass man den Körper zuerst mit Öl einreiben muss. Danach trug Sie immer den schützenden Ölfilm auf, bevor Sie die Zweige des *Kampatti*-Baumes schnitt. Ebenso solltet ihr als schützende Hülle die Liebe zu Gott haben, bevor ihr in das Familienleben eintretet. Dann gibt es keinen Grund zu Kummer und Leid.

Man sollte die Überzeugung haben, dass Gott unser einziger wirklicher Verwandter ist. Kinder, ihr solltet wissen, dass letztlich alle anderen Beziehungen und weltlichen Dinge uns nichts als Leid einbringen. Bindet euch allein an Gott. Das bedeutet nicht, dass ihr eure Frau und eure Kinder verlassen oder wie Fremde betrachten solltet. Kümmert euch sehr gut um sie, aber denkt daran, dass der einzige dauerhafte Verwandte, den ihr habt, Gott ist. Alle anderen Verwandten werden euch heute oder morgen verlassen: deshalb nehmt immer Zuflucht bei Gott. Stellt euch vor, dass die Schwierigkeiten im Leben zu eurem Besten sind, dann herrschen Frieden und Glückseligkeit in der Familie."

Ein *Devotee*: „Können wir so wie diejenigen leben, die intensiv *Tapas* ausüben?"

Mutter: „Amma sagt nicht, dass Haushälter sich einer strengen Askese unterziehen sollten, sondern dass sie die göttlichen Namen wiederholen sollen, ganz gleich, was sie gerade tun. Es ist nicht nötig, sich über die Reinheit des Körpers Gedanken zu machen, wenn man beständig das *Mantra* rezitiert. Gott ist überall. Er ist immer in unseren Herzen; wir wissen es nur nicht. Ein Diamant besitzt einen natürlichen Glanz. Wenn er jedoch in Öl fällt, verliert er ihn. Genauso sind wir dank unserer Unwissenheit nicht in der Lage, Gott zu erkennen.

Rezitiere morgens nach dem Duschen wenigstens zehn Minuten lang die heiligen Namen. Meditiere wenigstens für kurze Zeit. Tue dasselbe am Abend. Ganz gleich, wer euch Kummer bereitet, tragt eure Beschwerden in den *Puja*-Raum, wo euer wirklicher Freund ist. Außer eurem Mann oder eurer Frau solltet ihr zusätzlich einen Freund haben und dieser Freund sollte Gott sein. Selbst wenn dein Mann oder deine Frau dich bekümmert, erzählt es Gott und niemandem sonst. Wenn euer Nachbar mit dir streitet, geht in den *Puja*-Raum und beschwert euch: 'Warum lässt du es zu, dass er mich so behandelt? Wieso warst du nicht bei mir?' Öffne dein Herz und erzähle alles Gott. Dann wird es zum *Satsang*.

Erzähle es Gott ebenfalls, wenn du glücklich bist. Es ist kein Beweis wirklicher Hingabe, wenn wir Gott in glücklichen Zeiten vergessen und nur an Ihn denken, wenn wir Kummer haben. Wir sollten erkennen, dass Gott uns beides beschert: Freude und Leid.

Wenn ihr nach der getaner Arbeit noch Zeit habt, verbringt sie damit, spirituelle Bücher wie die *Bhagavad Gita* und das *Ramayana*, oder die Biographien von *Mahatmas* oder Sammlungen ihrer Lehren zu lesen, statt ins Kino zu gehen oder anderen Unterhaltung zu folgen. Lasst keine Möglichkeit ungenutzt, an *Satsangs* teilzunehmen. Teilt euren Freunden mit, was ihr in den *Satsangs* gehört habt, und bringt auf diese Weise auch ihnen geistigen Frieden. Pflegt wenigsten zwei oder drei Tage in der Woche *Brahmacharya*. Das ist wichtig, wenn ihr wirklichen Nutzen aus eurem *Sadhana* ziehen wollt. (Viele der Anwesenden mussten lachen.) Es gibt nicht einfach nur die Ehefrau oder den Ehemann - wir sind viel mehr den Augen, der Nase, der Zunge, den Ohren und der Haut verhaftet. Diese könnten wir auch als unsere 'Frauen' oder unsere 'Männer' bezeichnen. Auch diese Anhaftung sollten wir kontrollieren; erst dann können wir die wahre Essenz in uns kennenlernen."

Ein weiblicher *Devotee* fragte: „Amma, wo bleibt noch Zeit für *Satsang* und Lesen, nachdem man die Haushaltspflichten beendet und sich um die Kinder gekümmert hat?"

Amma: „Wer es wirklich möchte, findet Zeit. Selbst jene, die ständig sagen, sie haben keine Zeit, werden mit ihrem kranken Kind ins Krankenhaus gehen, oder nicht? Selbst wenn die Behandlung drei oder vier Monate dauert, werden sie das Krankenhaus nicht verlassen, um zur Arbeit zu gehen. Ganz gleich, wie sehr du dich über Zeitmangel beschwerst, wenn es um die Gesundheit deines Kindes geht, wirst du immer Zeit haben. Genauso ist es, wenn du davon überzeugt bist, dass Gott der einzige ist, der dich beschützt, und dass es im Leben keinen Frieden ohne seinen Schutz gibt. Dann wirst du Zeit finden.

Wenn du keine Zeit für die Verehrung Gottes findest, dann versuche, wie die *Gopis* zu sein. Sie hatten für ihre Gebete keine spezielle Zeit. Sie sahen Gott, während sie in ihre Arbeit vertieft waren. Sie wiederholten den heiligen Namen, beim Butter Herstellen oder beim Mahlen der Körner, und auch während ihrer anderen Tätigkeiten. Die Behälter mit Pfeffer, Koriander und allen anderen Gewürzen waren mit verschiedenen Namen von Krishna benannt. Wenn sie Pfeffer wollten, dann fragten sie nach Mukunda. Wenn jemand Koriander haben wollte, reichten sie ihm Govinda. Wer nach Milch und Joghurt fragte, verwendete dafür ebenfalls die Namen Krishnas. Sie waren mit nichts anderem beschäftigt als die Namen Krishnas überall und zu jeder Zeit zu singen. So konnten sie immer ohne besondere Mühe an Gott denken. Wer keine spezielle Zeit für *Sadhana* findet, kann so trotzdem die Erinnerung an Gott wachhalten.

Halte dir immer vor Augen, dass nur Gott wahr und ewig ist. Wiederhole dein *Mantra*, während du deine Arbeit verrichtest. Dann ist es nicht notwendig, sich an Gott nur zu einer bestimmten Zeit zu erinnern. Dein *Mind* wird immer auf Gott ausgerichtet sein.“

Devotee: „Genügt es nicht, über das Selbst zu kontemplieren? Ist es notwendig, ein *Mantra* zu wiederholen?“

Amma: „Schulkinder müssen Gedichte und das Einmaleins wiederholen, um sie auswendig zu lernen. Einmal zu lesen reicht in der Regel nicht, um sich den Inhalt einzuprägen. Genauso wird es nicht jedem möglich sein, den *Mind* durch Meditation auf das höchste Prinzip auszurichten. *Japa* oder das Singen von hingebungsvollen Gesängen in Zurückgezogenheit sind ebenso wichtig. Ist jemand so weit, das höchste Prinzip nur durch Kontemplation zu erreichen, dann braucht er keine andere Technik anzuwenden. Doch auch wenn du dein Mantra rezitierst oder *Kirtans* singst, wird dein *Mind* sehr schnell Konzentration erlangen. Er wird sich nicht mehr so leicht von äußeren Dingen ablenken lassen. Und das ist etwas, was jeder tun kann.“

Viele *Devotees* kamen jetzt im *Ashram* an. Sie umringten Amma, um den Nektar Ihrer Worte zu trinken. Als die Schar immer größer wurde, ging Amma in die Hütte und begann, *Darshan* zu geben.

Eine junge Frau, die ihr inneres Gleichgewicht verloren hatte, kam mit ihren Eltern. Als Amma deren Verzweiflung sah, gab Sie ihnen die Erlaubnis, einige Tage im *Ashram* zu bleiben. Jemand musste die ganze Zeit bei dem Mädchen bleiben. Wenn niemand auf sie aufpasste, lief sie weg. Deshalb war immer jemand da, der ihre Hand hielt. Amma gab dem Vater ein Stück Sandelholz und wies ihn an, auf die Stirn des Mädchens regelmäßig Sandelholzpaste aufzutragen.

Als die *Bhajans* vorbei waren, setzte sich Amma mit den *Devotees* und den *Brahmacharis* vor den *Kalari*. Das kranke Mädchen entwischte in dieser Zeit aus ihrem Zimmer und lief weg. Ihre Mutter und ihre Schwester folgten ihr. Eine *Brahmacharini* und eine andere Frau fingen das Mädchen wieder ein und führten sie zu Amma, die sie dazu brachte, sich neben Sie zu setzen. Das Mädchen begann, Amma bedeutungslose Fragen zu stellen. Amma hörte aufmerksam zu und besänftigte sie, indem Sie ab und zu antwortete.

Auf Ammas Anweisung hin wurde das Mädchen zum Wasserhahn außerhalb des Meditationsraumes gebracht. Amma füllte einen Eimer mit Wasser und ließ es über den Kopf des Mädchens fließen. Sie wiederholte dies mehrmals, während Sie die Hand des Mädchens festhielt, damit sie nicht davonlaufen konnte. Das ganze dauerte ungefähr eine halbe Stunde, dann zeigte sich eine Veränderung im Verhalten des Mädchens. Amma mischte etwas Sandelholzpaste und trug sie auf die Stirn des Mädchens auf. Danach schickte Sie das Mädchen mit der Mutter aufs Zimmer zurück. Amma vergaß nicht, dem Mädchen zuvor einen liebevollen Kuss auf die Wange zu drücken.

Amma kam zurück und setzte sich vor den *Kalari*. Dann rief Sie Br. Balu und bat ihn, einen *Kirtan* zu singen. Br. Srikumar, heute Swami Purnamritananda, spielte das Harmonium. Die Luft des Ashrams wurde erfüllt von den erhebenden und hingebungsvollen Klängen von:

Sri chakram ennoru chakram

In dem mystischen Rad Sri Chakram,
wohnt die Göttin Sri Vidya.
Sie ist das Wesen von Bewegung,
die eine Kraft,
die das Rad des Universums bewegt.

Manchmal reitet sie auf einem Löwen,
manchmal auf einem Schwan,
sie manifestiert sich als die Shakti von Lord Brahma;
O Mutter, die Du die Göttliche Trinität
führst und beherrschst.
Ist nicht die Göttin Katyayani
eine weitere Form von Dir?

Die Devotees erweisen Deinen Formen Ehrerbietung,
um ihr Leid zu lindern.
O Mutter, wer unter den Menschen,
gefangen von Maya, versteht die Wahrheit,
dass dieser menschliche Körper höchst verachtenswert ist?
O Mutter, die Du im göttlichen Spiel auf einem Tiger reitest,
wie kann man als Unwissender je hoffen,
Deine herrliche Majestät zu preisen?

Dienstag, 6. August 1985

Amma kam, in Weiß gekleidet, die Stufen Ihres Zimmers herab. Die *Devotees* warteten mit gefalteten Händen auf Sie und begannen leise, 'Amma, Amma...' zu chanten. Amma ging, begleitet von allen Ihren Kindern, zum *Kalari*. Da der Tempel zu klein für alle war, mussten einige draußen warten. Ammas strahlendes Lächeln tröstete jeden. Ihre mitfühlenden Augen brachten den schmerzenden Herzen Erleichterung.

Eine junge Frau legte den Kopf in Ammas Schoß und weinte. Amma nahm ihren Kopf zwischen beide Hände, hob ihn hoch und trocknete ihre Tränen. Sie tröstete die junge Frau und sagte: „Weine nicht, Tochter! Amma ist für dich da! Weine nicht!"

Trotzdem fuhr die Frau fort zu weinen, unfähig, ihren Kummer zu beherrschen. Amma zog sie zu sich, streichelte sie liebevoll und strich ihr sanft über den Rücken.

Die junge Frau stammte aus einer reichen Familie. Sie hatte sich in den Bruder eines Freundes verliebt. Da der junge Mann jedoch einer anderen Kaste angehörte, war ihre Familie gegen die Beziehung. Trotzdem setzte sich ihre Liebe durch und sie heirateten. Sie begannen ihr gemeinsames Leben, indem sie ein Haus mieteten. Der Mann lieh sich Geld, um ein Geschäft zu eröffnen, Doch er war nicht erfolgreich. Unter dem Druck der

Gläubiger, die den Ehemann wegen der Rückzahlung des Kredites massiv bedrängten, hatte der Mann Hals über Kopf das Haus verlassen. Niemand wusste, wohin er gegangen war.

„Amma, er hat mich und meine Kinder im Stich gelassen. Wir haben niemanden, der sich um uns kümmert!" Die Frau wiederholte dies immer wieder und weinte an Ammas Schulter.

Amma bemühte sich, sie zu trösten: „Hör auf, dir Sorgen zu machen, meine Tochter. Es ist ihm nichts passiert. Er wird zurückkommen."

Die junge Frau hob ihren Kopf von Ammas Schulter hoch und fragte: „Wird mein Mann zurückkommen, Amma?"

Amma: „Sicher wird er zurückkommen. Mach dir keine Sorgen, Tochter!" Nach einer kurzen Pause fuhr Amma fort: „Mutter wird dir ein *Mantra* geben. Denke immer an Devi und rezitiere regelmäßig dein *Mantra*. All deine Probleme werden in einem Monat verschwinden."

Das Gesicht der Frau erhellte sich. Hoffnungsvolle Erwartung leuchtete aus ihren Augen. Amma schloss Ihre Augen kurz und meditierte einen Moment. Dann öffnete Sie die Augen und sagte erneut: „Shiva, Shiva!"

Ammas göttliche Bhakti-Stimmung

Die *Devotees* verbeugten sich einer nach dem anderen vor Amma und entfernten sich. Auch Herr Bhaskaran Nair aus Thrissur kam nach vorne und verbeugte sich. Seit dem Tod seiner Frau hatte er sich gänzlich dem spirituellen Weg verschrieben. Er kam häufig in den *Ashram*, um Amma zu sehen. Der Frieden, den sein Gesicht ausstrahlte, seine Demut und die *Tulasi-Mala* um seinen Hals waren Anzeichen seiner sattvischen Natur.

Amma öffnete das Geschenk, das Herr Nair Ihr mitgebracht hatte. Es enthielt ein Bild und die Biographie von Chaitanya

Mahaprabhu. Amma schaute sich das Buch an und öffnete es. Sie reichte es ihm und sagte: „Lies ein bisschen, Sohn. Amma hört dir zu." Erfreut begann er zu lesen:

„Wenn die Liebe für Gott einmal in deinem Herzen erblüht, gibt es keine anderen Gedanken mehr. Wird die Zunge, die Kandiszucker gekostet hat, sich nach der Süße anderer wertloser Dinge sehnen? Die gesegneten Seelen, die Liebe für Gott entwickelt haben, sind davon ständig berauscht. Der Geliebte sehnt sich jede Sekunde danach, mit der Geliebten zusammen zu sein. Er macht sich keinerlei Sorgen darüber, ob ihn seine Geliebte ebenfalls liebt oder nicht. Jeden Moment denkt er an seine wunderbare Geliebte, traurig über die Trennung von ihr.

Mahaprabhus Liebe war solcherart. Der Strom von *Prema*, der aus der Tiefe seines Herzens strömte, wurde stärker und stärker. Dieser Ganges der Liebe trocknete niemals aus, wie es kleinere Flüsse tun. Er konnte in einem Moment lachen und im nächsten Augenblick tanzen. Ganze schlaflose Nächte hindurch weinte er ununterbrochen, und seine Kleidung war davon völlig nass. Er seufzte tief und rief: 'O Krishna, O Krishna' aus. Mahaprabhu war schließlich nicht mehr dazu in der Lage, die Dinge des Alltags zu erledigen, wie sich zu waschen, zu essen oder seine Gebete zu Sonnenauf- und Untergang zu verrichten. Er konnte über nichts anderes reden, als über die glorreichen Taten seines geliebten Krishna."

Herr Nair warf einen flüchtigen Blick auf Amma. Sie war sich der äußeren Welt nicht mehr bewusst. Ihre Augen schlossen sich langsam. Das Leuchten Ihres göttlichen Antlitzes schien die Atmosphäre zu füllen. Tränen benetzten Ihre Wangen und blieben darauf liegen. Die göttliche Stimmung von *Bhakti*, in der Amma sich befand, übertrug sich auf die *Devotees*. Alle saßen ergriffen und bewegungslos da und schauten Sie an. Eine Frau weinte laut und rief: „Amma, Amma!" Herr Nair hörte auf zu lesen, mit demutsvoll gefalteten Händen saß er da und schaute Amma voller Hingabe an. Eine Frau begann andächtig zu singen:

Ayi! giri nandini nandita mohini...

O Tochter des Berges! Bezaubernde Frau,
von allen verehrt, verehrt von Nandi,
Du, die Du mit dem Universum spielst,
O Du, die im Berg Vindya wohnt,
O Göttin, Gemahlin Shivas,
Du mit der großen Familie,
Du, die viele wunderbare Dinge getan hat,
Ehrerbietung Dir, O Besiegerin des Dämons Mahisha,
wunderschöne Geliebte Shivas,
Tochter des Himavat!

Nach anderthalb Stunden öffnete Amma Ihre Augen. Sie fuhr fort, *Darshan* zu geben, um sich dann in den Schatten zwischen der Vedantaschule und der Hütte zu setzen. Einige *Devotees* und *Brahmacharis* scharten sich um Sie. Einer davon war Surendran, der früher Spirituosen verkauft hatte. Nachdem er Amma begegnet war, hatte er dieses Geschäft aufgegeben. Jetzt betreibt er neben seinem Haus einen Lebensmittel- und Gemischtwarenladen.

Die Vergangenheit, ein annullierter Scheck

Surendran: „Amma, ich habe in meinem Leben viele Fehler gemacht. Die Erinnerung daran macht mir schwer zu schaffen."

Amma: „Sohn, warum machst du dir wegen der vergangenen Fehler Sorgen? Was vergangen ist, ist vorbei. Wenn du dir darüber Sorgen machst, verlierst du deine jetzige Stärke. Triff hier, in diesem Moment, den festen Entschluss, dass du solche Fehler nicht wieder begehst. Das ist notwendig. Dann werden deine guten Taten deinen *Mind* reinigen. Dein Wunsch, nur gute Gedanken zu haben und das Richtige zu tun zeigen die Reinheit deines *Mindes*.

Früher war dir nicht bewusst, dass du Falsches getan hast. Und jetzt, da es dir klar ist, versuchst du, davon Abstand zu nehmen. Das ist genug. Wenn ein kleines Kind mit einem Ball seine Mutter trifft, dann lächelt sie nur. Sie nimmt das Kind hoch und küsst es. Wenn das Kind allerdings älter ist und etwas nach ihr wirft, ist sie nicht so nachsichtig. Und so haben wir bis heute viele Dinge falsch gemacht, ohne dass es uns bewusst war. Gott wird uns alles verzeihen. Aber die Fehler, die wir bewusst tun, wird er uns nicht verzeihen. Wir sollten uns deshalb bemühen, Fehler nicht zu wiederholen.

Es ist unnötig, über das Bisherige traurig zu sein. Das bisherige Leben ist wie ein annullierter Scheck. Wir können es auch vergleichen mit den Schreibfehlern, die wir mit einem Bleistift machen. Mit einem Radiergummi kann man sie ausradieren. Allerdings geht es nur ein paar Mal. Wenn du zu oft versuchst, an der gleichen Stelle zu radieren, wird das Papier reißen. Gott verzeiht nur die Fehler, die wir unbewusst begehen. Das schlimmste Vergehen aber ist, etwas wiederholt zu tun, obwohl wir wissen, dass es falsch ist. Das sollten wir unbedingt vermeiden."

Devotee: „Amma, verdiene ich es überhaupt, zu Gott zu beten? Habe ich die nötige Reinheit dafür?"

Amma: „Denke nicht so, Sohn. Glaube nicht, dass es dir an geistiger Reinheit zum Beten mangelt, weil du eine Menge Fehler in deinem Leben gemacht hast, oder dass du erst dann beten solltest, wenn dein *Mind* rein geworden ist. Wenn du erst dann im Meer schwimmen gehst, nachdem die Wellen abgeebbt sind, wirst du niemals schwimmen. Du kannst nicht schwimmen lernen, wenn du dich am Rand des Schwimmbeckens aufhältst. Du musst ins Wasser gehen. Was wäre, wenn der Arzt seinen Patienten aufforderte, erst dann wiederzukommen, nachdem er völlig gesund ist? Gott ist derjenige, der unseren *Mind* reinigt. Deshalb nehmen wir bei Ihm Zuflucht. Nur durch Ihn können wir gereinigt werden."

Surendran: „Amma, wenn wir erst einmal wahrhaftig an dich glauben und richtige Hingabe für dich entwickelt haben, dann können wir doch nichts mehr falsch machen. Deshalb bitten wir dich nur um die Gnade, dass uns Glaube und Hingabe gegeben werden."

Amma: „Kinder, es genügt, wenn ihr an Gott glaubt. Ihr macht dann keine Fehler mehr. Eurer Leben wird so nur noch reine Freude sein."

Surendran: „Amma, bist du nicht selbst Gott?"

Amma: „Amma sagt so etwas nicht gerne. Stell dir eine Blume mit einer duftenden Blüte vor. Die Blume sollte nicht ausrufen: 'Schaut auf meine Blüte! Wie wundervoll sie ist! Und welchen herrlichen Duft sie verströmt. Das kommt alles durch meine Kraft.' Wenn die Blume so sprechen würde, wächst dadurch nur ihr Ego. Alle Macht geht von Gott aus. Wir sollten niemals denken, dass irgend etwas uns gehört. Nichts von alledem ist auf Ammas Macht zurückzuführen. Sie blüht aufgrund Seiner Macht. Gott allein verleiht Ihr Ihren Duft. Amma behauptet nie, dass irgendetwas von Ihr stammt."

Die Ursache von Leid und das Heilmittel

Ein *Devotee*: „Amma, was ist der Grund von Leid?"

Amma: „Die Haltung von 'Ich' und 'Mein' ist der Grund für alles Leid. Wir kamen einst von Kozhikode zurück. Im Bus befand sich ein Vater mit seinem Kind. Er spielte mit dem Kind auf dem Schoß. Nach einiger Zeit schliefen beide ein. Ein wenig später rutschte das Kind vom Schoß des Vaters herunter und fiel auf den Boden. Der Vater merkte das zunächst nicht, wachte dann aber vom Schreien des Kindes auf. Auch er begann zu weinen und rief: 'O mein Sohn, mein Sohn!' Er sah nach, ob das Kind verletzt war. Die Haltung von 'Ich' und 'Mein' stellte sich ein, und die Sorge um das 'Mein' (das Kind) kam auf, sobald er erwachte. Ohne diese Haltung gibt es auch keinen Schmerz.

Zwei Jungen spielten mit einem Stock. Ein drittes Kind sah zu und begann zu weinen, weil es auch einen Stock wollte. Als es deshalb ein enormes Geschrei veranstaltete, kam seine Mutter, nahm den anderen Jungen den Stock weg und gab ihn ihrem Kind. Es fing an damit zu spielen, schlief aber bald darauf ein. Der Stock fiel ihm unbemerkt aus der Hand. Es hatte wegen des Stocks vor kurzem noch geweint, doch im Schlaf hat er 'Ich' und 'Mein' vergessen. Dadurch wurde er ruhig und konnte friedlich schlafen. Ähnlich ist es, wenn unser Selbst in Brahman verweilt, dann ist da nur Glückseligkeit. Geben wir 'Ich' und 'Mein' auf, so können wir diese Glückseligkeit genießen. Dann gibt es kein Leid mehr. Aber wir müssen wirklich die Haltung des persönlichen 'Ichs' aufgeben!"

Devotee: „Amma, ist das denn für jeden leicht?"

Amma: „Versuche es, mein Sohn! Wir haben vielleicht nicht die Kraft, einen Berg hinaufzuklettern, aber können wir nicht wenigstens eine Handvoll Sand von ihm mitnehmen? Wenn wir eine Handvoll Wasser aus dem Ozean nehmen, dann bleibt viel weniger übrig. Das von uns entnommene Wasser fehlt. Sieh es einfach so. Genauso ist nichts unmöglich, wenn du völlige Hingabe hast und dich ständig bemühst. Gießt du immer wieder Wasser in ein Tintenfass, wird die Farbe so verdünnt, dass man irgendwann gar nicht mehr sieht, ob sich jemals Tinte darin befunden hat. Genauso ist es, wenn sich der *Mind* durch ständige

Erinnerung an Gott ausdehnt. Dann schrumpft das Gefühl der Persönlichkeit langsam und verschwindet schließlich. Der individuelle *Mind* wird zumuniversellen *Mind.*"

Ein anderer *Devotee*: „Amma, viele Menschen hassen mich, nur weil ich Geld habe. Ist es falsch, reich zu sein?"

Amma: „Kinder, es ist nichts Falsches daran, reich zu sein. Der Zweck des Lebens liegt jedoch nicht darin, Geld anzuhäufen. Man kann Geld zurücklegen, für das, was man benötigt, aber nicht im Übermaß.

Einst gab es in einem Dorf einen Schirmmacher. Während er arbeitete, sang er den Namen Gottes, und er sprach über Gott, wenn jemand zu ihm kam. Er lebte glücklich und zufrieden mit dem, was er verdiente, und jeder mochte ihn. Er verdiente genug für sein tägliches Leben.

Eines Tages kam ein Landbesitzer und kaufte einen Schirm bei ihm. Von der guten Qualität, dem niedrigen Preis des Schirmes und dem guten Charakter des Mannes beeindruckt, begann der Landbesitzer sich für den Schirmmacher zu interessieren. Er schenkte ihm etwas Geld. Doch sobald er das Geld besaß, änderte sich der Charakter des Schirmmachers. Er war nicht länger auf seine Arbeit konzentriert, sondern begann sich Sorgen zu machen: 'Wie schütze ich das Geld? Ist es im Hause sicher? Oder wird es gestohlen?' Weil diese Gedanken über das Geld auftauchten, hörte er mit dem *Japa* auf. Er beendete seine Arbeit nicht mehr rechtzeitig, da er mit Plänen für die Zukunft beschäftigt war: 'Sollte ich ein Haus bauen oder mein Geschäft vergrößern?' Dies waren seine einzigen Gedanken, und deshalb war er mit seiner Aufmerksamkeit nicht mehr bei der Arbeit.

Auch mit den Kunden unterhielt sich nicht mehr gerne, weil er vergessen hatte, liebevoll mit ihnen zu sprechen. Wann immer er etwas gefragt wurde, war er verärgert, da es seine Gedankengänge störte. Als immer weniger Kunden in sein

Geschäft kamen, verringerte sich sein Einkommen drastisch. Die Gedanken an das Geld raubten ihm den Frieden. Als seine Gier und seine Selbstsucht sich verstärkten, wurde er ruhelos und depressiv. Bald war auch das Geld, das ihm geschenkt wurde, verbraucht. Er hatte keine Arbeit mehr. Der einst so zufrieden lebende Mann fand sich jetzt in einem elenden Zustand wieder.

Kinder, wenn wir irgendetwas übertreiben, untergräbt das unseren inneren Frieden. Versucht deshalb immer, ein einfaches Leben zu führen. Das genügt, um inneren Frieden zu erlangen. Wir brauchen nichts im Übermaß."

Wie einfach ist der Stil, den Amma anwendet, um Zweifel aus dem *Mind* Ihrer Kinder zu vertreiben! Sie sehnen sich danach, wieder und wieder diese nektarreichen Worte zu hören, die in einfachen Geschichten und Beispielen unbezahlbare Edelsteine der Weisheit enthalten. Sie beten wie Arjuna zu Krishna: „Ich habe noch immer nicht genug von diesem Nektar. Bitte lass mich mehr und immer mehr davon hören!"

Kapitel 3

Amma saß an einer ebenen Stelle am Ufer des Kanals, der an der Seite des *Ashrams* verlief. Sie saß mit dem Blick auf das Wasser gerichtet. Alle *Brahmacharis* kamen und setzten sich zur Meditation um sie herum. Die Atmosphäre war friedlich und feierlich, so dass der *Mind sich* natürlicherweise nach innen richten konnte. Es schien, als ob sogar die Wellen des Ozeans verstummten. Jeder versuchte zu meditieren. Amma warf allen einen mitfühlenden Blick zu und begann dann langsam zu sprechen.

Meditation

„Kinder, wenn ihr euch zum Meditieren hinsetzt, erwartet nicht, dass sich eurer *Mind* sofort beruhigt. Zunächst solltet ihr alle Körperteile entspannen. Lockert eure Kleidung, falls sie euch einengt. Überprüft, ob ihr gerade und mit gestreckter Wirbelsäule dasitzt. Dann schließt eure Augen und konzentriert euch auf das Atmen. Ihr solltet bewusst ein- und ausatmen. Normalerweise atmen wir ein und aus, ohne uns dessen bewusst zu sein, was aber nicht richtig ist. Wir sollten uns unseres Atmens bewusst sein. Dann wird auch der *Mind* wach sein.

Wenn ihr so eine Weile dasitzt, wird sich euer *Mind* langsam beruhigen. Ihr könnt die Meditation fortsetzen, indem ihr eure

Aufmerksamkeit auf euren Atem richtet oder ihr könnt anfangen, auf die Form eurer geliebten Gottheit zu meditieren. Wenn die Gedanken umherwandern, solltet ihr erneut versuchen, euch auf die Meditation zu konzentrieren. Ist das nicht möglich, genügt es auch, wenn ihr beobachtet, wohin der *Mind* wandert. Er sollte ständig beobachtet werden. Dann hört er auf herumzuwandern und bleibt unter eurer Kontrolle. Fangt jetzt an zu meditieren, Kinder."

Sie, die alle Gefahren beseitigt

Alle *Brahmacharis* vertieften sich in Meditation. Nach nicht allzu langer Zeit kam Amma plötzlich aus Ihrer Meditation zurück. Ein *Brahmachari* bemerkte die ungewöhnliche Veränderung in Amma und fragte Sie nach dem Grund. Sie antwortete: „Sohn, einem der Kinder ist etwas zugestoßen." Amma schwieg einen Moment. Dann fuhr Sie fort: „Amma hat den Sohn gesehen, der regelmäßig aus Kozhencheri hierher kommt. Als er letzte Woche hier war, sagte ihm Amma, dass er sehr vorsichtig sein muss, wenn er ein Fahrzeug benutzt. Sie betonte, dass er vermeiden solle, in den nächsten drei Monaten selbst ein Fahrzeug zu fahren."

Amma schien ungewöhnlich besorgt zu sein. Sie ging schnell zurück in Ihr Zimmer.

Ammas Worte erinnerten Haridas, einen *Devotee* aus Pattambi, daran, was ihm vor einem Jahr geschehen war. Er berichtete von seinem Erlebnis. „Ich kam gewöhnlich mit meiner Familie in meinem Jeep, um Amma zu besuchen. Eines Tages sagte Amma zu mir: 'Fahre eine Zeitlang kein Auto, Sohn. Amma sieht Dunkelheit in deiner Zukunft!' Mein Bruder fuhr daraufhin auf dem Rückweg. Zwei Monate später fuhren mein Bruder und ich nach Sultan Battery, um einen Freund zu besuchen. Als wir dort waren, bekam mein Bruder Probleme mit seinem Magen. Es war ihm nicht möglich, das Auto zu fahren, und er konnte auch nicht mit mir zusammen wieder nach Hause zurückreisen. Ich musste jedoch wegen finanzieller Angelegenheiten am nächsten Morgen zurück sein. Ich ließ meinen Bruder deshalb im Hause meines Freundes und fuhr noch in der Nacht zurück.

Da ich mich an Ammas Worte erinnerte, fuhr ich sehr langsam und vorsichtig und rezitierte mein *Mantra*. Auf dem Weg fühlte ich mich sehr müde. Ich hielt an, um eine Tasse Tee zu trinken, und wusch mein Gesicht mit kaltem Wasser. Dann setzte ich die Reise fort. Nachdem ich eine Weile gefahren war, fühlte ich mich erneut müde. Ich kämpfte mit dem Schlaf, während ich weiterfuhr. Schließlich döste ich für einen Augenblick ein. Da verlor ich die Kontrolle über den Jeep. Das Fahrzeug schwenkte nach rechts aus. Ich schreckte auf.

Plötzlich fühlte ich, wie jemand das Lenkrad zu ergreifen schien und nach links gegensteuerte. In dem Moment schrie ich 'Amma!' und trat auf die Bremse. Der Jeep hielt unmittelbar an, wenige Millimeter vor einem Felsen auf der linken Seite der Straße. In der Dunkelheit war es nicht möglich, die Umgebung klar zu erkennen. Die Straße war in einen Berg gebaut. Der Berg erhob sich zur Linken, während es rechts gleich nach dem Seitenstreifen steil in den Abgrund ging. Erst nachdem der Jeep knapp vor dem linken Fahrbahnrand zum Stehen gekommen war, wurde mir bewusst, dass der Eingriff des unsichtbaren Retters nicht meine Einbildung war. Eine Woche später besuchte ich den *Ashram*. Als Amma mich sah, fragte Sie mich: 'Bist du selbst Auto gefahren, obwohl Amma dir geraten hatte, es nicht zu tun?' Ich konnte nur mit Tränen in den Augen vor Ihr stehen."

Amma beschützt Ihre Kinder, so wie eine Mutter ihr Baby bewacht, es in ihrem Arm hält und nie absetzt. Amma weiß über jeden Gedanken und jeden Atemzug Ihrer Kinder Bescheid.

Ist die Zukunft vorherbestimmt?

Amma kam aus Ihrem Zimmer, nachdem die *Bhajans* beendet waren. Eine Familie aus Bhopal war im Ashram angekommen, um Amma zu begegnen. Sie hatten Ferien und besuchten ihre Heimatstadt in Kerala, in der sie von Amma gehört hatten. Sie wollten Amma gerne treffen, bevor sie in der nächsten Woche nach Bhopal zurückkehrten. Der Ehemann hatte die spirituellen Prinzipien von seinem Vater übernommen, der ein glühender Verehrer von Sri Ramakrishna gewesen war. Seine Frau und seine Kinder besaßen ebenfalls einen tiefen Glauben an Gott. Trotz ihres geschäftigen Lebens fanden sie immer Zeit für ihre spirituelle Praxis. Sie beabsichtigten, nach Ammas *Darshan* noch in der Nacht nach Hause zurückzukehren. Da sie ihren eigenen Wagen hatten, war es kein Problem, auch spät in der Nacht zu fahren.

Als der Mann die Gelegenheit hatte, mit Amma zu sprechen, sagte er: „Amma, seit kurzem haben sich die Probleme in unserem Leben verstärkt. Meine Frau musste für einen Monat ins Krankenhaus. Als sie nach Hause kam, wurde unser Sohn krank und musste ebenfalls eine Woche ins Krankenhaus. Meine Frau meint, dass unsere Probleme ein Ende hätten, wenn wir unsere Horoskope anschauen ließen und die Ratschläge des Astrologen befolgten."

Amma: „Gibt es jemanden in eurer Nähe, der Horoskope erstellen kann?"

Der Ehemann: „Mein Schwiegervater kennt sich in Astrologie aus. Meine Frau macht deshalb jeden Tag einen ziemlichen Wirbel. Sie will die Horoskope von uns allen unbedingt zu ihm schicken. Ich selbst glaube nicht an Horoskope und solche Dinge. Ich denke, wir müssen durch das Vorbestimmte hindurchgehen. Warum sich also um Horoskope bemühen?"

Amma erwiderte: „Es ist nicht richtig zu sagen, wir sollten dem Ganzen keine Bedeutung zumessen. Unsere Zukunft kann bis zu einem gewissen Grad voraussagt werden, indem wir die Planetenkonstellationen untersuchen. Wenn wir den Weg vor uns kennen, können wir Probleme vermeiden. Stimmt es nicht, dass wir eine stachelige Hecke oder eine Grube, die vor uns liegen, umgehen können, sobald wir davon wissen?"

Der Ehemann fragte weiter: „Können wir unsere Bestimmung demnach verändern?"

Amma: „Das Schicksal kann durch *Tapas* und durch *Sadhana* verändert werden. Selbst der Tod kann abgewendet werden. Kennt ihr nicht die Geschichte des Weisen Markandeya? Änderte sich nicht sein Schicksal, als er dem Tod ins Auge schaute und dabei sein Herz voller Gebete erfüllt war? Jedes negative Schicksal kann durch völlige Hingabe an Gott verändert werden. Wir müssen natürlich dazu bereit sein, etwas zu tun, anstatt einfach nur irgendwo herumzusitzen und das Schicksal zu beschuldigen. Es ist ein Zeichen von Faulheit, wenn wir dem Schicksal die Schuld geben, ohne selbst etwas zu tun."

Ehemann: „Dann wäre das Horoskop, das die Zukunft voraussagt, falsch?"

Amma: „Eigene Bemühung könnte dieses Horoskop mit Sicherheit verändern. Amma möchte dir eine Geschichte erzählen. Zwei Freunde ließen sich ein Horoskop erstellen. Beiden wurde vorausgesagt, dass sie an einem Schlangenbiss sterben würden. Einer von ihnen begann, sich dauernd darüber zu sorgen. Durch seine Angst wurde er geisteskrank, wodurch auch seine Familie den Frieden verlor. Der andere hingegen fiel der Angst nicht zum Opfer. Stattdessen dachte er über mögliche Lösungen nach. Da er sich über die begrenzten Möglichkeiten, seinen Tod zu vermeiden, klar war, wandte er sich Gott zu und gab sich Ihm gänzlich hin. Er nutzte ebenfalls seinen von Gott gegebenen gesunden Körper und seine Intelligenz und traf alle möglichen Vorkehrungen, um zu vermeiden, dass er von einer Schlange gebissen wurde. Er blieb zu Hause und betete ständig zu Gott.

Eines Nachts, als er im Dunkeln in seinen *Puja*-Raum ging, stieß er mit dem Fuß versehentlich gegen einen Gegenstand. In dem Raum befand sich die Statue einer Göttin in Form einer Schlange, die ihre Zunge herausstreckte. Sein Fuß war zu genau der Zeit, in der er laut Horoskop von der Schlange gebissen werden sollte, heftig gegen diese Figur gestoßen. Obwohl es eine leblose Schlange war, verletzte er sich; aber er wurde nicht vergiftet. Seine Bemühungen, die Hingabe an Gott, trug Früchte. Sein Freund hingegen wurde Opfer der eigenen Angst, noch bevor irgendetwas geschehen war. So verschwendete er sein Leben. Bemühe dich also in deinem Leben und beklage nicht das Schicksal. Dann können alle Hindernisse überwunden werden."

Der Ehemann hatte eine weitere Frage: „Amma, ich habe eine Frage."

Amma: „Welche, Sohn?"

Der Ehemann: „Wenn das Schicksal verändert werden kann, hätte dann nicht Sri Krishna Duryodhanas Einstellung ändern und so den Krieg vermeiden können? Wäre Duryodhana in den Krieg gezogen, wenn Krishna ihm seine göttliche Form enthüllt hätte?"

Amma antwortete: „Der Herr enthüllte beiden Parteien, sowohl den Pandavas als auch den Kauravas, seine höchste Form. Aufgrund seiner Demut erkannte Arjuna die Größe des Herrn, aber der egoistische Duryodhana war dazu nicht in der Lage. Es hat wenig Sinn, jemandem etwas zu offenbaren, der keine Hingabe besitzt. Die spirituellen Prinzipien können nur jemandem übermittelt werden, der es verdient und der die richtige Veranlagung hat. Für Duryodhana war die Verherrlichung des Körpers wesentlich. Er war nicht bereit, den Rat Sri Krishnas anzunehmen. Seine Sicht war: ‚Was auch immer Krishna sagt, es ist nicht gut für mich, sondern nur für die Pandavas.' Er legte Krishnas Worte stets gegenteilig aus. Nur durch Krieg kann das Ego solcher Menschen zerstört werden."

Das Gesicht der heiligen Mutter nahm einen ernsten Ausdruck an. Plötzlich stand Sie auf. Ihre Aufmerksamkeit war auf etwas anderes gerichtet. Die Familie verbeugte sich und zog sich zurück. Amma ging zum Kokosnuss-Hain und wanderte unter den Bäumen auf und ab. Sie sang leise einige Zeilen eines *Bhajans*. Bald streckte Sie beide Arme zum Himmel und sang wiederholt voller Gefühl die gleichen Verse. Ihre Stimme war gebrochen und zögernd.

Nach einer Weile setzte sich Amma in den Sand und blickte zu Boden. Vergoss Sie Tränen für Ihre Kinder? Niemand wagte es, in Ihre Zurückgezogenheit einzudringen. Jeder schlich sich leise davon. Amma legte sich in den Sand und blieb so mehrere Stunden unbeweglich. Unser begrenzter *Mind* muss sich geschlagen geben, sobald er versucht, das unergründliche Wesen Ammas zu verstehen. Völlige Hingabe ist das einzige, was da noch bleibt.

Samstag, der 10. August 1985

In Amritapuri brach ein neuer Tag an. Während der Nacht war ein Mann mittleren Alters im *Ashram* angekommen. Er war zu betrunken gewesen, um richtig gehen zu können. Zwei Männer stritten jetzt mit ihm wegen des Geldes, das er ihnen schuldete. Er hatte in der Nacht eine Autorikscha gemietet, um in den *Ashram* zu kommen. Auf dem ganzen Weg hatte er an allen Spirituosengeschäften anhalten lassen. Als sie den *Ashram* erreichten, besaß er kein Geld mehr. Die zwei Männer forderten 60 Rupien. Er hatte nur noch ein paar Münzen. Schließlich gab er ihnen seine teure Uhr und schickte sie weg.

Sein Gang war sehr wacklig. Die *Brahmacharis* halfen ihm, zu der Veranda der Vedanta-Schule zu gehen und sich hinzulegen. Er befolgte den Ratschlag eines *Devotees* und trank etwas Buttermilch. Jemand anderer war ihm beim Wechseln der Kleider behilflich.

An diesem Tag war ein auswärtiges Programm mit *Archana* und *Bhajans* in Kollam geplant. Amma kam um 8.00 Uhr morgens reisefertig aus Ihrem Zimmer. Der Mann, der am Abend vorher so betrunken angekommen war, rannte jetzt auf Amma zu. Er hatte sich gewaschen und gänzlich mit heiliger Asche eingerieben. Er warf sich vor Amma auf den Boden und sang laut Lieder an die göttliche Mutter. Er berichtete Amma von seinen Schwierigkeiten. Obwohl Sie von seinem Alkoholkonsum wusste, tröstete Sie ihn mit sanfter, mütterlicher Liebe: „Amma kommt heute Abend zurück. Bleibe die kommende Nacht hier. Du kannst morgen nach dem *Devi Bhava* zurückfahren." Einige *Devotees* fuhren ebenfalls mit Amma und den *Brahmacharis* nach Kollam. Amma stieg in ein großes Kanu, das als Fähre zum Überqueren der Lagune diente. Darauf bedacht, mit Amma zusammen zu sein, stiegen alle in dasselbeBoot. Es waren jedoch zu viele. Das Boot war gefährlich überladen, denn Amma, die keines Ihrer Kinder unglücklich sehen wollte, verlangte von niemandem, auszusteigen. Falls das Kanu sich auch nur etwas neigte, würde Wasser hineinfließen. Sollte ein Motorboot während der Überfahrt vorbeifahren, würde die Fähre in seinem Kielwasser mit Sicherheit sinken. Alle waren jedoch fest davon überzeugt, dass kein Unglück geschehen wird, da Amma bei ihnen war.

„Kinder, einige von euch können nicht schwimmen. Wir sollten daher alle sehr aufpassen. Wenn ihr das Boot zum Schaukeln bringt, wird es sinken, " sagte Sie ernst. Sachte glitt das Boot vom Ufer weg.

Die spirituelle Reise

Amma sagte: „Kinder, die spirituelle Reise ist mit dieser Fahrt zu vergleichen. Wir müssen uns beherrschen und sogar unseren Atem anhalten, solange wir nicht das andere Ufer erreichen. Das Boot kann sinken, wenn wir nicht die entsprechende Beherrschung aufbringen. Genauso ist es auf dem spirituellen Weg. Bis wir das andere Ufer des Ozeans des *Samsara* erreichen, solange wir nicht *Purnam* erreichen, müssen wir bei jedem Schritt vorsichtig sein. Sind wir dort angekommen, werden wir keine Sorgen mehr haben."

Amma saß auf der hölzernen Sitzbank im Boot, Ihre Augen auf das Wasser gerichtet. Wenn Sie bei Ihren Kindern ist und Sie sie fest an der Hand hält, wovor sollten sich diese fürchten? Niemand im Boot machte sich daher Sorgen.

Auf der anderen Seite des Flusses wohlbehalten angekommen, bestiegen alle den dort wartenden Bus. Während der Fahrt sagte Br. Venu, heute Swami Pranavamritananda, zu Amma: „Kürzlich erzählte mir ein *Devotee*, dass er an manche *Mahatmas* nicht glauben kann, da sie inmitten von Luxus lebten und sogar Millionen anhäuften."

Amma antwortete: „Nach solchen Maßstäben kann man sie nicht beurteilen. Schaut all die reich verzierten Gottheiten im Tempel an. Geben wir Gott dafür die Schuld? Die Menschen sehen all die guten Taten der *Mahatmas* nicht."

Venu: „Der *Devotee* hat auch einige Beschwerden, die dich betreffen, Amma. Er denkt, dass Amma die Frauen nicht genügend beachtet."

Amma (lachend): „Oh, ist das so?"

Venu: „Er beschwert sich darüber, dass es hier, obwohl Amma eine Frau ist, nicht so viele *Brahmacharinis* gibt."

Amma: „Glaubst du wirklich, dass Amma Frauen jetzt ignoriert, nachdem Sie so viel *Tapas* gemacht hat, gerade um zu zeigen, dass Frauen keineswegs schwach sind? Außerdem möchte Amma den Frauen helfen, damit sie lernen, sich ihrer Stärke bewusst zu sein. Für ein Leben, das dem *Sannyasa* gewidmet ist, benötigt man sehr viel *Purushatwam*. Nur Mädchen mit guten *Purushatwam*-Eigenschaften wie Selbstvertrauen und Belastbarkeit, sollten in einen *Ashram* aufgenommen werden. Ansonsten würden sie mehr Schaden anrichten als Gutes tun, selbst wenn sie hoffen, der Welt zu helfen. Wenn Jungen sich irren, wird die Welt sie nicht so sehr verurteilen: Selbst wenn sie den Ashram wieder verlassen, können sie Arbeit finden und ihren Lebensunterhalt verdienen. Aber (in Indien) ist das für die Mädchen anders. Sie müssen sehr vorsichtig sein. Sie brauchen Fähigkeiten, sich selbst zu helfen, falls sie feststellen, dass ein Leben im *Ashram* für sie ungeeignet ist. Deshalb besteht Amma darauf, dass die Mädchen hier ihre Ausbildung fortsetzen.

Mädchen müssen Selbstvertrauen haben. Sie sind von Natur aus mitfühlend und binden sich leicht. Deshalb leiden sie und werden betrogen. Sie sind jedoch gerettet, wenn sie ihre Bindungs-Tendenz in eine Bindung an Gott umwandeln. Hat eine Frau die Leidenschaftslosigkeit eines Mannes, erlangt sie die Kraft von zehn Männern."

Br. Pai, heute Swami Amritamayananda, fragte Amma: „Amma, was ist wertvoller: Selbstlos zu handeln oder zu meditieren?"

Amma: „Kinder, was denkt ihr?"

Alle äußerten ihre Meinung. Eine hitzige Debatte begann. Amma erfreute sich daran und hörte lächelnd zu. Schließlich wurden alle still und schauten sie an. „Amma, bitte sag du es uns!"

Da sie nicht locker ließen, sagte Amma: „Ihr braucht beides. Nur *Tapas* genügt nicht, ihr müsst auch handeln. Seife alleine ist nicht genug, um die Kleider zu waschen; ihr müsst die Kleider sauber bürsten oder 'schlagen'. Um bestimmte Umstände zu überwinden, ist Karma-Handeln erforderlich. Wir sollten dabei fähig sein, uns ständig an Gott zu erinnern, ganz gleich, was wir tun, und nicht nur dann, wenn wir meditieren. Außerdem wird sich unser Wesen durch selbstloses Handeln klären, was wiederum der Meditation zugutekommt. Handeln ist ebenfalls wichtig, um den Fortschritt zu prüfen, den wir in der Meditation erreicht haben. Auf der anderen Seite ist ohne Meditation kein selbstloses Handeln möglich. Den Handlungen einer Person, die *Tapas* praktiziert, wohnt eine besondere Kraft inne, die allen zugutekommt."

An diesem Abend war Dr. Sudhamsu Chaturvedi, ein Hochschulprofessor, angekommen, um Amma zu sehen. Er war in Uttar Pradesh, im Norden Indiens geboren geworden, lebte aber bereits seit vielen Jahren in Kerala und sprach fließend Malayalam. Er wartete auf Ammas Rückkehr von Ihrer Tagesreise. Er diskutierte mit einigen *Brahmacharis* über verschiedene Themen. Seiner Meinung nach war es am wichtigsten, die Schriften zu studieren.

Schließlich kehrte Amma von Kollam zurück. Sie ging zu der südöstlichen Ecke des alten Tempels und setzte sich. Sudhamsu verbeugte sich und setzte sich in Ihre Nähe. Ohne einleitende Worte begann Amma zu sprechen.

Amma: „Sohn, du reist häufig. Wenn du an der Bahnstation bist, wie erfährst du dann den Zeitplan des Zuges oder Busses?"

Sudhamsu: „Ich würde am Schalter danach fragen oder auf den Plan schauen, der an der Station aufgehängt ist."

Amma: „Wenn du den Plan angeschaut hast und weißt, welcher Bus wann wohin fährt, wirst du dann immer noch dort stehen bleiben oder wirst du versuchen, den Bus zu finden und einzusteigen?"

Sudhamsu: „Sobald ich die benötigte Information habe, werde ich selbstverständlich in den Bus steigen und reisen. Nur so kann ich den Zielort erreichen."

Amma: „Auf die gleiche Weise zeigen die Schriften nur den Weg auf. Wenn du einfach nur dasitzt und die Schriften liest, wirst du das Ziel nicht erreichen. Als du plantest, hierher zu kommen, hast du dir den entsprechenden Bus herausgesucht und bist eingestiegen. So konntest du hierher kommen. Ebenso können wir nur dann spirituelle Erfahrungen machen, wenn wir wirklich das *Sadhana* ausüben, das in den Schriften beschrieben wird. Wenn ihr das Bild einer Banane esst, werdet ihr weder den Geschmack noch die Nährstoffe der Banane bekommen. Das Studium der Schriften ist nötig, aber man muss sich ebenfalls dem *Sadhana* widmen, um aus ihnen Nutzen zu ziehen."

Der Professor war verblüfft über die Tatsache, dass Amma genau wusste, was er und die *Brahmacharis* vor Ammas Rückkehr diskutiert hatten. Er machte eine Pause und äußerte dann eine andere Frage.

Sudhamsu: „Wenn Jesus wirklich ein *Mahatma* war, hätte er dann nicht verhindern können, dass seine Feinde ihn kreuzigen?"

Amma: „Christus opferte sich selbst, um anderen die Größe der Selbstaufopferung und der Vergebung zu zeigen. Wenn sie wollen, können *Mahatmas* ihr eigenes Leiden in einem einzigen Augenblick beenden. Sie möchten jedoch der Welt ein Beispiel geben, selbst wenn sie dadurch leiden. Niemand kann *Mahatmas* etwas anhaben. Man kann sich ihnen nicht einmal nähern, wenn sie damit nicht einverstanden sind. Niemand kann sich ihren Entschlüssen widersetzen. Sie leiden freiwillig, um der Welt zu zeigen, wie man feindlich gesinnten Kräften und ungünstigen Umständen entgegentritt."

Sudhamsu stellte eine andere Frage: „Wie ist es zu verstehen, dass alle diese *Brahmacharis* als ständige Bewohner hierher kommen?"

Amma: „Wenn eine Blume blüht, muss man keine spezielle Einladung verschicken. Die Biene wird ganz von alleine kommen und sich an dem Nektar laben. Diese Kinder hatten ein spirituelles *Samskara*. Als sie Amma trafen, wurde es erweckt. Kannst du dich nicht sofort an ein Lied erinnern, dass du längst vergessen hattest, sobald du die erste Zeile davon hörst? Diese Kinder waren bereit, ein Leben in Übereinstimmung mit dem *Samskara* zu führen, das bereits in ihnen war. Amma leitet sie nur an, das ist alles."

Sudhamsu: „Ich praktiziere seit langer Zeit *Japa* und Meditation, aber ich habe nicht das Gefühl, dass ich weiterkomme."

Amma: „Du solltest ebenfalls Gott lieben. Ohne Liebe trägt noch soviel *Japa* und Meditation keine Früchte. Wenn deine Liebe zu Gott sehr stark wird, fallen die schlechten *Vasanas* in dir automatisch weg. Ein Boot gegen die Strömung zu rudern, ist sehr anstrengend. Ist jedoch ein Segel vorhanden, dann wird es leicht. Die Liebe zu Gott ist wie ein Segel, das dem Boot hilft, leichter vorwärtszukommen.

Wenn zwei Liebende zusammensitzen, mögen sie es gar nicht, wenn sich jemand anderer nähert. Ein wirklicher *Sadhak* hat die gleiche Haltung. Er mag nichts, was nicht in Verbindung mit Gott steht. Ständig sich an Gott erinnernd, möchte er nicht, dass sich etwas zwischen ihn und Gott stellt. Verglichen mit seiner Liebe zu Gott, ist alles andere wertlos.

Sohn, man sollte wirkliches *Lakshya Bodha* haben. Nur dann kann sich das *Sadhana* vertiefen. Wenn sich jemand fest vorgenommen hat, einen bestimmten Ort zu erreichen, kann ihn nichts von seinem Ziel abhalten. Verpasst er den Bus, so wird er ein Taxi nehmen. Doch mangelt es ihm an Interesse, wird er vielleicht wieder nach Hause gehen und sich vornehmen, es am nächsten Tag erneut zu versuchen. Kinder, ohne intensives *Sadhana* ist es sehr schwierig, das Ziel zu erreichen.

Du musst zunächst das Land vorbereiten, das Gras und das Unkraut beseitigen, bevor du Samen aussäen kannst. Ansonsten kann der Samen kaum sprießen. Auf die gleiche Weise können wir uns nur an der Glückseligkeit des Selbst erfreuen, wenn wir den *Mind* von den äußeren Dingen befreien und uns allein auf Gott ausrichten.

Hast du schon gegessen, Sohn?"

„Ja, Amma."

Die Unterhaltung wendete sich nun den persönlichen Problemen der *Devotees* zu. Ihre Herzen, die in der Hitze des *Samsara* brannten, wurden durch die nektargleichen Worte von Ammas Liebe gekühlt.

Montag, 12. August 1985

Der *Bhava Darshan* endete in der vergangenen Nacht sehr spät. Als der *Darshan* vorüber war, fuhr Amma jedoch fort, mit den *Devotees* zu sprechen und sie zu trösten. Sie gab sich besondere Mühe, eine Frau zu beruhigen, die Amma seit einem Jahr regelmäßig besuchte. Bevor sie Amma zum ersten Mal sah, war ihre Tochter wegen Krebs im Krankenhaus. Die Ärzte versuchten verschiedene Behandlungsmethoden, doch stellten sie sich alle als unwirksam heraus. Die Tochter litt geistig wie physisch sehr. Die Situation hatte die Familie außerdem finanziell ruiniert. Durch eine Freundin hatte die Frau von Amma gehört und war zu Ihr gekommen. Amma hatte ihr für die kranke Tochter heilige Asche gegeben. Bald nachdem die Tochter die Asche genommen hatte, erholte sie sich wieder. Ihre Schmerzen verschwanden und sie fühlte sich stark genug, allem gegenüber zu treten.

Die Ärzte, die sie bereits aufgegeben hatten und glaubten, dass es sich um einen hoffnungslosen Fall handelte, waren sehr erstaunt. Bald konnte die junge Frau das Krankenhaus verlassen. Nach ihrer Entlassung kamen Mutter und Tochter mehrmals zu Amma. Während ihres letzten Besuches hatte Amma angedeutet, dass sehr bald eine Operation anstehen würde. Eine Woche später verschlechterte sich der Zustand der Tochter, und sie wurde wieder ins Krankenhaus eingewiesen. Die Ärzte empfahlen eine weitere Operation, die in zwei Tagen stattfinden sollte. Die Mutter war extra gekommen, um Ammas Segen für die Operation zu erbitten. Sie wollte am frühen Morgen wieder nach Hause zurückkehren. Amma organisierte es, dass sie mit einer *Devotees-Familie* zurückfahren konnte, die auch von Trissur kam.

Amma war bereit, in Ihr Zimmer zurückzukehren. Die Krähen hatten bereits zu krächzen begonnen und kündeten einen neuen Tag an.

Amma kam nicht vor drei Uhr nachmittags in die *Darshan*-Hütte. Da es der Tag nach dem *Bhava Darshan* war, hatten sich relativ wenige *Devotees* eingefunden. Ein *Brahmachari* meditierte in der Hütte. Als er Amma sah, verbeugte er sich vor Ihr und nahm die Gelegenheit wahr, Amma etwas zu fragen, bevor die anderen Besucher ankamen.

„Amma, welche Verbindung besteht zwischen *Karma* und Wiedergeburt? Es wird behauptet, dass die Wiedergeburt vom *Karma* verursacht wird."

Amma: „Sohn, unsere Körper sind von einer Aura umgeben. So wie ein Kassettenrecorder unsere Worte aufnimmt , so hinterlassen unsere Handlungen einen Eindruck in dieser Aura. Die Aura wird golden, wenn die Handlungen gut sind. Was immer solche Menschen tun- der Weg ebnet sich ihnen wie von selbst und alles wendet sich immer zum Besten. Aber die Aura von jenen, die Schlechtes tun, wird dunkel. Solche Menschen erleben ständig Hindernisse und Probleme. Ihre Aura bleibt, wenn sie sterben, auf der Erde und wird Futter für Würmer und Insekten. Später werden sie hier wiedergeboren."

Als die *Devotees* zum *Darshan* ankamen, verbeugte sich der *Brahmachari* erneut und stand auf.

Amma erkundigte sich nach dem Wohlergehen von allen. Einer der Anwesenden legte Amma ein farbig verpacktes Geschenk zu Ihren Füßen.

Amma: „Sohn, wie geht es deinem Sohn?"

Devotee: „Durch deine Gnade hat er seine Arbeit wieder bekommen, Amma. Neulich ist ein Brief von seiner Frau angekommen, in dem sie mitteilt, dass er aufgehört hat, *Ganja* zu rauchen. Er benimmt sich gut und redet nur von dir. Er schickte mir sogar seinen ersten Gehaltsscheck. Er bat mich, dir diese Neuigkeiten mitzuteilen und dieses Geschenk zu überbringen. Deshalb bin ich heute hier."

Mutter: „Amma ist froh, dass er aufgehört hat, *Ganja* zu rauchen. Sohn, sage ihm, dass Amma sich mehr über den Wandel in seinem Verhalten freut als über das Geschenk."

Der Sohn des *Devotees* arbeitete in Bhilai. Er hatte seine Arbeitsstelle verloren, als er begann, sehr viel *Ganja* zu rauchen. Er musste ein Jahr in seinem Elternhaus in Kerala verbringen, da er keine Arbeit hatte. In dieser Zeit war er Amma begegnet. Ammas Herz schmolz, als Sie sein ernsthaftes Bemühen sah, diese schlechte Angewohnheit zu überwinden. Amma hatte ihm einige von Ihr gesegnete Moschus-Tabletten gegeben und ihm gesagt, dass er immer dann eine Tablette nehmen sollte, wenn er das Verlangen verspürte, *Ganja* zu rauchen. Er hatte es geschafft, sich das Rauchen langsam abzugewöhnen, und schließlich hörte er ganz damit auf. Vor einigen Monaten hatte er völlig unerwartet seine alte Arbeitsstelle wieder bekommen.

Der *Devotee* fuhr fort: „Alle Tabletten, die Amma ihm gegeben hatte, waren aufgebraucht, als er abreiste. Jetzt hat er immer etwas Moschus in seiner Tasche. Er sagt, dass ihn allein schon der Geruch stärkt."

Amma: „Der Wandel war nur wegen seines starken Glaubens möglich. Wenn man glaubt, dann funktioniert es sogar mit Steinen."

Amma behauptet nicht, dass irgendetwas wegen Ihrer Kräfte geschieht. Sie, die immer im Höchsten Selbst verankert ist, lehrt durch Ihre eigenen Handlungen, was totale Hingabe an das Göttliche bedeutet und zu bewirken vermag.

Samstag, der 24. August 1985

Am Freitagabend kam Amma in Kodungallor an, um *Bhajans* in einem Devi-Tempel zu singen. Am nächsten Morgen rezitierten die *Brahmacharis* das *Lalita Sahasranama Archana* und Amma zelebrierte das *Arati* mit Kampfer. Nachdem sie die Häuser von drei weiteren *Devotees* besucht hatten, begaben sich Amma und Ihre Gruppe wieder auf die Rückreise in den *Ashram*.

Zur Mittagszeit hielten sie am Straßenrand an. Die Familie, bei der sie in der vergangenen Nacht gewohnt hatten, hatte für alle Mittagessen eingepackt. Sie saßen im Kreis, und Amma verteilte auf Bananenblättern das Essen. Nach dem gemeinsamen Rezitieren des 15. Kapitels der *Gita* folgte das Gebet 'Brahmar Panam' (*Bhagavad Gita* Kap. 4, Vers 24), und danach verzehrten sie ihr Mittagessen. Jemand organisierte ein Gefäß von einem nahegelegenen Haus und füllte es mit Wasser, damit jeder seine Hände waschen konnte. Die Menschen, welche die Szene beobachteten, wunderten sich über diese wandernden Nomaden. Sicherlich fragten sie sich, woher sie wohl kämen. Amma reist im Land herum, um das Licht des ewigen Friedens auf den Weg Ihrer Kinder zu verströmen, die im Dunkel der Unwissenheit taumeln. Sie denkt dabei weder an Essen noch an Schlaf. Wenn Sie herbeieilt, um Ihre Kinder, die von *Maya* verblendet sind, zu trösten und sich ihnen vorbehaltlos zu schenken - wie können sie da etwas von solcher höchster Selbstaufopferung wissen?

Klärung der Zweifel der Brahmacharis

Die Reisegesellschaft machte nach dem Essen keine Pause, sondern reiste sogleich weiter. Br. Venu hatte seit der vergangenen Nacht sehr starke Ohrenschmerzen. Er konnte deshalb nicht schlafen. Amma ließ ihn im Bus neben sich sitzen und bat die anderen, die in Ihrer Nähe saßen, Platz zu machen, damit Venu sich hinlegen konnte. Amma legte seinen Kopf auf Ihren Schoß und tröstete ihn.

„Du hast Ohrenschmerzen, weil du beim *Pranayama* (Yoga der Atemtechnik) deinen Atem mit Gewalt zurückgehalten hast", erklärte ihm Amma.

Venu: „Meinst du, dass es nicht richtig ist, *Pranayama* zu praktizieren?"

Amma: "Nein, es ist durchaus gut, aber ihr Kinder habt nicht die Geduld, um es richtig zu machen. In früheren Zeiten waren die Menschen noch gesund und hatten Geduld. Deshalb konnten sie diese Übungen richtig durchführen. Heutzutage verfügen die Menschen weder über Gesundheit noch Geduld. Es ist gefährlich, wenn du *Pranayama* ohne die direkte Anleitung durch einen *Guru* praktizierst."

Wegen der vielen Menschen, die in den *Ashram* kamen, hatten die *Brahmacharis* wenig Gelegenheit, mit Amma über spirituelle Angelegenheiten zu sprechen. Nur wenn sie mit Amma reisten, konnten sie alle in Ihrer Nähe sitzen und Ihren göttlichen Worten zuhören.

Ein *Brahmachari*: „Amma, wer ist größer, Gott oder der *Guru*?"

Amma: „Im Prinzip sind Gott und der *Guru* dasselbe. Trotzdem können wir sagen, dass der *Guru* höher steht als Gott. Die Gnade des *Gurus* ist etwas Einzigartiges. Wenn der *Guru* will, kann er die Auswirkungen des göttlichen Missfallens abwenden. Aber nicht einmal Gott kann die Sünde ungeschehen machen, die durch eine Entehrung des *Gurus* entsteht. Wenn du Gott verwirklicht hast, dann kannst du sagen, dass du mit Gott eins bist. Aber selbst dann kannst du nicht behaupten, dem *Guru* gleich zu sein, da es der *Guru* war, der dir die Einweihung in ein *Mantra* gab, wodurch die Selbstverwirklichung erlangt werden kann. Der *Guru* weist dem Schüler den Weg, der ihn zum Ziel führt. Der *Guru* wird immer diesen speziellen Status haben. Sogar nachdem der Schüler die Wahrheit kennt, wird er mit großer Demut vor dem *Guru* stehen.“

Brahmachari: „Amma, wie oft müssen wir das *Mantra* wiederholen, das du uns gegeben hast, bis wir *Mantra-siddhi* erreichen?“

Amma: „Wichtig ist nicht, wie oft du das *Mantra* wiederholst, sondern *wie* du es rezitierst. Selbst wenn du es einige Millionen Male wiederholst, nützt es dir nichts, solange du ein achtloses Leben ohne *Shraddha* führst. Wie oft ein *Mantra* wiederholt werden sollte, hängt auch davon ab, wie lang es ist. *Japa* sollte mit Konzentration ausgeübt werden; dann ist es unwichtig, wie oft das *Mantra* wiederholt wird. Selbst eine relativ geringe Zahl wird dann zu *Mantra-siddhi* führen.

Es ist notwendig, sich auf die Form oder den Klang des *Mantras* zu konzentrieren. Während des Rezitierens kannst du dich auch auf jeden einzelnen Buchstaben des *Mantras* konzentrieren. Du wirst nicht immer völlig fokussiert und konzentriert sein, daher wird es notwendig sein, das *Mantra* zehn Millionen Male zu wiederholen. Denn je mehr man es rezitiert, desto mehr Zielgerichtetheit wird erreicht.

Die Frage, wie oft man das *Mantra* wiederholen sollte, ist vergleichbar mit der Frage, wie oft man einer Pflanze Wasser geben muss, bis sie Früchte trägt. Das Wässern ist notwendig, aber die Menge Wasser hängt von vielen verschiedenen Faktoren ab, wie die Art der Pflanze, dem Klima, der Bodenqualität. Wasser alleine genügt nicht. Die Pflanze braucht Sonnenlicht, Dünger, Luft und Schutz vor Schädlingen. Auf dem spirituellen Weg ist es ähnlich. Das *Mantra* zu rezitieren ist ein Aspekt. Gute Taten, gute Gedanken und das Zusammensein mit weisen Menschen (*Satsang*) sind ebenfalls notwendig. Ist all das vorhanden, erhält man ein Ergebnis, entsprechend dem göttlichen Willen."

Brahmachari: „Kann jemand *Siddhis* erlangen, indem er das *Mantra* rezitiert?"

Amma: „*Siddhis* hängen von Art der Konzentration ab. *Japa* kann zu *Siddhis* führen. Wenn man *Siddhis* jedoch ohne Unterscheidungsvermögen benutzt, kommt man vom Weg ab, der zum höchsten Ziel führt. Glaube nicht, dass du einfach jede Art von Leben führen kannst, nachdem du in ein *Mantra* eingeweiht worden bist. Amma beobachtet euch. Stellt euch vor, ihr reist mit dem Bus. Ihr habt einen Fahrschein gekauft. Wenn der Kontrolleur kommt und ihn sehen möchte, ihr ihn aber nicht vorweisen könnt, müsst ihr den Bus verlassen. Der Kontrolleur wird nicht nachsichtig sein.

Wenn ihr erst einmal die Selbst-Verwirklichung erreicht habt, verfügt ihr auch über alle *Siddhis*. Die Verwirklichung geht über alle *Siddhis* hinaus. Seid ihr selbstverwirklicht, dann ist die ganze Welt in euren Händen. Falls ihr Gott statt um Selbst-Verwirklichung um *Siddhis* bittet, ist es so, als würdet ihr euch sehr darum bemühen, an den königlichen Hof zu gelangen. Dort angelangt, steht ihr vor dem König und bittet ihn aber bloß um ein paar Stachelbeeren."

Brahmachari: „Wie lange wird es dauern, die Vision Gottes zu erlangen?"

Amma: „Wir können nicht voraussagen, wann wir Gott sehen werden. Es hängt von der Sehnsucht des Suchenden ab und den Bemühungen, die er oder sie unternimmt. Wenn wir in einem normalen Bus reisen, können wir nicht genau sagen, wann wir unser Ziel erreichen, da der Bus an vielen Stellen anhält. Ein Express-Bus andererseits hält nur selten an, deshalb können wir die Ankunftszeit ziemlich genau voraussagen. Ebenso ist es, wenn wir ständig an Gott denken und daher keinerlei Zeit verschwenden. Wenn wir auf unserem Weg voranschreiten, ohne an irgendetwas zu haften, dann können wir das Ziel in kurzer Zeit erreichen. Mangelt es unserem *Sadhana* an Intensität, dann ist nicht leicht vorauszusagen, wann wir das Ziel erreichen werden.

In den Schriften heißt es manchmal, dass weniger als ein Augenblick nötig ist, um Selbst-Verwirklichung zu erreichen. An anderen Stellen wiederum steht, dass es sogar in Hunderten von Leben schwierig ist, die Verwirklichung zu erlangen. Die Intensität des *Sadhanas* und das *Samskara* aus früheren Leben bestimmen die Zeit, die man benötigt, um das Ziel zu erreichen. Mit *Sadhana* ist nicht gemeint, einfach irgendwo mit geschlossenen Augen herumzusitzen. Wir müssen uns beständig das Ziel vor Augen halten und uns unaufhörlich bemühen. Vor allem ist ein reines Herz wichtig. Ist unser Herz erst einmal rein, dann ist es leicht, Gottes Gnade zu erhalten."

Brahmachari: „Amma, bedeutet die Vision Gottes das gleiche wie Gottes-Verwirklichung?"

Amma: „Manche Leute haben bestimmte Visionen während ihrer Meditation. In der Meditation gibt es einen Zustand, der weder Schlafen noch Wachen ist. Man könnte es einen Traumzustand der Meditation nennen. Gelangt man dahin, dann hat man meist Visionen von verschiedenen göttlichen Formen.

Doch das sind keine wahre Visionen Gottes. Daher sollten wir davon nicht zu sehr angezogen sein, sondern stattdessen einfach weitergehen."

Zwei *Brahmacharis*, die hinten im Bus saßen, hörten Amma nicht zu. Sie diskutierten über einen Abschnitt in den *Upanishaden*, die sie gerade studierten. Sie schauten öfters zu Amma hinüber, um zu sehen, ob Sie ihnen zuhörte. Schließlich hielt Sie im Reden inne und drehte sich zu ihnen um.

Amma: „Kinder, verschwendet nicht eure Zeit damit, zu entscheiden, ob die Frucht am Baum wirklich reif ist, ob sie nur reif aussieht oder ob sie von Ungeziefer befallen ist. Steht auf und pflückt die Frucht! Verschwendet nicht eure Zeit, indem ihr über dies oder das diskutiert. Rezitiert beständig euer *Mantra*. Wenn ihr spirituellen Fortschritt möchtet, dann müsst ihr euch fortwährend darum bemühen. Es gibt keine Abkürzung."

Erfahrungen, die Staunen hervorrufen

Br. Venus Ohrenschmerzen waren inzwischen verschwunden, vielleicht wegen Ammas heilender Berührung, oder weil er den Nektar Ihrer Worte getrunken hatte. Als der Bus Alleppy erreichte, blieb er plötzlich stehen und ließ sich kein bisschen mehr weiter bewegen. Br. Ramakrishnan, heute Swami Ramakrishnananda, der den Bus fuhr, wurde unruhig, da er keine Ursache für den Stillstand finden konnte. Hilflos schaute er Amma an. Sie sagte nichts, sondern stieg lächelnd aus dem Bus und ging in eine Ihr anscheinend bekannte Richtung. Die *Brahmacharis* folgten stillschweigend. Br. Ramakrishnan schloss sich Amma notgedrungen ebenfalls an und fragte, ob er jemanden rufen solle, um den Bus reparieren zu lassen, oder ob er ein anderes Fahrzeug mieten solle, falls es eine Verspätung geben würde. Amma hüllte sich in geheimnisvolles Schweigen und ging einfach weiter. Ihr *Devotee*

Shekar lebte ganz in der Nähe, und Amma ging geradewegs auf sein Haus zu.

Die Mitglieder der Familie waren überglücklich, als sie Amma sahen. Seit langem hatten sie gehofft, dass Amma sie besuchen würde. Sie wussten, dass dies der Tag war, an dem Amma von Kodungaloor zurückkehrte. Sie hatten um einen Besuch Ammas gebetet. Gerade hatten sie über die Möglichkeit eines Besuches gesprochen und mehrheitlich bezweifelt, dass Amma ohne Einladung kommen würde, als Amma unvermittelt das Haus betrat. Sie trauten ihren Augen kaum. Sie empfingen Amma mit Respekt und führten Sie zu dem *Puja*-Raum, wo Amma das *Arati* mit Kampfer vollzog. Dann rief Sie jedes Mitglied der Familie zu sich und heilte ihre seelischen Schmerzen mit dem Balsam Ihrer göttlichen Worte.

Amma kam bald wieder aus dem Haus heraus. Ramakrishnan stand da und brütete vor sich hin. Als Amma wortlos zum Bus zurückging, sagte Ramakrishnan sanft zu Ihr: „Amma, der Bus wurde bis jetzt noch nicht repariert." Amma bestieg den Bus und setzte sich. Dann sagte Sie: „Versuche den Motor jetzt anzulassen, Sohn." Ramakrishna startete und konnte ohne Probleme losfahren. Er wandte sich mit strahlendem Gesicht zu Amma. Sie lächelte nur.

Später besuchten sie noch zwei weitere *Devotees*. Es war 19.30 Uhr, als sie im *Ashram* ankamen. Dort fanden gerade die abendlichen *Bhajans* statt. Br. Anish, heute Swami Amritagitananda, ein Student der Chinmaya Mission in Bombay, wartete darauf, Amma zu begegnen. Es war sein erster Besuch im *Ashram*. Nach seinem ersten *Darshan* setzte Amma sich mit ihm in den Innenhof zwischen der Vedanta-Schule und dem alten Tempel und sprach eine Weile mit ihm. Die *Brahmacharis*, die Amma auf der Reise begleitet hatten, schlossen sich dem *Bhajan*-Singen im alten Tempel an. Schließlich ging auch Anish hinein.

In die *Bhajans* versunken stand er da und vergaß alles andere um sich herum. Es war, als würde das Lied, das sie gerade sangen, die Geschichte seines eigenen Lebens erzählen:

Akalatta kovilil

In einem entfernten Tempel brannte unaufhörlich ein Docht,
um diejenigen zu leiten, die im Dunkeln umherwandeln.
Auf diese Weise zeigte Mutter Ihr Mitgefühl.
Eines Tages, als ich diesen Weg entlang wanderte,
winkte mich die Strahlende mit Ihrer Hand herein;
Sie öffnete die heilige Tür,
nahm ein wenig heilige Asche
und strich sie auf meine Stirn.

Sie sang Lieder Gottes
und bereitete mir mit Ihren eigenen Händen
einen Schlafplatz.
Dann hatte ich einen neuen Traum,
der die Wahrheit verkündete:
Warum weinst du?
Weißt du nicht, dass du
die heiligen Füße Gottes erreicht hast?

Ich erwachte mit einem Seufzer
und sah deutlich das Lotusgesicht:
ich sah es so klar.

Donnerstag, der 5. September 1985

Die unermüdliche Mutter

Eine Gruppe von *Devotees* kam erst nach Mitternacht im *Ashram* an, obwohl sie von Kollam bereits am Abend losgefahren war. Die *Devotees* hatten auf dem Weg Probleme mit ihrem Auto. Die Reparatur dauerte lange, und sie wollten gleich wieder nach Hause fahren, weil es schon spät war. Aber da eines der Kinder darauf bestand, kamen sie trotzdem zum *Ashram*. Sie hatten nicht erwartet, Amma während der Nacht anzutreffen, doch als sie sich dem *Ashram* näherten, sahen sie Amma, wie Sie alleine in dem Kokospalmenhain vor dem *Ashram* stand, als würde Sie jemanden erwarten. Alle Gedanken an ihre Probleme verflogen augenblicklich, als sie Amma sahen. Amma setzte sich und unterhielt sich mit ihnen bis 4.00 Uhr morgens.

Amma nahm dann ein Bad und kam erneut um 5.00 Uhr nach unten. Ein *Brahmachari*, der dies sah, bat Sie, sich doch ein wenig auszuruhen. Amma hatte die ganze Nacht nicht geschlafen. Die kommende Nacht würde *Bhava Darshan* stattfinden, und Sie würde wieder nicht schlafen. Amma antwortete: „Man sollte während des *Archanas* nicht schlafen. Wir tun all dies mit einem göttlichen *Sankalpa*. Alle sollten während des *Archanas* wach sein und daran teilnehmen. Wenn man um diese Zeit schläft, handelt man sich damit Unglück oder Fehlschläge ein. Wenn Amma heute während des *Archanas* schläft, werdet ihr es morgen alle ebenso tun. Dann wird es im *Ashram* keine Disziplin mehr geben."

Brahmachari: „Aber Amma, wird das nicht deine Gesundheit schädigen, wenn du keine Ruhepause hast?"

Amma: „Gott wird dafür Sorge tragen. Amma ist nicht hier, um sich um diesen Körper zu kümmern. Wenn ihr die Regeln befolgt, wird Ammas Gesundheit nichts geschehen."

Der *Brahmachari* wusste, dass es nicht helfen würde, weiter auf seinem Anliegen zu beharren und zog sich deshalb zurück. Amma ging in den Meditationsraum und schloss sich dem *Archana* der *Brahmacharis* an. Nach dem *Archana* ging Sie zum Kokospalmenhain und setzte sich. Bri. Gayatri brachte Ihr eine Tasse Tee. Amma trank die Hälfte davon und gab dann die Tasse an Gayatri zurück.

Amma rief Br. Sarvatma Chaitanya zu sich, der ansonsten in Frankreich lebte und dessen Aufgabe es war, dort Ammas Lehren zu verbreiten. Zur Zeit war er hier, um mit Amma Zeit zu verbringen. Sarvatma kam und verneigte sich vor Ammas Füßen, dann setzte er sich in Ihre Nähe.

Sarvatma: „Amma, du hast die letzte Nacht nicht geschlafen. Deshalb bin ich nicht zu dir gekommen. Heute Nacht ist wieder *Bhava-Darshan*. Du solltest dich wenigstens jetzt ein bisschen ausruhen. Ich werde später wiederkommen."

Amma: „Sohn, musst du nicht zurückfahren? Du brauchst dir keine Sorgen um Ammas Wohlergehen zu machen. In den meisten Nächten schläft Amma nicht. Wann gibt es schon dafür Zeit in den *Bhava Darshan*-Nächten? Während der anderen Nächte liest Amma Briefe, und meist ist es sehr spät, bis sie damit fertig ist.

Amma ist meistens die ganze Nacht auf und es ist zu Ammas Gewohnheit geworden. Das ist nicht erst seit kurzem so, sondern seit Ammas Kindheit. Vor lauter Kummer, dass sie Gott noch nicht erkannt hatte, schlief Sie nicht. Falls Sie schläfrig wurde, fügte Sie sich kleine Verletzungen am eigenen Körper zu, um wach zu bleiben. Den ganzen Tag war Sie mit den Pflichten des Haushaltes beschäftigt. Wenn Sie in der Nacht mit dem Geschirrabwaschen fertig war, schliefen die anderen fest. Erst dann fand Sie Zeit, um ungestört zu beten. Sie blieb die ganze Nacht wach, weinte und betete zu Gott.

Die Nacht ist die beste Zeit, um zu beten. Die Natur ist ruhig und niemand wird uns stören. Niemand wird es erfahren, wenn man zum Strand geht. Und man kann dort ganz alleine sein."
Tränen strömten aus Sarvatmas Augen, als er an Ammas Opfer und intensives *Tapas* dachte. Amma änderte das Gesprächsthema und fragte ihn: „Sohn, was wolltest du Amma fragen?" Sarvatma konnte nicht sprechen, sondern saß einfach nur schweigend da und sah Ihr in die Augen.

Erläuterungen zum Missionswerk

Amma sagte zu Bri. Gayatri, die in der Nähe stand: „Dieser Sohn hat an vielen Orten Reden gehalten. An manchen Orten kamen zahlreiche Zuhörer, aber an anderen Orten waren nur einige wenige, worüber Sarvatma sich Sorgen machte. Er dachte, dass die Leute vielleicht deshalb nicht kamen, weil seine Reden nicht gut waren. Sie wandte sich Sarvatma zu: „Sohn, warum machst du dir Gedanken darüber, wie viele Leute kommen? Tust du nicht genau das, worum Amma dich gebeten hat? Achte nur auf eines: Zeige große Demut in deinen Worten und Handlungen. Wir sollten auf die Ebene der Menschen gehen und sie dann emporheben.

Kinder sind daran interessiert zu spielen. Sie kommen nicht einmal pünktlich zum Essen ins Haus. Es ist die Aufgabe der Mutter, ihrem Kind zur richtigen Zeit das Essen zu geben. Das Kind anzuschreien oder zu schlagen, wird nichts nutzen. Sie muss es mit Liebe rufen. Sie muss mit dem Kind seiner Entwicklungsstufe entsprechend reden. Dann wird das Kind hereinkommen und essen. Genauso werden Menschen die spirituellen Ideen vielleicht nicht sofort aufnehmen. Deshalb müssen wir in ihnen zunächst das Interesse wecken. Jeder schätzt es, wenn man ihm mit Demut begegnet. Alle sehnen sich nach

Liebe. Wir sollten auf jeden Menschen entsprechend seiner Ebene zugehen und ihm dann helfen, zu wachsen."

Sarvatma: „Einige Leute haben gefragt, ob es angemessen sei, im Namen von *Mahatmas* Organisationen ins Leben zu rufen?"

Amma: „Sohn, man kann vielleicht den Namen eines einzelnen vermeiden, aber wenn du eine Bewegung organisieren willst, dann muss sie letztlich einen Namen haben. Man kann zum Beispiel statt eines persönlichen Namens ein Ideal als Bezeichnung wählen, wie „Pfad der Liebe" oder „Der göttliche Weg". Was immer es ist, es muss einen Namen haben. Dann werden sich einige Menschen zusammentun, und es wird eine Gruppe oder eine Organisation entstehen. Die Organisation wird bekannt unter ihrem Leitmotiv, z.b. Liebe oder Selbstaufopferung. Nach einer Weile wird das Bild der Person, welche die Organisation gegründet hat, wohlbekannt, und später wird die ganze Organisation wegen dieses Individuums oder vielleicht auch mehrerer Menschen bekannt sein.

Wir brauchen irgendein Instrument, um den menschlichen selbstsüchtigen Mind zu verändern und zu weiten. Wir müssen den Mind an ein Ideal binden. Es ist so wie mit einem wilden Pferd, das wir innerhalb einer Umzäunung bändigen. Manche Menschen gehen deshalb zu einem *Satguru*. Die Bezeichnung ‚Guru' symbolisiert die Ideale, die er durch seine Leben beispielhaft lehrt. Andere wählen andere Methoden. Möchtest du die Struktur einer Organisation vermeiden, ist es schwierig, den Menschen die Lehren zu vermitteln. Warum sollten wir auf den großen Dienst, den uns eine Organisationstruktur leistet, wegen einiger kleinerer Mängel verzichten?

Man kann sich fragen, warum ein Zaun um ein Farmland gezogen wurde, aber der Zaun dient bestimmten Zwecken. Was immer du beginnst, alles hat seine Einschränkungen. Sorge dich nicht darum. Sieh in allem nur das Positive. Diese Einstellung vermittle anderen. Es wird gesagt, dass ein Schwan aus einer Wasser-Milch-Mischung die Milch herausfiltern kann. Sei offen allem gegenüber. Sieh die Dinge nicht nur mit deinem begrenzten *Mind*. Führe dein Leben mit dem Bewusstsein der Unterscheidung von dem, was vergänglich und dem, was unvergänglich ist.

In bestimmten Teilen Indiens benutzt man den ersten Buchstaben des Namens des Vaters als Anfangsbuchstaben für den eigenen Namen. Hat der Vater davon etwas? Wenn man eine Organisation gründet, dann kommen zahlreiche Menschen und ziehen daraus ihren Nutzen. Ein *Sannyasi* lebt nicht für sich selbst; er lebt, um anderen die höchsten Prinzipien zu lehren. Aus diesem Grund verbreiten die Schüler die Lehren ihres *Gurus*. Auch *Ashrams* dienen diesem Zweck.

Sieh *Mahatmas* nicht als Individuen an. Sie stehen für ein Ideal oder für das höchste Prinzip, wenngleich sie äußerlich gesehen einen Namen und einen Körper haben. Aus eurer Perspektive seht ihr sie als handelnde Person. Es ist jedoch kein Ego in ihnen vorhanden und folglich auch kein Ichgefühl. Das ist es, worauf wir unser Augenmerk lenken sollten. Der *Guru* ist das Prinzip des Einen Selbst, welches das gesamte Universum durchdringt, auch wenn er vielleicht wie ein Individuum erscheint. Diejenigen, die nur für ihre Familie leben oder nur für die Erfüllung ihrer eigenen Wünsche, können wir als Individuen ansehen. Aber fallen *Mahatmas* in diese Kategorie? Nein. Sie nützen der gesamten Welt. Sie bringen Tausenden von Menschen Frieden.

Sohn, die meisten von uns sind aufgewachsen, indem sie sich an verschiedene Menschen angelehnt haben. Nur ein paar wenige Menschen haben die Kraft, zu wachsen und sich dabei nur auf die inneren Prinzipien zu stützen. In der Kindheit sind wir von unseren Eltern abhängig. Später verlassen wir uns auf unsere Freunde oder unseren Ehepartner. Infolgedessen lernen wir lediglich, einzelne Menschen zu lieben und uns um sie zu kümmern. Wir sind unfähig, unser Leben alleine auf spirituelle Prinzipien zu gründen. Die *Mahatmas* aber sind jenseits von Name und Form; auch wenn ihr sie als Individuen handeln seht, ist in ihnen kein Ego. Wenn wir uns auf *Mahatmas* verlassen, können wir uns sehr schnell weiterentwickeln, und unser Bewusstsein wird sich weiten."

Amma stand langsam auf und Sarvatma Chaitanya verbeugte sich. Amma gab dem Sohn, der bald abreisen würde, einen Kuss und ging dann zu den *Devotees* in die *Darshan*-Hütte. Zwischen der *Darshan*-Hütte und der Vedanta-Schule standen einige Töpfe mit blühenden Pflanzen. Zwei *Brahmacharis* standen dort und erfreuten sich an der Schönheit der Blumen. Als sie Amma sahen, traten sie zur Seite. Amma ging an einem der Töpfe vorbei, in dem sich eine verwelkte Pflanze befand, und sagte zu ihnen: „Man kann daran erkennen, wie aufmerksam ihr alle gegenüber den äußeren Dingen seid. Wäre diese Pflanze verwelkt, wenn ihr etwas mehr *Shraddha* gehabt hättet? Ist sie nicht vertrocknet, weil niemand sie rechtzeitig gegossen hat? Es wird ersichtlich, wie viel *Shraddha* ein *Brahmachari* der Welt gegenüber hat, wenn man sich die Pflanzen um ihn herum anschaut. Jemand, der Gott liebt, der liebt alle lebendigen Wesen und wird sich entsprechend um sie kümmern."

Amma ging in die Hütte und Empfing die *Devotees*.

Unniyappam

Eine weibliche *Devotee* hatte etwas *Unniyappam* für die *Brahmacharis* mitgebracht. Sie wollte die Süßigkeit Amma überreichen.

Amma: „Tochter, wenn du diesen Kindern solche Sachen bringst, welchen Sinn hat es dann, dass sie ihr Zuhause verlassen haben? Sie sind hier, um sich in Verzicht zu üben. Was soll Amma machen, wenn vom Zuhause aller *Brahmacharis* Essen gebracht wird?

Die Frau: „Amma, wir bringen diese Sachen doch nur manchmal. Was kann es schaden?"

Amma: „Wenn man ihnen die Dinge gibt, worauf sie Appetit haben, schadet man ihnen, Tochter. Das ist keine Liebe. Wahre Liebe heißt, davon abzusehen, ihnen das Essen zu geben, das ihnen schmeckt. Wahre Liebe bedeutet, sie anzuregen und zu ermutigen, ihre Zunge und ihr Denken zu beherrschen. Wer völlige geistige Kontrolle erreicht hat, kann immer Nektar schmecken. Wenn das Essen den Rachen passiert hat, wird es zu Kot. Es ist unmöglich, ohne Beherrschung der Zunge den *Mind* zu kontrollieren. Wenn die Kinder hier von ihren Eltern verwöhnt werden und Gelüste auf schmackhaftes Essen haben, warum kommen sie dann hierher? Sie haben ihr Zuhause und die gewohnte Umgebung aufgegeben und sind wegen eines anderen Ziels hierhergekommen."

Die Augen der Frau füllten sich mit Tränen: „Amma, es war mir nicht bewusst, dass ich solch einen schwerwiegenden Fehler begangen habe. Ich betrachte alle hier als meine Kinder. Ich habe nur ihr Wohlergehen im Auge."

Amma zog die Frau zu sich heran und umarmte sie.

Amma: „Tochter, Amma wollte dich nicht traurig stimmen. Sie will nur versuchen, dass du verstehst. Jemand hier muss Verlangen nach *Unniyappam* gehabt haben, das ist der Grund, warum du es heute gebracht hast!" Amma lachte und alle stimmten mit ein. „Obwohl Amma so spricht, kocht Sie manchmal selbst wohlschmeckendes Essen für Ihre Kinder. Sie denkt dann daran, wie viel Bequemlichkeit diese Kinder zu Hause hatten! Sind sie zufrieden mit dem Essen hier? Niemand anderer als Amma wird dann ein besonders schmackhaftes Mahl für sie zubereiten? An gewissen Tagen serviert ihnen Amma spezielle Snacks eigens für sie.

An manchen Tagen, wenn Amma solche Gedanken im Kopf herumgehen, bringen *Devotees* etwas Besonderes zu Essen mit. Durch Gottes Gnade mangelt es den Kindern hier an nichts. Zu anderen Zeiten jedoch wechselt Ammas Haltung, und Sie gibt ihnen dann nur Reis und nichts dazu. Dann wieder schafft Sie Umstände, in denen die Kinder nichts zu essen bekommen, damit sie den Hunger zu spüren. Schließlich sollten sie sich auch daran gewöhnen. Man darf nicht Sklave seines Gaumens sein. Nur wenn der Geschmackssinn überwunden wird, kann man den Geschmack des Herzens genießen."

Amma rief Bri. Gayatri zu sich und vertraute ihr das *Unniyappam* an, damit sie es unter den Ashrambewohnern verteilte. Gayatri hatte die Unterhaltung nicht mitgehört, die in der Hütte stattgefunden hatte. Sie nahm das Paket von Amma entgegen und flüsterte Ihr etwas ins Ohr. Amma begann laut zu lachen, und alle schauten Sie an und wunderten sich, was da vor sich ging.

Amma: „Hat Amma nicht gesagt, dass sich jemand *Unniyappam* gewünscht hat? Anscheinend hat ein Sohn Gayatri von den Zeiten erzählt, in denen er es zuhause gegessen hat, und er hatte hinzugefügt, wie schön es wäre, mal wieder *Unniyappam* zu kosten." Alle lachten.

Der *Darshan* dauerte bis zwei Uhr nachmittags. Amma ging in die Essenshalle und stellte sicher, dass alle genügend zu essen bekommen hatten. Erst dann kehrte sie zu Ihrem Zimmer zurück. Um fünf Uhr würde Amma erneut für die Abend-*Bhajans* herunterkommen, die an *Bhava Darshan*-Tagen früher begannen.

Freitag, 6. September 1985

Br. Neal Rosner, heute Swami Paramatmananda, war damit beschäftigt, die täglichen Aktivitäten im *Ashram* mit einer Video-kamera aufzunehmen, die ein *Devotee* am vorhergehenden Tag aus Amerika mitgebracht hatte. Er hatte bereits die Rezitation der vedischen *Mantren* und des frühmorgendlichen *Sahasranama Archana* gefilmt. Allerdings waren die Aufnahmen nicht besonders gut geworden - wahrscheinlich, weil Amma es nicht erlaubt hatte, ein zusätzliches Licht einzusetzen.

„Wenn ihr beim *Archana* helles Licht anschaltet, wird jeder die Konzentration verlieren." sagte Amma zu Nealu. „Der *Mind* sollte völlig auf die gewählte Gottheit oder auf das *Mantra* ausgerichtet sein. Die göttliche Mutter ist während des *Archanas* anwesend. Der Sinn des *Archanas* ist es, den *Mind* zu konzentrieren. Ihr solltet dies verstehen." Amma erinnert uns ständig daran, dass wir uns völlig auf das konzentrieren sollen, was wir gerade in diesem Moment tun.

Amma sagt oft, spirituell Suchende sollten es nicht zulassen, dass man von ihnen Bilder macht. „Das Blitzlicht nimmt etwas von deinen *Oas* weg."

Anfangs erlaubte Amma keine Videoaufnahmen, aber Nealu war Ihr in der letzten Nacht überall hin gefolgt und hatte argumentiert: „Amma, wir bekommen täglich Briefe aus Übersee, in denen nach Videoaufnahmen von dir gefragt wird. Es gibt so viele Kinder in Übersee, die nicht hierherkommen können. Ist es denn nicht für sie? Sie waren es, die diese Kamera geschickt haben. Bitte, nur dieses eine Mal, Amma..." Schließlich stimmte Amma zu. „Also gut, wenn du darauf bestehst. Aber behindere nicht die Meditation der Kinder. Stell dich auch nicht vor mich hin mit diesem Ding in der Hand!"

Nealu musste diese Bedingungen akzeptieren.

Nealu stand mit der Kamera hinter einer Kokosnußpalme und wartete, dass Amma zur *Darshan*-Hütte kommen würde, aber wegen der Bäume gab es nicht genug Licht, und Amma würde ja kein Zusatzlicht fürs Filmen erlauben. Als Amma aber zur Hütte ging, erhellten sich die schattigen Bereiche unter den Kokosnußpalmen. Nealu folgte Ihr und erfreute sich durch den Sucher der Kamera an der Szene.

Brahmacharya und Anverwandte

Die leibliche Mutter eines der *Brahmacharis* wartete darauf, Amma zu treffen. Ihre Tochter war ebenfalls bei ihr. Die Frau verbeugte sich vor Amma und erklärte Ihr den Grund für ihre Traurigkeit.

Die Frau (auf den *Brahmachari* zeigend): „Amma, wir wollen den Geburtstag seines Vaters feiern. Bitte lass ihn für ein paar Tage nach Hause kommen."

Amma: „Aber Amma hat niemals jemandem verboten, den *Ashram* zu verlassen. Natürlich kannst du ihn mitnehmen, wenn er gehen möchte."

Die Frau: „Er wird nicht zustimmen. Er wird nur deinen Worten folgen, Amma."

Der *Brahmachari* stand mit hängendem Kopf da, als seine Mutter und seine Schwester mit Amma verhandelten. Amma drehte sich zu ihm um: „Sohn, willst du nicht mit ihnen gehen?" Er nickte halbherzig. Alle drei verbeugten sich vor Amma und verließen die *Darshan*-Hütte.

Am Nachmittag, als der letzte *Devotee* gegangen war, kam Amma aus der Hütte und wurde von dem *Brahmachari* mit einem unglücklichen Gesicht erwartet.

Amma: „Bist du nicht gegangen? Wo sind deine Mutter und Schwester?"

Brahmachari: „Sie sind nach Hause zurückgekehrt. Irgendwie habe ich es geschafft, sie wegzuschicken."

Amma: „Möchtest du nicht zum Geburtstagsfest deines Vaters nach Hause gehen?"

Brahmachari: „Nein, Amma. Ich bin froh, wenn du mich nicht zwingst zu gehen. Ich bin nur traurig, weil ich dir nicht gehorcht habe."

Amma war auf dem Weg zu Ihrem Zimmer. Jetzt hielt Sie an. Sie lächelte nicht. Ihr Gesicht war ernst, aber doch von Liebe erfüllt. Sie setzte sich auf die Stufen, und der *Brahmachari* setzte sich zu Ihren Füßen. Amma schaute geradewegs in seine Augen.

Amma: „Sohn, ein *Brahmachari* sollte die Verbindungen zu seiner Familie nicht aufrechterhalten. Das ist so, als ob man ein Boot rudert, welches an einem Baum festgebunden ist. Er wird in seinem *Sadhana* keine Fortschritte machen. Es ist das gleiche, wenn dein *Mind* voller Gedanken ist. Das ist dann so, als wenn man ein Boot durch einen See rudert, der mit Algen überwuchert ist. Du machst vielleicht 100 Ruderschläge, kommst aber kaum voran.

Wenn du mit den Mitgliedern deiner Familie sprichst oder ihre Briefe liest, dann bist du all den Neuigkeiten von zuhause und der Nachbarschaft ausgesetzt. Was bedeutet es schon zu sagen, dass man sein Haus verlassen hat? Du denkst an dein Elternhaus und die Nachbarn. Wie kannst du mit solchen Gedanken Konzentration erlangen? Es führt ununterbrochen zu Gedankenwellen.

Am Anfang sollten die Suchenden nicht einmal Zeitung lesen. Wenn du die Zeitung liest, dann hinterlassen all die Nachrichten der Welt einen Eindruck in deinem *Mind*. Manche der Kinder lesen die Zeitung, gehen dann zu Amma und berichten Ihr über all die Neuigkeiten. Amma wird vorgeben zuzuhören, um zu prüfen, wie sie denken. Am nächsten Tag kommen sie erneut, mit noch mehr Nachrichten; das ist allerdings nicht das, was Amma von euch erwartet. Ein *Brahmachari* sollte totale Hingabe an Gott besitzen. Er sollte die feste Überzeugung haben, dass Gott sich um seine Familie kümmert. Wenn dieser feste Glaube vorhanden ist, dann wird sich Gott wirklich gut um die Familie kümmern. Ist Krishna nicht Kuroramma zu Hilfe geeilt?

Sohn, wenn wir das Wasser auf die Wurzeln eines Baumes gießen, dann erreicht es auch die Äste. Wenn wir jedoch Wasser auf die Äste schütten, dann nützt es dem Baum nichts, und unsere Bemühung ist vergeudet. Wenn wir Gott lieben, dann ist das so, als liebten wir jeden. Es nützt allen, weil der gleiche Gott in allen innewohnt. Indem wir Ihn lieben, lieben wir alle. Nur an Einzelne gebunden zu sein, das führt zu Leid.

Wenn wir gerade anfangen, Autofahren zu lernen, dann sollten wir auf einem leeren Parkplatz üben. Sonst gefährden wir unter Umständen uns selbst und andere. Wenn wir dann fahren gelernt haben, können wir das Auto sogar bei starkem Verkehr mühelos beherrschen. Ebenso sollte sich ein *Sadhak* anfangs von der Familie und den Freunden fernhalten und sich in Einsamkeit üben. Ansonsten wird es schwer sein, den *Mind* auf Gott auszurichten. Aber wenn der *Sadhak* in seinem *Sadhana* Fortschritte macht, wird er dazu kommen, in jedem das Göttliche zu sehen, alle zu lieben und allen zu dienen. Seine spirituelle Kraft wird nicht verschwendet werden.

Sohn, wenn du die Beziehungen zur Familie aufrecht erhältst, wirst du all die Stärke, die du erworben hast, einbüßen. Es ist genug, wenn du deiner Mutter einen Brief schreibst. Schreibe nur etwas über spirituelle Themen. Solltest du doch einmal nach Hause gehen, dann schlafe nur im Meditationszimmer, und wenn dir jemand von den Familienangelegenheiten erzählen will, schenke ihm kein Gehör. Sprich nur über spirituelle Themen."

Ammas Worte erleichterten das Herz des *Brahmacharis*. Er verbeugte sich und ging. Amma begab sich in Ihr Zimmer.

Am Strand

Um 5.30 Uhr nachmittags kam Amma aus Ihrem Zimmer und rief die *Brahmacharis* zum Strand. Als sie den Strand erreichten, war Amma bereits in tiefe Meditation versunken. Alle setzten sich um Sie herum und schlossen die Augen. Die Gegenwart Ammas und das Rauschen des Meeres ließ alle Gedanken an die äußere Welt verschwinden.

Nach zwei Stunden öffnete Amma Ihre Augen, stand auf und begann langsam den Strand entlang zu wandern. Als Sie sich dem Wasser näherte, sah es so aus, als würden die Wellen des Ozeans miteinander wetteifern, Ihre Füße zu küssen; die wenigen glücklichen, denen es gelang, verschmolzen wieder gänzlich zufrieden mit dem Ozean. Langsam wurde es dunkel, und Ammas weißer Sari leuchtete, als würde er durch eigenes Licht erhellt. Amma ging weiter am Meer entlang und begann sanft zu singen. Ihre Augen waren auf den Horizont gerichtet. Sie schien völlig eingetaucht in eine göttliche Stimmung. Diejenigen, die Ihr folgten, sangen zusammen mit Ihr:

Omkaramengum

Der Klang 'Om' schwingt überall,
hallt in jedem Atom wider;
Mit einem friedlichen Mind,
laßt uns 'Om Shakti' singen.

Überflutet voller Tränen der Trauer,
Mutter jetzt bist Du meine einzige Stütze.
Segne mich mit Deinen wundervollen Händen,
denn ich habe alle weltlichen Vergnügungen aufgegeben.

Die Angst vor dem Tod ist verschwunden,
die Sehnsucht nach körperlicher Schönheit ist verschwunden.

Ich erinnere mich ständig an Deine Form,
die mit durch das Lichte Shivas leuchtet.

Wenn ich mit innerem Licht erfüllt bin,
das mich überfließt und vor mir leuchtet,
und ich trunken bin von Hingabe,
verschmelze ich mit der Schönheit Deiner Form.

Deine Form ist das, wonach ich mich sehne.
Alle existierende Schönheit kristallisiert sich darin
und erscheint als diese unvergleichliche Schönheit.
Oh, jetzt fließen meine Tränen in Strömen.

Als das Lied beendet war, ging Amma zum *Ashram* zurück, und alle folgten Ihr schweigend. Im *Ashram* setzte Amma sich an der westlichen Seite in den Sand. Die *Brahmacharis* zogen sich einer nach dem anderen zurück, da sie sahen, dass Amma allein sein wollte.

Anweisungen für Brahmacharis

Nachdem Amma *Darshan* gegeben hatte, kam Sie aus der Hütte heraus und ging in Richtung der *Brahmachari*-Hütten. Gelegentlich prüfte Sie ihre Zimmer, ob alles ordentlich aufgeräumt war, ob jemand unnötige private Dinge aufhob und ob täglich gekehrt wurde. Sie wünschte, nicht mehr als jeweils ein Buch aus der Bibliothek im Zimmer von jemandem zu sehen, ebenso nicht einen *Dhoti* oder ein Hemd mehr, als wirklich nötig. Es war unmöglich, Amma zu täuschen.

Amma bemerkte eines Tages, dass ein *Brahmachari* eine Strohmatte auf ein Stück Teppich gelegt hatte, um darauf zu schlafen: „Wir haben gewöhnlich auf dem bloßen Zement- oder Lehmboden geschlafen. Normalerweise gab es keine Matten oder

Leintücher. Manchmal schlief die ganze Familie auf Matten, die auf dem Boden ausgebreitet waren und durch die nässenden Babys wurden die Matten feucht. So sind wir aufgewachsen. Gayatri kann euch berichten, dass Amma sogar heute noch meist auf dem bloßen Boden schläft, obwohl Sie ein Bett und eine Matratze hat. Es wäre schwer für euch, auf dem schmutzigen Boden zu schlafen, da ihr mit einigem Komfort aufgewachsen seid."

Der *Brahmachari* rollte schnell den Teppich auf. An diesem Tag ging Amma in eine der Hütten und zog ein Päckchen unter dem Schreibtisch hervor. Sie schien genau zu wissen, wo es war, als hätte Sie es selbst dort versteckt.

„Was ist das, Sohn?" fragte Sie den *Brahmachari*, der in der Hütte lebte. Sein Gesicht wurde blass. Amma setzte sich auf den Boden und öffnete das Paket. Es enthielt *Ariyundas*.

„Deine Eltern haben diese für ihren geliebten Sohn gebracht, richtig?"

Der *Brahmachari* senkte seinen Kopf. Es war die Wahrheit. Seine Eltern hatten sie ihm am Tag zuvor gebracht. Er hatte sie gebeten, das Paket Gayatri zu geben, damit sie die *Ariyundas* an alle verteilte, damit waren sie aber nicht einverstanden. „Wir brachten noch ein extra Paket für Amma und Ihre anderen Kinder. Dieses hier ist nur für dich", sagten sie. Als sie darauf bestanden, gab er nach.

Einige andere *Brahmacharis* waren Amma in die Hütte gefolgt. Sie gab jedem ein *Ariyunda*.

Amma: „Sohn, Amma würde gerne sehen, dass du sogar eine Banane in hundert Stücke schneidest und jedem davon ein Stück gibst. Viele Leute bringen Amma Süßigkeiten und Snacks, aber alleine kann sie nichts davon essen. Sie hebt alles für Ihre Kinder auf. Manchmal tut Sie ein klein wenig davon in Ihren Mund, weil sich die Überbringer darüber freuen. Wisst ihr, wie viele Mühe sich manche Leute machen, um etwas für Amma zuzubereiten, es einzupacken und hierher zu bringen? Außerdem entstehen noch Kosten für Bus und andere Dinge." Sie machte eine Pause und fragte dann den *Brahmachari*: „Sohn, hat Amma dich jetzt unglücklich gemacht?"

Amma ließ den *Brahmachari* den Kopf auf Ihren Schoß legen. Sie teilte eine der Süßigkeiten, steckte sich selbst ein kleines Stück davon in den Mund und fütterte ihn mit dem Rest. Das verstärlkte lediglich seinen Schmerz. Amma sagte: „Weine nicht, mein Sohn! Amma sagt dies nur, damit du dich von deiner Familie löst. Wenigstens hast du sie nicht alle alleine aufgegessen, sondern hast einige aufgehoben. Wenn es ein anderer *Brahmachari* gewesen wäre, dann hätten wir nicht einmal mehr das Einpackpapier zu sehen bekommen, nicht wahr?", fragte sie die anderen mit einem Lächeln.

Um das Thema zu wechseln, hob Amma ein Buch hoch. Das Buch war mit Staub bedeckt. Sie schüttelte den Staub ab. Es war eine Einführung ins Sanskrit.

Amma: „Bist du nicht in den Sanskritunterricht gegangen?"

Brahmachari: „In die letzten zwei oder drei Stunden bin ich nicht gegangen, Amma. Die Grammatik geht mir einfach nicht in den Kopf."

Amma: „Wenn man das Buch anschaut, dann sieht es eher so aus, als hättest du es seit mehr als einem Monat nicht berührt. Sohn, du solltest einem Unterrichtsbuch gegenüber nicht so nachlässig sein. Lernen wird Göttin Saraswati zugeordnet. Du solltest mit Hingabe und *Shraddha* lernen. Wann immer du ein Buch hochnimmst oder es wieder hinlegst, solltest du es mit Achtung tun und dich vor ihm verbeugen. Halte die Bücher ordentlich und sauber. So haben wir es alle gelernt.

Wie willst du unsere Schriften verstehen, wenn du Widerwillen hast, ihre Sprache zu erlernen? Sanskrit ist unsere Muttersprache. Die *Upanishaden* und die *Gita* werden sich dir nicht vollständig erschließen, wenn du nicht Sanskrit verstehst. Auch um die *Mantren* und *Slokas* zu verstehen, solltest du sie in dieser Sprache lernen. Es ist die Sprache unserer Kultur. Wir können die Kultur Indiens nicht von Sanskrit trennen. Es stimmt natürlich, dass wir moderne Übersetzungen der Schriften kaufen können, aber sie sind nicht gleichwertig mit den Originalen. Wenn du den Geschmack von Honig haben möchtest, musst du ihn probieren. Wenn du ihn mit etwas mischst, dann kannst du nicht den wirklichen Honig-Geschmack erkennen. Selbst die Rezitation von Sanskritworten ist gut für die Gesundheit unses *Mindes*.

Aber es ist sehr wichtig, dass ihr nicht Sanskrit lernt, um mit eurem Wissen zu prahlen. Man sollte es für die Weiterentwicklung des *Mindes* tun. Seht Sanskrit lediglich als ein Instrument eurer spirituellen Entwicklung an. Wenn man erst einmal in der Zeitung gelesen hat, wo man Mangos kaufen kann, ist es klug, Mangos zu kaufen und sich darüber zu freuen, und nicht nur auf das Bild in der Zeitung zu schauen. Jedenfalls mach dir keine Sorgen, Sohn. Von jetzt an versuche, fleißig Sanskrit zu lernen.

Es ist gut, Sanskrit zu beherrschen. Allerdings ist es unnötig, ein Leben lang Grammatik zu lernen. Wenn ihr heutzutage vor die Menschen tretet und eure Sanskrit-Kenntnisse demonstriert, werden die Leute davon nicht sonderlich beeindruckt sein. Alle religiösen Schriften entstammten von Weisen, die ein Leben mit *Tapas* ausübten. Durch *Tapas* wird der *Mind* klar und durchlässig. Ein Mensch, der sich in *Tapas* übt, kann in einem Tag das lernen, wofür normale Menschen zehn Tage benötigen. Deshalb ist *Tapas* so wichtig. Das Studium von Sanskrit und *Vedanta* ist auch wichtig. Wir lernen aber, um das Lebensziel und den Weg dorthin zu erkennen. Sobald wir den Weg kennen, sollten wir versuchen, ihn zu gehen.

An der Bahnstation angekommen, schauen wir auf den Fahrplan, kaufen eine Fahrkarte und steigen in den richtigen

Zug. Viele Menschen, die sich selbst als Gelehrte betrachten, sind wie jene, die an der Bahnstation stehenbleiben und den Fahrplan auswendig lernen. Sie setzen ihr Wissen nicht um.

Wenn wir eine große Tüte voller Zucker haben, müssen wir dann alles aufessen, um zu wissen, dass er süß ist? Wenn wir hungrig sind, sollten wir gerade genug essen, um den Hunger zu stillen; wir müssen nicht alles essen, was in der Küche ist. Die sogenannten Gelehrten haben eine andere Denkweise. Sie wollen offensichtlich alles essen und verschwenden damit ihr Leben.

Die meisten Gelehrten heutzutage verfügen nur über Wissen und nicht über Erfahrung, und was ist das Ergebnis davon? Selbst wenn sie bis zum Alter von neunzig Jahren studieren, leiden sie noch immer, ohne sich davon zu befreien. Die meisten von ihnen sitzen zuhause und erinnern sich daran, was sie studiert haben. Hätten sie nur das gelernt, was sie wirklich brauchen, und sich gleichzeitig *Tapas* praktiziert, dann wäre das Wissen für sie und die Welt nützlich gewesen. Das ist der Grund, warum Amma sagt, man sollte die Schriften bis zu einem bestimmten Punkt lernen und sich dann dem *Tapas* zuwenden. Nur so wird euer Wissen zu Erfahrung und euch Frieden bringen, was euch wiederum befähigt, etwas Gutes für die Welt zu tun.

Nachdem ihr studiert und durch spirituelle Disziplin Stärke erlangt, könnt ihr anderen dienen und so viele Menschen retten. Es gibt einige Leute, die sitzen vor dem Tempel und lesen die *Gita* und die *Upanishaden*, reagieren aber sofort mit Abwehr, wenn sich ihnen jemand weinend nähert. Sie rufen: 'Rühre mich nicht an, rühre mich nicht an!' Was für Hingabe haben sie? Wie ein Wiedergabegerät, das nur wiedergibt, was andere gesagt haben, leiern diese Menschen lediglich Worte der Weisheit herunter, die jemand anderer bereits zuvor gesagt hat. Aber sie bringen es nicht fertig, dieses Wissen in ihrem Leben umzusetzen. Sie können zu niemandem liebevoll sein, da sie niemals frei von Stolz und

Eifersucht sind. Was ist der Sinn solcher Gelehrsamkeit? Kinder, wir sollten unsere Mitmenschen lieben und Leidenden gegenüber voller Mitgefühl sein. Wenn wir dies nicht beachten, können wir Gott niemals verwirklichen. Wenn wir keine Liebe für andere empfinden, sind wir einfach nur selbstsüchtige Wesen."

Ein *Brahmachari*, der zugehört hatte, fragte Amma: „Wenn Meditation zu wirklichem Wissen führt, warum können wir dann nicht einfach die ganze Zeit meditieren? Warum dann noch Unterricht? Wozu *Karma Yoga*?"

Amma: „Das ist sicher richtig. Aber wer ist schon fähig, den ganzen Tag zu meditieren? Wenn wir eine Stunde lang sitzen, können wir uns dann selbst für fünf Minuten voll konzentrieren? Aus diesem Grund sagt Amma, dass wir nach dem Meditieren für eine bessere Welt arbeiten müssen. Im Namen der Meditation sollten wir nicht eindösen und der Welt eine Last werden. Wir wurden geboren und jetzt sollten wir der Welt nützen, bevor wir sie wieder verlassen. Natürlich, wenn es jemanden gibt, der vierundzwanzig Stunden am Tag meditieren kann, ist das großartig. Amma wird ihn nirgendwo hinschicken. Sie wird alles zur Verfügung stellen, was er wirklich braucht. Setzen sie sich dann zum Meditieren hin, sollten sie auch wirklich meditieren. Es ist keine Meditation, wenn der *Mind* zu tausend anderen Plätzen wandert. Der *Mind* muss auf Gott ausgerichtet sein, nur das ist es Meditation. Wenn du während deiner Arbeit an Gott denkst und dein *Mantra* wiederholst, ist auch das Meditation. Meditation ist nicht bloß Stillsitzen."

Brahmachari: „Amma, was rätst du, wie sollen wir der Welt dienen?"

Amma: „Heutzutage sind die Menschen verloren, weil sie die Wurzeln ihrer eigenen Kultur nicht kennen.

Es ist wichtig, ihnen zu helfen zu verstehen, was *Samskara* ist. Zahllose Menschen leiden unter Armut, sowohl materiell als auch spirituell. Wir sollten versuchen, dies zu beheben. Haben wir nichts zu essen um den Hungrigen zu geben, dann sollten wir hinausgehen und Essen für sie erbetteln, um sie zu speisen. Darin liegt wirkliche Stärke. *Tapas* sollten wir nicht nur für unsere eigene Befreiung praktizieren. Mittels *Tapas* sollte wir die Stärke erlangen, die wir brauchen, um der Welt zu dienen. Wenn unser *Mind* derart mitfühlend geworden ist, lässt die Verwirklichung Gottes nicht mehr lange auf sich warten. Wir können unser Ziel schneller durch mitfühlenden Dienst am Nächsten, als durch *Tapas* alleine erreichen." Amma lachte und fragte: „Wozu ist jemand gut, der halb schlafend im Namen von *Tapas* herumsitzt und niemandem dient?"

Brahmachari: „Amma, lass uns zuerst erkennen, wer wir sind. Können wir nicht bis dahin mit dem Dienst an der Welt warten? Zur Zeit behaupten so viele Menschen, dass sie der Welt dienen. Die Welt hat sich jedoch kein bisschen verändert. Stimmt es nicht andererseits, dass Einzelne, befreite Menschen, die ganze Welt verändern können?"

Amma schloss Ihre Augen. Sie blieb eine Weile in sich versunken sitzen und öffnete dann langsam Ihre Augen.

Amma: „Kinder, wenn ihr meint, keinen selbstlosen Dienst verrichten zu können und nur die Befreiung wollt, dann zeigt die entsprechende Intensität! Wer solches Verlangen hat, wird keinen Moment verstreichen lassen ohne sich an Gott zu erinnern. Essen und Schlafen bedeuten nichts für solche Sucher. Ihre Herzen werden sich durchgängig nach Gott sehnen.

Erinnerungen an Ammas Kindheit

Tränen traten in Ammas Augen. Dann erinnerte Sie sich an einige bewegende Szenen aus Ihrer Kindheit.

Amma: „Nachdem in Amma die Sehnsucht nach Gott entfacht war, war Ihre Qual unbeschreiblich, bis Sie das Ziel erreicht hatte. Ihre Tränen hörten niemals auf zu fließen. Es gab keinen Schlaf mehr. Ging die Sonne unter, war Ihr Herz aufgewühlt. War ein weiterer Tag verloren? Hatte Sie wieder einen Tag verschwendet, ohne den Herrn zu erkennen? Der Schmerz war oft unerträglich. Sie blieb dann die ganze Nacht wach und glaubte, wenn Sie nicht schliefe, wäre der Tag nicht verloren. Ständig fragte Sie sich: 'Wo bist du? Wo bist du?' Unfähig, den Schmerz zu ertragen, dass Sie den Herrn nicht sehen konnte, fügte Sie sich selbst Verletzungen zu. Manchmal wälzte Sie sich auf dem Boden hin und her und rief dabei laut den Namen des Herrn. Spontan brach Sie in Tränen aus. Ihr war nie zum Lachen zumute. Was gibt es zu lachen, wenn man den Herrn noch nicht kennt? 'Wie kann ich mich freuen, wenn ich Dch nicht sehe? Warum sollte ich essen, wenn ich Dich nicht kenne? Warum ein Bad nehmen?' So vergingen für Amma die Tage."

Amma hielt einen Moment inne und fuhr dann fort: „Wenn du tiefe Losgelöstheit erfährst, könnte dir die Welt missfallen. Aber auch diesen Zustand musst du überwinden. Du musst erkennen, dass alles Gott ist. Als Sie jung war, hatte Amma viel Liebe für die Armen. Wenn sie hungerten, entwendete Sie Nahrung von zuhause und brachte sie ihnen. Später, als Sie unter unerträglichen Schmerzen litt, weil sich Gott Ihr noch nicht offenbart hatte, wendete Sie sich von der Welt ab. Selbst auf die Natur wurde Sie böse. Sie sagte: 'Ich mag dich überhaupt nicht, Mutter Natur, weil du uns die falschen Dinge tun lässt!' Sie pflegte auf Mutter Natur zu spucken und Sie anzuschreien; alle Worte, die Ihr gerade einfielen, benutzte Sie. Es wurde zu einer Art Verrücktheit.

Wenn Amma Nahrung vorgesetzt wurde, spuckte sie hinein. Es war ein sehr schwieriger Zustand. Sie war auf alles wütend.

Sie hatte den Impuls, auf jeden, der in Ihre Nähe kam, Schlamm zu werfen. Wenn Sie jemanden leiden sah, dachte Sie bei sich, dass der Betreffende die Früchte seines schlechten *Karmas* erfuhr. Aber diese Haltung änderte sich schnell. Sie erkannte: 'Aus Unwissenheit machen die Menschen Fehler. Wenn wir ihnen vergeben und sie lieben, werden sie aufhören, falsch zu handeln. Sind wir hingegen ärgerlich mit ihnen, werden sie dann nicht einfach ihre schlechten Handlungen wiederholen?' Als solche Gedanken in Ihr aufstiegen, füllte sich Ihr Herz mit Mitgefühl. Ihr Ärger verschwand völlig."

Amma saß für eine Weile versunken in Meditation. Entsprechend seiner Vorstellungskraft malte sich jeder Ammas Kindheit aus. Mutter Natur, die all diese unvergleichlichen Szenen bezeugt hatte, blieb ebenfalls ruhig und still.

Amma sagte mit einer aus großer Tiefe kommenden Stimme: „Kinder, mit jedem Schlag sollte sich euer Herz, nach Gott sehnen. Es sollte nicht ein einziger Augenblick vergehen, in dem ihr euch nicht an Gott erinnert. Nur diejenigen, die das immerzu taten, haben die Erlösung erlangt."

Ammas weise Worte über die Losgelöstheit und die Sehnsucht nach Befreiung berührten die Herzen der Zuhörer. Sie saßen alle schweigend da. Sie hatten die Welt um sich herum völlig vergessen.

Kapitel 4

Freitag, der 20. September 1985

Brahmacharis und Haushälter

Einige *Devotees* standen vor dem Meditationsraum und warteten auf Amma. Nachdem Sie den *Brahmacharis* einige Anleitungen zum Meditieren gegeben hatte, erschien Sie und begrüßte die *Devotees*: „Woher kommt ihr, Kinder?"

Devotee: „Von Kollam, Amma."

Amma: „Seid ihr schon einmal hier gewesen, Sohn?"

Devotee: „Ich habe zwei oder dreimal versucht, hierher zu kommen, aber jedes Mal hat es wegen unerwarteter Zwischenfälle nicht geklappt. Ist es letztlich nicht so, dass unsere Entscheidung alleine nicht genügt, um den *Darshan* eines *Mahatmas* zu bekommen? Ich reise wegen geschäftlicher Angelegenheiten oft nach Kanyakumari, aber es war mir bis jetzt noch nicht möglich, *Mayiamma* [1]dort zu begegnen. Ich weiß nicht, warum. Ich besuche viele *Ashrams*. Letztes Jahr fuhr die gesamte Familie nach Rishikesh."

Amma: „Du findest trotz deiner vielen Arbeit Zeit, all dies zu tun. Das ist bereits ein großer göttlicher Segen."

---

[1] Mayiamma ein Avatut die in Kanyakumari lebte

Devotee: „Das ist das einzige, was mich aufrecht hält. Wie könnte ich sonst bei all der Geschäftigkeit friedlich schlafen? Die Verbindung mit *Ashrams* und *Sannyasins* erleichtert mir die Bewältigung von täglichen Problemen und hat mir inneren Frieden gebracht. Außerdem bin ich dadurch innerlich ausgeglichen. Wenn das nicht so wäre, hätte ich schon längst einen Ausweg im Alkohol gesucht."

Amma: „O Shiva! Shiva!"

Devotee: „Amma, obwohl ich schon viele *Ashrams* besucht habe, habe ich noch nie solch eine Atmosphäre so aufgeladen mit göttlicher Präsenz wie hier erlebt. Ich habe auch nirgends so viele junge *Ashram*bewohner gesehen."

Amma: „Die Kinder, die als erste hierher kamen, begegneten Amma während des Studiums oder auch als Berufsanfänger. Sie ließen alles hinter sich und kamen zu Amma, obwohl die meisten von ihnen nichts über Spiritualität oder Meditation wussten. Die Begegnung mit Amma schien bei ihnen eine Art Verrücktheit auszulösen. Ihre Aufmerksamkeit war nicht länger bei der Arbeit oder bei ihren Studien. Sie aßen nicht mehr zur üblichen Zeit und kümmerten sich auch nicht um ihr Äußeres. Sie schenkten nichts anderem mehr ihre Aufmerksamkeit und wichen nicht von Ammas Seite. Amma versuchte sie loszuwerden, aber niemand ging. Schließlich musste Amma sich geschlagen geben. Sie musste alle hier behalten. Obwohl Amma für sie alles ist, müssen sie dennoch *Sadhana* praktizieren. Heute sind sie wegen ihrer Liebe zu Amma an der äußeren Welt nicht mehr interessiert, doch diesen Zustand können sie nur durch *Sadhana* aufrechterhalten.

Muss sich Amma nicht in jeder Weise dieser Kinder annehmen, die bei Ihr Zuflucht gesucht haben? Früher hatte Sie Zeit, sich um sie zu kümmern, aber jetzt kann Sie ihnen nicht mehr genug Aufmerksamkeit widmen, da die Zahl der *Devotees* so angewachsen ist. Deshalb lässt Sie sie meditieren, wann immer

Sie Zeit dafür hat, so wie gerade eben. Weiterhin hat Amma ihnen gesagt, dass sie sofort zu Ihr kommen sollen, wenn sie ein Problem haben, und dass sie nicht warten müssen, bis die Zeit passend erscheint. Nach allem ist Amma für sie Mutter, Vater und *Guru*."

Devotee: „Amma, ich bedauere, dass ich ein Haushälter bin. Wird es mir möglich sein, Selbst-Verwirklichung zu erlangen?"

Amma: „Sohn, in den Augen Gottes gibt es keine Haushälter oder *Brahmacharis*. Er schaut nur auf unseren *Mind*. Du kannst ein wirklich spirituelles Leben führen und Haushälter bleiben. Du wirst in der Lage sein, dich an der Glückseligkeit des Selbst zu erfreuen, aber du musst deinen *Mind* immer auf Gott ausrichten. Dann kannst du sehr leicht Glückseligkeit erreichen. Eine Vogelmutter denkt an die Jungen im Nest auch bei der Futtersuche. Ebenso musst du ununterbrochen mit deinen Gedanken bei Gott sein, während du mit weltlichen Handlungen beschäftigt bist. Wichtig ist nur, sich Gott oder dem *Guru* völlig zu ergeben. Hast du einmal solche Hingabe, ist das Ziel nicht mehr weit.

Einst kam ein *Guru* mit seinen Schülern in ein Dorf, um über spirituelle Themen zu sprechen. Ein Geschäftsmann kam jeden Tag mit seiner Familie, um die Reden zu hören. Als die *Satsangs* vorüber waren, wurde er Devotee des *Gurus*. Er und seine Familie beschlossen, fortan im *Ashram* des Gurus zu leben.

Als der *Guru* in seinen *Ashram* zurückkam, sah er den Geschäftsmann und seine Familie, die auf ihn warteten. Sie teilten dem *Guru* ihren Wunsch mit, im *Ashram* zu leben. Der *Guru* beschrieb ihnen die Schwierigkeiten des *Ashram*-Lebens. Da jedoch auch seine Ausführungen die neuen *Devotees* nicht abschreckten, gab der *Guru* schließlich nach. So wurden der Geschäftsmann und seine Familie ständige Bewohner des *Ashrams*.

Wie die anderen Bewohner beteiligten sie sich an der Arbeit im *Ashram*.

Dennoch mochten es die anderen Schüler nicht, dass ein Haushälter mit seiner Familie im *Ashram* lebte. Sie fingen an, sich über den Geschäftsmann und seine Familie zu beschweren. Der *Guru* entschloss sich, seinen Schülern die Stärke des neuen *Devotees* zu zeigen. Er rief den *Devotee* und sagte: 'Du hast dein Heim und deinen Reichtum aufgegeben, und jetzt hast du nichts mehr. Unglücklicherweise verfügen wir nicht über genügend finanzielle Mittel im *Ashram*. Irgendwie schaffen wir es, da die *Brahmacharis* hart arbeiten. Es wäre leicht, wenn du alleine gekommen wärest; doch ist es schwierig, auch noch die Ausgaben für deine Frau und deine Kinder zu tragen. Deshalb solltest du von morgen an hinausgehen und den Lebensunterhalt für deine Familie verdienen.' Der *Devotee* stimmte zu.

Am nächsten Tag fand er eine Arbeit in der nahegelegenen Stadt. Jeden Abend brachte er dem *Guru* seinen Lohn. Nach ein paar Tagen beschwerten sich die Schüler erneut. Deshalb rief der *Guru* den *Devotee* wieder zu sich und sagte: 'Das Geld, das du verdienst, ist ausreichend für deine Ausgaben, aber es genügt nicht für den Unterhalt deiner Frau und deiner Kinder. Da der *Ashram* bisher für alle Ausgaben aufgekommen ist, solltest du doppelt so viel arbeiten und deine Schulden an den *Ashram* zurückzahlen. Nur danach darfst du und deine Familie im *Ashram* essen.'

„Der *Devotee* rief seine Frau und seine Kinder und erklärte: 'Solange wir nicht die Schulden zurückgezahlt haben, sollten wir hier nichts essen. Es wäre eine Last für unseren *Guru* und deshalb eine Sünde. Ich werde euch am Abend etwas zu Essen bringen. Bis dahin bitte seid geduldig.' Sie stimmten zu. Vom nächsten Tag an arbeitete er von morgens bis spät in die Nacht und gab all seinen Lohn dem *Guru*. Er teilte mit seiner Frau und seinen

Kindern das Essen, das er an der Arbeitsstelle erhielt. Manchmal hatte er nichts, und die Familie blieb hungrig.

Die anderen Schüler waren erstaunt zu sehen, dass der *Devotee* und seine Frau trotz der Schwierigkeiten den *Ashram* nicht verließen. Sie beschwerten sich erneut beim *Guru*: 'In der letzten Zeit kommt der Geschäftsmann erst sehr spät nachts nach Hause, während seine Frau und seine Kinder bequem hier im *Ashram* leben. Was für eine praktische Abmachung!'

In dieser Nacht wartete der *Guru* auf den *Devotee*. Als er kam und sich vor den Füßen des *Gurus* verbeugte, sagte der *Guru* zu ihm: 'Du bist ein Betrüger! Verbeuge dich nicht vor mir. Du lässt deine Familie hier, während du privaten Reichtum anhäufst, indem du draußen arbeitest, und dann behauptest du noch, dass du alles Einkommen dem Ashram gibst.' Der *Devotee* gab keine Antwort. Er hörte dem *Guru* mit gefalteten Händen zu. Dann ging er still in sein Zimmer.

Später in der Nacht rief der *Guru* alle Schüler und sagte: 'Morgen wird im *Ashram* ein Fest sein. Es ist kein Brennholz da. Jemand sollte sofort in den Wald gehen und Brennholz sammeln. Wir benötigen es noch vor Sonnenaufgang.' Dann ging er zu Bett. Wer würde schon zu so später Stunde in den Wald gehen? Die Schüler weckten den *Devotee* auf. Sie berichteten ihm von der Anweisung des *Gurus*, sofort Brennholz für das Fest am nächsten Tag zu holen. Der *Devotee* ging freudig in den Wald, während die anderen *Devotees* schlafen gingen.

Als der *Guru* den *Devotee* bei Tagesanbruch nicht sah, erkundigte er sich nach ihm. Man antwortete ihm, dass er weggegangen sei, um Holz zu sammeln. Der *Guru* und die Schüler gingen in den Wald, um den *Devotee* zu suchen. Sie suchten überall, konnten ihn aber nicht finden. Als sie schließlich seinen Namen riefen, kam eine Antwort. Die Stimme kam aus einem großen Brunnen. Der *Devotee* war ausgerutscht und in den Brunnen gefallen, nachdem er mit dem Brennholz in der Dunkelheit zurückkehren wollte. Obwohl der Brunnen nicht sehr tief war, war es schwierig, ohne Hilfe herauszuklettern. Zudem hatte der arme Mann kaum noch Kraft, da er seit Tagen nichts gegessen hatte. Der *Guru* forderte die Schüler auf, den *Devotee* aus dem Brunnen zu holen. Es war sehr dunkel darin. Als sie ihre Hände hinunter streckten, konnten sie ein Bündel Brennholz fühlen. Sie baten den *Devotee*, die Hände hoch zu heben, aber er antwortete: 'Wenn ich sie hochstrecke, wird das Brennholz ins Wasser fallen. Ich halte es hoch, damit es nicht nass wird. Bitte, gebt dies unserem *Guru* so bald als möglich. Es ist für das Fest am Morgen. Ihr könnt mich später holen.'

Die Augen des *Gurus* füllten sich mit Tränen, als er die Hingabe seines *Devotees* erkannte. Er forderte die Schüler auf, ihn sofort hochzuziehen, aber der *Devotee* willigte erst ein, nachdem ihm jemand das Brennholz abgenommen hatte. Der *Guru* umarmte seinen Schüler, der vor Kälte zitterte, nachdem er so lange im kalten Brunnen gestanden hatte. Er war so erfreut über die selbstlose Liebe und die Hingabe des *Devotees*, dass er ihn auf der Stelle mit Selbst-Verwirklichung segnete.

Kinder, niemand verliert die Chance, Selbst-Verwirklichung zu erlangen, weil er ein *Grihasthashrami* ist. Egal, ob jemand ein *Brahmachari* oder Haushälter ist, Glaube und Hingabe für den *Guru* sind das Wesentliche."

Momente mit den Brahmacharis

Br. Ramakrishnan brachte für Amma Wasser. An der Art und Weise, wie er seine Lippen bewegte, konnte man erkennen, dass er sein *Mantra* rezitierte.

Amma achtet sehr darauf, dass man ununterbrochen das *Mantra* rezitiert, während man für Sie kocht und Ihr das Essen serviert. Einmal hatte Bri. Gayatri Ihr Tee gebracht. Amma gab Gayatri die Tasse zurück und sagte: „Während du diesen Tee zubereitet hast, warst du mit deinen Gedanken nicht bei der Sache und auch nicht bei deinem *Mantra*. Du hast an Australien gedacht. Das kannst du selbst trinken."

Gayatri ging stillschweigend zurück und erinnerte sich daran, dass sie mit einer *Brahmacharini* über ihre frühere Zeit in Australien sprach, während sie den Tee zubereitete. Sie machte erneut Tee, diesmal mit *Shraddha* und ihrem *Mantra*. Als Amma den Tee trank, sagte Sie: „Diesen Tee hast du mit Liebe zubereitet. Aus diesem Grunde trinke ich ihn und nicht wegen des eigentlichen Geschmacks."

Ramakrishnan verbeugte sich vor Amma und setzte sich zu Ihr. Gestern hatte jemand auf der Fähre Schlechtes über den *Ashram* gesagt. Ramakrishnan hatte es gehört und konnte es nicht ertragen. Er hatte lautstark reagiert. Als er den Zwischenfall Amma berichtete, sagte Sie:

„Sohn, du bist glücklich, sobald alle Amma lobpreisen und euch gegenüber Liebe zeigen. Du bist zufrieden, wenn andere zustimmend mit dem Kopf nicken, bei allem was du sagst. Du trinkst all das wie Nektar. Hier, wo sich Tausende von Menschen einfinden, sagen vielleicht zwei oder drei etwas gegen uns. Dann sollten wir in uns gehen. Wir sollten beobachten, wie geduldig wir solch einer Situation begegnen können. Keinesfalls sollten wir böse werden. Wenn wir ärgerlich reagieren und sie auffordern, nicht mehr hierher zu kommen, nützt das jemandem irgendwie?

Jede unserer Handlungen sollte der Welt Nutzen bringen. Würdigen wir nicht die Fähigkeiten eines Lehrers, wenn dessen schlechteste Schüler, die sich normalerweise sehr schwer damit tun, etwas zu lernen, ihre Prüfungen erfolgreich bestehen? Wir können erst dann von unserem erfolgreichen Leben sprechen, wenn wir von einem Feld ernten, das verwahrlost und voller Unkraut war.

Die Menschen, denen du gestern begegnet bist, reisen nur an der Oberfläche des Ozeans. Alles was sie möchten, ist zu fischen. Wir jedoch können es ihnen nicht gleich tun, weil wir nach Perlen tauchen. Nur wenn wir tief tauchen und mit Bedacht suchen, finden wir vielleicht eine Perle.

Aus Unwissenheit haben sie vielleicht einiges gesagt, doch reagieren wir ärgerlich, wer ist dann der Unwissende? Wenn wir viel Wind aufwirbeln, so wie sie, wie wird dann die Meinung anderer in unserer Umgebung über uns sein? Wir sollten darauf achten, unser inneres Gleichgewicht beizubehalten, selbst wenn andere Menschen sich uns widersetzen oder schlecht über uns reden. Das ist *Sadhana*. Es ist eine gute Gelegenheit, unsere Geduld zu prüfen. Wir sollten derartige Gelegenheiten voller Gleichmut begegnen."

Ein *Brahmachari* erwähnte drei Bewohner eines *Ashrams* in Nordindien, die kürzlich hierher gekommen waren und gerne für immer bleiben wollten.

Amma: „In ihrem *Ashram* hatte jemand ihnen Ammas Biographie gegeben. Als sie das Buch gelesen hatten, wollten sie sofort hierher kommen, um bei Amma zu sein. Sie fanden einen Vorwand, um ihren *Ashram* zu verlassen und reisten danach hierher. Amma musste hartnäckig bleiben und auf ihrer Rückkehr bestehen. Mitglieder anderer *Ashrams* können ohne die Erlaubnis der dortigen Verwaltung nicht einfach hier bleiben."

Mittlerweile hatte sich eine Gruppe *Devotees* um Amma versammelt, und Amma führte sie in die *Darshan*-Hütte.

Ihre Kinder füttern

Amma spricht häufig über die Bedeutung von Gelübden und Ordensregeln im Leben eines spirituell Suchenden. Gelübde sind Mittel, das Denken zu kontrollieren. Nichtsdestoweniger ist Sie dagegen, dass man ein Sklave eines bestimmten Gelübdes oder einer Regel wird. Amma misst dem Fasten und dem Schweigegelübde besondere Wichtigkeit bei. Sie hatte die *Ashram*-Bewohner aufgefordert, jeden Samstag zu fasten und möglichst auch zu schweigen. Das wurde regelmäßig befolgt. Manche Bewohner schwiegen den ganzen Tag und sprachen nur mit Amma. Einige hielten das Schweigegelübde bis sechs Uhr am Abend ein. Es wurde von allen erwartet, dass sie bis Sonnenuntergang im Meditationszimmer bleiben. Niemand sollte vorher herauskommen.

Am Samstag ließ Amma um sieben Uhr morgens alle in den Meditationsraum gehen und verschloss die Tür von außen. Bereits zuvor hatte Sie ihnen mitgeteilt, Sie erwarte, dass alle den ganzen Tag mit *Japa* und Meditation verbringen. Die *Brahmacharis* nahmen ihre Plätze ein und waren bald in Meditation versunken. Um neun Uhr hörten sie Ammas Stimme und öffneten die Augen.

„Kinder...“

Vor jedem von ihnen standen ein Glas mit süßem Kaffee und ein Teller mit etwas gesüßtem *Aval* und zwei Bananen. Amma blickte sie mit einem Lächeln an.

„Kinder, meditiert erst wieder, nachdem ihr das gegessen und getrunken habt.“

Sie schloss die Tür und ging hinaus. Sie aßen alle mit großer Hingabe Ammas *Prasad* und setzen dann *Japa* und Meditation fort.

Eine Glocke läutete. Die *Brahmacharis* schauten sich erstaunt an, denn es war die Glocke, die zum Mittagessen rief. Es war zwölf Uhr dreißig. Der *Brahmachari*, der jeden Tag das Mittagessen zubereitete, war auch im Meditationsraum. Somit erhob sich die

Frage: „Wer hatte heute das Mittagessen gekocht? Um was für ein neues *Leela* von Amma handelte es sich?" Während sich alle wunderten, kam ein *Devotee*, um ihnen mitzuteilen, dass Amma sie zum Essen rief und in der Essenshalle warte. Amma hatte die Teller an ihre gewohnten Plätze gestellt, Reis und Curries serviert und zu jedem Teller ein Glas Wasser gestellt. Sie brauchten nur zu essen. Ein Curry gab es zusätzlich, Ammas Zugabe! Sie selbst bediente, während alle aßen.

Amma erklärte den Hashälter-*Devotees*, die mit den *Brahmacharis* aßen: „Nachdem Amma Ihre Kinder im Meditationsraum eingeschlossen hatte, dachte Sie, wie grausam es doch von Ihr war, Ihre Kinder derart hungern zu lassen. Sie ging zur Küche, doch fand Sie nichts zum Essen. Deshalb bereitete Sie etwas süßen *Aval* und Kaffee zu, außerdem fand Sie einige Bananen. All das legte Sie vor Ihre Kinder. Hätten Sie den Raum verlassen, hätte sie das abgelenkt. Außerdem wollte Amma ihnen folgendes zeigen: Wenn wir uns Gott ganz hingeben, wird er alles, was wir brauchen, direkt zu uns bringen.

Daraufhin ging Sie in die Küche zurück und kochte Reis und Gemüse. Da Amma ihnen gesagt hatte, dass sich niemand außerhalb des Raumes aufhalten sollte, waren sie alle im Meditationsraum. Es ist lange her, seit Amma etwas für Ihre Kinder gekocht hat. Heute war Sie in der Lage, es zu tun. Amma kann beliebig lange fasten, aber Sie kann es nicht mit anschauen, wenn Ihre Kinder hungern. Da mehr und mehr *Devotees* kommen, hat Amma für die Kinder, die im *Ashram* leben, nicht mehr so viel Zeit wie früher. Sie weiß, dass Gott dafür sorgt, dass es ihnen an nichts mangelt."

Ein *Brahmachari* blieb auf dem Weg zum Meditationsraum stehen. Er hörte Schritte hinter sich und drehte sich um. Amma kam mit einem Lächeln auf ihn zu. Br. Rao, heute Swami Amritatmananda, war ebenfalls bei Ihr.

„Woran hast du gedacht?" fragte Amma.

„Ich habe daran gedacht, dass du uns vor einiger Zeit an einem Samstag fasten ließt."

Amma: „Warum dachtest du gerade heute daran?"

Brahmachari: „Weil heute Samstag ist, oder nicht?"

Amma: „Vergeude deine Zeit nicht mit Herumstehen, sondern geh meditieren." Sie ging mit den beiden in den Meditationsraum.

Amma unterwies die *Brahmacharis*, die im Meditationsraum warteten: „Kinder, wenn ihr euch zum Meditieren hinsetzt, versucht nicht, euren *Mind* mit Gewalt zu beruhigen. Die Folge wäre, dass die Gedanken ums Zehnfache verstärkt zurückkommen,

Es ist wie das Herunterdrücken einer Feder. Versucht herauszufinden, woher die Gedanken kommen, und kontrolliert sie mit diesem Wissen. Keinesfalls versetzt den Mind unter Anspannung, unterdrückt ihn nicht. Ist irgendein Körperteil angespannt oder schmerzt, wird der Mind dort verharren. Entspannt also den ganzen Körper und beobachtet die Gedanken, den *Mind* mit großer Wachsamkeit. Dann wird sich euer *Mind* beruhigen.

Hängt nicht euren Gedanken nach. Ansonsten ist nur euer Körper anwesend. Eurer Mind ist ganz woanders. Habt ihr nicht schon Autos gesehen, die auf einer staubigen Straße fahren? Im Vorbeifahren wirbeln sie sehr viel Staub auf, und ihr könnt überhaupt nichts mehr erkennen. Wenn ihr einem solchen Auto dicht folgt, dann seid ihr ebenfalls in Staub eingehüllt. Selbst wenn ihr am Straßenrand steht, werdet ihr von Staub bedeckt. Deshalb müsst ihr, wenn ein Auto kommt, Abstand halten. Genauso sollten wir unsere Gedanken aus der ferne bezeugen. Verlieren wir den Abstand, werden sie uns einfach mit sich ziehen. Können wir ein Zeuge bleiben, dann können wir sehen, wie sich der Staub setzt und der Friede einkehrt."

Amma mit Ottur

Ottur Unni Nambudiripad, ein großer *Devotee* von Krishna und ein gefeierter Dichter, kam in den *Ashram*, um dort zu leben. Er war 82 Jahre alt und seine Gesundheit war sehr schlecht. Sein einziger Wunsch war es, in Ammas Schoß zu sterben. Es wurde ihm ein Zimmer über der Meditationshöhle hinter dem *Kalari* zugewiesen.

Es war neun Uhr abends, als Amma in Otturs Zimmer ging. Einige *Brahmacharis* befanden sich ebenfalls dort. Obwohl Amma versuchte, ihn davon abzuhalten, kniete sich Ottur unter großen Schwierigkeiten auf den Boden und verbeugte sich vor Ihr. Sie half ihm aufzustehen, brachte ihn dazu, sich auf das Bett zu setzen, und setzte sich dann in seine Nähe. Wäre Amma stehen geblieben, hätte er sich geweigert, zu sitzen.

Ottur: „Amma, bitte sage etwas! Lass mich deine Stimme hören!"

Amma: „Aber du weißt doch alles, Sohn."

Ottur: „Ist dieser Sohn nicht eine große Belastung für alle *Brahmacharis*?"

Ein *Brahmachari*: "Nein, überhaupt nicht! Es ist unser Glück, dass wir die Möglichkeit haben, dir zu dienen. Wo sonst würden wir solch gute *Satsangs* bekommen?"

Amma: „Als erstes solltet ihr wirklich um das Glück beten, den Gottes-*Devotees* zu dienen. Das ist für uns der einzige Weg, Gott zu erreichen."

Seva und Sadhana

Brahmachari: „Amma, stimmt es nicht, dass selbstloser Dienst, wie großartig er auch immer sein möge, lediglich *Karma Yoga* ist? Shankaracharya hat gesagt, dass, selbst wenn unser Wesen durch *Karma Yoga* gereinigt wird, man nur durch *Jnana* Selbst-Verwirklichung erreicht."

Amma: „Das Selbst ist nicht nur in euch, sondern durchdringt alles im Universum. Wir können die Ebene der Selbst-Verwirklichung nur erreichen, wenn wir erkennen, dass alles ein und dasselbe ist. In Gottes Welt werden wir nicht eingelassen, wenn die Unterschrift der kleinsten Ameise auf unseren „Einreisepapieren" fehlt. Der erste Schritt ist, ständig an Gott zu denken und zu versuchen, jeden und alles zu lieben, die belebte und die unbelebte Natur mit eingeschlossen. Wenn wir solche Großherzigkeit zeigen, ist die Selbst-Verwirklichung nicht mehr weit.

Wir gehen zum Tempel, umrunden ihn dreimal und verbeugen uns vor der Gottheit. Doch draußen am Tempeleingang blicken wir den Bettler nur böse an! Das ist unsere momentane Verfassung. Wir verdienen die Verwirklichung erst, wenn wir sogar in diesem Bettler den Einen sehen, vor dem wir uns gerade verbeugt haben. Wenn wir in der Welt arbeiten, dann sollten wir den Menschen dienen und das Göttliche in jedem sehen. Dadurch werden wir demütig und respektvoll. Tun wir dies, denken aber ‚Ich erweise der Welt einen Dienst!' dann entwerten wir alles durch diese Haltung. Das hat nichts mit *Seva* zu tun. Wirkliches *Seva* bedeutet, dass unsere Worte, unser Lächeln und unsere Handlungen von Liebe und der Haltung ‚Ich bin nichts' begleitet sind.

Die Menschen sind sich ihrer wahren Existenz nicht bewusst. Schaut euch die kleinen Vögel an, die am Teich leben. Sie wissen nicht, dass sie Flügel haben. Sie wollen nicht in die Höhe fliegen, um sich am Blütennektar der Bäume um den Teich herum zu erfreuen. Sie leben einfach von dem, was der Schmutz des Teiches bietet. Doch wenn sie in die Luft flögen und den Nektar kosteten, würden sie nicht mehr in den Schmutz zurückkehren.

186

Ebenso verbringen die Menschen ihr Leben in Unkenntnis der Glückseligkeit, die man durch reine Liebe zu Gott erhält. Unser Ziel ist, ihnen dieses Bewusstsein erwecken und sie zu ihrer wahren Natur zu führen. Das ist unsere Pflicht dem *Ashram* gegenüber."

Brahmachari: „Wie können wir selbstlos dienen, ohne die Wahrheit des Selbst zu kennen?"

Amma: „Kinder, Dienen ist ebenso eine *Sadhana*-Form. Du gehst an einen bestimmten Ort und widmest dich ganz dem *Sadhana*; nachher behauptest du, dass du die Vollkommenheit erlangt hättest - das wird Amma nicht akzeptieren. In die Welt hinauszugehen und zu dienen ist ein großer Teil des *Sadhanas*. Wollen wir die Feinde, die im tiefsten Inneren unseres Herzens lauern, beseitigen, dann müssen wir der Welt dienen. Nur dann können wir sagen, wie wirkungsvoll unsere Meditation war. Nur wenn jemand mit uns böse wird, wissen wir, ob wir immer noch Wut in uns haben.

Solange der Schakal alleine im Wald lebt, denkt er: 'Ich bin jetzt stark, ich werde das nächste Mal, wenn ich einen Hund sehe, nicht heulen.' Doch sobald er einen Hund sieht, vergisst er alles und beginnt, laut zu heulen. Wenn wir uns unter Menschen begeben, sollten wir uns nicht von ihrem Ärger berühren lassen. Bei solchen Anlässen kann uns vielmehr klar werden, wieviel wir bereits gewachsen sind. Du hast vielleicht hervorragende Noten in deinem Abschlusszeugnis, aber das heißt noch lange nicht, dass du deshalb auch eine Anstellung erhältst. Um dich für eine gute Arbeitsstelle zu qualifizieren, musst du die Bewerbertests sehr gut bestehen. Ebenso ist es, nachdem du durch Meditation eine bestimmte Ebene erreicht hast, dann solltest du für die Gesellschaft arbeiten. Und nur, wenn du die Stärke hast, jeden Spott und Beschimpfungen auszuhalten, wird Amma sagen, dass du 'Vollkommen' bist.

Sogar ein unerfahrener Fahrer kann ein Auto auf einer freien Wiese steuern. Die eigentliche Fahrprüfung ist aber erst dann bestanden, wenn man auf einer verkehrsreichen Straße sicher fährt. Auch kann man nicht behaupten, jemand sei mutig, weil er sich in Abgeschiedenheit spirituellen Übungen widmet. Wirklich mutig ist jemand, der bei verschiedensten Aufgabenstellungen voranschreiten kann, ohne sich in irgendeiner Weise von schwierigen Umständen einschüchtern zu lassen. Ihn könnte man einen wirklichen Weisen nennen. Sein seelisches Gleichgewicht ist durch keinerlei Widrigkeiten gestört.

Deshalb sollte man ‚dienen‘ als *Sadhana* betrachten und es sollte ein Geschenk für Gott sein. Lehnt uns dann jemand ab, empfinden wir vielleicht etwas Feindseligkeit, doch durch Kontemplation können wir uns davon befreien: 'Wer in ihm war das Objekt der Feindseligkeit? Der Ärger, kam der nicht aus der Identifikation mit dem Körper?? Was habe ich aus den Schriften gelernt? In welche Welt begebe ich mich? Wie konnte ich überhaupt etwas Schlechtes über diese Person denken, nachdem ich erklärt habe, dass ich weder der Körper noch der *Mind*, sondern die Seele bin?' Diese Art der Selbstprüfung sollten wir uns wiederholt durchführen. Schließlich werden wir aufhören, wütend zu werden. Stattdessen werden wir Reue empfinden, und das wird uns auf den richtigen Weg führen."

Brahmachari: „Begegnet uns jemand mit Feindseligkeit und wir bleiben still, geben wir ihnen dann nicht die Möglichkeit, zu irren und üble Worte zu gebrauchen? Ist es in solchen Situationen richtig, zu schweigen und uns vorzustellen, dass wir der *Atman* sind? Werden sie nicht unsere Geduld als Schwäche ansehen?"

Nicht-Dualität im täglichen Leben

Amma: „Wir sollten alles als *Brahman* ansehen; aber wir sollten auch unser Unterscheidungsvermögen benutzen, um in jeder Situation richtig zu handeln. Stellt euch vor, dass wir an der Straßenseite stehen, und ein Hund kommt auf uns zugelaufen, gefolgt von einer Gruppe, die ruft: 'Hier kommt ein tollwütiger Hund.' Wenn wir dann stehen bleiben, wird der tollwütige Hund uns beißen, da er kein Unterscheidungsvermögen hat. Deshalb sollten wir zur Seite treten oder vielleicht sogar einen Stock in die Hand nehmen. Amma sagt keineswegs, dass wir angesichts dieser Bedrohung die Augen schließen sollten. Trotzdem müssen wir den Hund nicht unnötigerweise schlagen, da er nicht weiß, was richtig und was falsch ist. Stattdessen sollten wir ihm nicht die Chance geben, uns zu beißen, und ihm deshalb aus dem Weg gehen.

Mit anderen Worten, wir sollten nicht nur den Hund, sondern auch die Leute, die uns gewarnt haben, als *Brahman* ansehen. Alle Beteiligten sollten wir beachten. Wenn wir die Warnung, aus dem Weg zu gehen, ignorieren und einfach nur vor dem Hund stehen und denken, dass er *Brahman* ist, werden wir mit Sicherheit gebissen. Spätere Einsicht bringt uns nichts mehr.

Kinder, wir sollten unser Unterscheidungsvermögen in jeder Situation einsetzen. Ein spirituell Suchender sollte niemals schwach sein. Denkt an ein kleines Kind, zum Beispiel unseren Shivan (Ammas Neffe). Er macht viele Fehler, und wir geben ihm vielleicht häufig einen Klaps, aber wir haben keine Abneigung gegen ihn. Er erhält die Schläge auch nicht aus Rache für das, was er angestellt hat. Er ist ein kleiner Junge, und wir wissen, dass er aus Unwissenheit Fehler macht. Trotzdem ist es gut, ihn heute zu bestrafen, damit er morgen vorsichtig ist. Deshalb geben wir vor, ärgerlich zu sein. Diese Einstellung sollten wir haben. Natürlich müssen wir jene zügeln, die ohne Unterscheidungsvermögen handeln, doch dürfen wir unseren eigenen Gleichmut dabei nicht verlieren. Auch wenn wir nach außen hin Missfallen zeigen, sollten wir sie lieben und wünschen, dass sie sich bessern. Auf diese Weise machen wir ebenfalls Fortschritte.

Nach außen wie ein Löwe, doch innerlich wie eine Blüte - so sollte ein *Sadhak* sein. Sein Herz sollte wie eine blühende Blume sein, die niemals welkt. Doch nach außen sollte er mutig und stark sein wie ein Löwe, dann wird er fähig, die Welt zu leiten. Beim *Sadhana* sollte er sich wie der Diener der Diener verhalten. Ein Suchender sollte die Haltung eines Bettlers annehmen. Er bettelt um Essen und geht weg, ohne ärgerlich zu werden, selbst wenn er nichts anderes als Beschimpfungen erhält. Dank dieser Haltung wird er sich weiter entwickeln. Kinder, nur ein mutiger Mensch kann geduldig sein. Während des *Sadhanas* wird diese einem Bettler ähnliche Haltung seinen Mut stärken. Der Same des Mutes gedeiht nur in der Erde der Geduld."

Der betagte „Unnikannan" (Baby-Krishna, wie Amma den Dichter Ottur liebevoll nannte) saß auf seinem Bett und lehnte sich nach vorne. Sein Gesicht strahlte vor Freude, während er die süßen, nektargleichen Worte in sich aufnahm, die Amma verströmte. Als er sah, dass Amma aufstand, um zu gehen, verbeugte er sich zu Ihr von der Stelle aus, wo er saß, und überreichte Ihr ein Paket mit Zucker, das dem Herrn im Guruvayur-Tempel dargebracht worden war. (Ottur hatte sein ganzes Leben mit dem Guruvayur-Tempel in Verbindung gestanden, und er hob immer etwas *Prasad* von dort auf.) Amma gab ihm als erstem die Gelegenheit, sich am *Prasad* zu erfreuen, indem Sie ihm ein wenig des gesegneten Zucker vorsichtig auf die Zunge streute.

Dienstag, der 24. September 1985

Koch-Lektion

Es war fünf Uhr am nachmittags. Eine *Brahmacharini* wusch und schnitt Gemüse für das Abendessen. Alle paar Minuten stand sie auf, um das Feuer in der Küche anzufachen. Als Amma in die Küche kam und das sah, sagte Sie: „Tochter, du kannst dich um das Feuer kümmern. Amma wird Gemüse schneiden." Nachdem die *Brahmacharini* zum Feuer gegangen war, begann Amma, das Gemüse zu schneiden. Einige andere schlossen sich Ihr an.

Amma: „Kinder, diese Tochter hat sich alleine hier abgemüht. Sie musste das Gemüse schneiden und zugleich das Feuer hüten. Keiner von euch hat ihr geholfen. Erst als Amma kam, seid ihr alle herbeigerannt. Kinder, sich dem *Sadhana* zu widmen, bedeutet nicht, müßig irgendwo herumzusitzen. Ihr solltet voller Mitgefühl sein, wenn ihr seht, wie sich ein anderer abmüht. Ihr solltet den Drang haben, zu helfen. *Sadhana* übt man, damit der *Mind* sich mit Mitgefühl füllt. Haben wir das erreicht, dann besitzen wir alles. Wenn Amma irgendwo auftaucht, kommen alle angerannt. Das ist keine wirkliche Hingabe. Wer in der Lage ist, alle gleich zu lieben, der liebt Amma wirklich."

Ein *Brahmachari*: „Amma, kürzlich kam ich in die Küche, um zu helfen, aber es endete damit, dass ich ausgeschimpft wurde."

Amma: „Du mußt irgendeinen Unfug gemacht haben."

Brahmachari: „Es scheint, dass ich die Gemüsestücke zu groß geschnitten hatte."

Amma und die anderen lachten. Amma rief die *Brahmacharini*.

Amma (immer noch lachend): „Hast du diesen Sohn letztens geschimpft, obwohl er hier war, um zu helfen?"

Bri: „Es stimmt, dass er zum Helfen kam, doch das Ergebnis davon war, dass ich doppelt soviel Arbeit hatte. Ich bat ihn, das

Gemüse in kleine Stücke zu schneiden. Stattdessen schnitt er große Stücke, und ich musste jedes Stück nochmals schneiden. Das dauerte dann doppelt so lange. Ich sagte ihm, dass er mit solch einer Haltung nicht mehr kommen brauche."

Amma: „Aber er ist unerfahren in Küchenarbeit und nicht daran gewöhnt. Hat er es nicht deshalb so gemacht? Hättest du ihm nicht zeigen sollen, wie du es haben möchtest? Zuhause hat er überhaupt keine Arbeiten verrichtet." Amma erklärte nun allen, wie man das Gemüse richtig schneidet. All' das Gemüse war geschnitten, als der Kochunterricht endete. Eine *Brahmacharini* brachte etwas Wasser, und Amma wusch darin Ihre Hände und verließ die Küche.

Amma segnet eine Kuh

Amma ging zum Kuhstall. Diejenigen, die Ihr folgten, bekamen etwas sehr Überraschendes zu sehen. Amma kniete neben einer Kuh und begann, die Milch direkt aus dem Euter zu trinken! Die Kuh ließ die Milch großzügig fließen. Wenn Amma eine Zitze losließ und anfing, an einer anderen zu saugen, tropfte Milch in Ihr Gesicht. Die Augen der Kuh, die das große Glück hatte, die Mutter der Welt zu säugen, schienen zu sagen: „All mein *Tapas* war für diesen einen Augenblick. Jetzt ist mein Leben erfüllt."

Amma kam aus dem Stall und wischte sich mit dem Zipfel des Saris Ihr Gesicht ab. Als Sie alle Ihre Kinder versammelt sah, sagte Sie: „Diese Kuh hat es sich schon seit langem gewünscht, Amma Milch zu geben."

Amma erfüllt selbst die stillschweigenden Wünsche einer Kuh. Es muss in der Tat eine gesegnete Seele gewesen sein.

Amma fuhr fort: „Vor langer Zeit, als Ammas Familie und die Nachbarn gegen Amma waren, kamen Vögel und andere Tiere, um Ihr zu helfen. Amma kann aus Ihrer eigenen Erfahrung sagen, dass Gott dafür sorgt, dass es dir an nichts mangelt, wenn du dich Ihm völlig hingibst. Als niemand da war, um Amma etwas zum Essen zu geben, brachte Ihr ein Hund ein Paket mit Reis von irgendwoher. Er hielt das Paket zwischen seinen Zähnen. Manchmal hatte Amma tagelang nichts gegessen. Nach Ihrer Meditation lag sie bewusstlos irgendwo im Sand. Wenn Sie Ihre Augen öffnete, sah Sie eine Kuh, die geduldig neben Ihr stand, mit dem Euter voller Milch, bereit für Sie zum Trinken. Amma trank dann, soviel Sie wollte. Diese Kuh kam und bot Ihr Milch an, wann immer Amma müde war."

Die *Devotees* bedauerten, nicht bei diesem *Leela* dabei gewesen zu sein. Wenigstens an diesem Tag hatten Sie das Glück, Amma dabei zu beobachten, wie Sie die Milch aus dem Euter der Kuh trank.

Verehrung der Gottheiten und des Gurus

Als Amma in den *Ashram* zurückging, fragte ein *Brahmachari* Sie: „Existieren all die Götter in Wirklichkeit?"

Amma: „Sie existieren auf der feinstofflichen Ebene. Jede Gottheit repräsentiert eine Eigenschaft, die in uns verborgen ist. Du solltest die von dir ausgewählte Gottheit keinesfalls vom höchsten Selbst getrennt sehen. Den Sehnsüchten der *Devotees* entsprechend kann Gott jede von ihm gewünschte Form annehmen. Erheben sich nicht die Fluten des Meeres aufgrund der Anziehung des Mondes?"

Brahmachari: „Amma, ist es nicht besser, Zuflucht zu *Mahatmas* zu nehmen, die unter uns leben, als Götter zu verehren, die wir niemals gesehen haben?"

Amma: „Ja, ein wirklicher *Tapasvi* hat die Macht, die Last unseres *Prarabdha* auf sich zu nehmen. Wenn wir hingebungsvoll bei einem *Mahatma* Zuflucht nehmen, wird unser *Prarabdha* bald beendet sein. Man muss sich viel mehr bemühen, wenn man Gottheiten verehrt oder Tempel besucht.

Verehren wir unsere erwählte Gottheit mit der inneren Einstellung, dass sie das höchste Selbst ist, können wir in der Tat Selbst-Verwirklichung erlangen. Die äußere Form dient als Leiter. So wie die Schatten um die Mittagszeit verschwinden, werden sich alle Formen schließlich im Formlosen auflösen. Wenn wir jedoch bei einem *Satguru* Zuflucht nehmen, wird unser Weg sehr viel einfacher sein. Die Hilfe eines *Gurus* ist notwendig, um die Hindernisse, die bei unserem *Sadhana* auftreten, zu beseitigen und um uns den Weg zu weisen. Ein *Guru* kann uns helfen, da er unsere Zweifel in allen Situationen klärt. Dann wird der Weg leichter sein. Ein Kind kann machen, was es möchte, wenn seine Mutter es an der Hand hält. Es wird nicht fallen, auch dann nicht, wenn beide Beine den Boden nicht mehr berühren. Das Kind sollte nicht versuchen, sich aus dem Griff der Mutter zu befreien. Es sollte sich von ihr führen lassen, ansonsten fällt es. Ebenso kommt der *Guru* immer, um dem Schüler zu helfen."

Ein *Devotee*: „Ist die Meditation auf einen *Mahatma* gleich einer Meditation auf das Selbst?"

Amma: „Sehen wir den *Mahatma* im richtigen Licht, dann können wir *Brahman* erreichen. In Wirklichkeit ist der *Mahatma* formlos. Wenn wir eine bittere Melone aus Schokolade formen, wird die Melone trotzdem süß sein. Die *Mahatmas*, die vollkommene Selbsterkenntnis haben, sind identisch mit *Brahman*, der eine Form annimmt. Alle ihre Formen und Stimmungen sind schön."

Br: „Manche Leute meditieren auf Amma, andere auf Kali. Gibt es zwischen den beiden einen Unterschied?"

Amma: „Wenn du die wirkliche Essenz betrachtest, was ist dann der Unterschied? Ganz gleich, auf welche Form du meditierst, wichtig ist das *Sankalpa*, das du der Form zuschreibst.

Dementsprechend wird das Ergebnis sein. Manche Menschen meditieren auf bestimmte Gottheiten und erhalten *Siddhis*. Sie handeln so, um bestimmte Resultate zu erwirken. Ihre Vorstellung von der göttlichen Form ist sehr beschränkt. Wir sollten das Prinzip hinter der Gottheit verstehen. Erst dann können wir über die Form und alle Begrenzungen hinausgehen. Wir sollten begreifen: Das alles durchdringende Selbst ist überall. Wir müssen die Gottheit, die wir verehren, als das ungeteilte Selbst betrachten. Die Verschiedenheit liegt lediglich im *Sankalpa*. Manchmal werden die Gottheiten im Rahmen bestimmter Regeln und Rituale verehrt. Dabei ist lediglich die Vorstellung einer Gottheit vorhanden Gott selbst wird nicht in Betracht gezogen.

Alle Formen sind gemäß ihrer Natur begrenzt. Weder berühren Bäume den Himmel noch die Wurzeln die Unterwelt. Wir versuchen, das höchste Selbst zu erreichen. Wenn wir in einen Bus steigen, dann haben wir nicht vor, in ihm zu bleiben, nicht wahr? Unser Ziel ist es, nach Hause zu kommen. Der Bus bringt uns bis zu unserem Gartentor, und es ist unsere Aufgabe, vom Tor zum Haus zu laufen. Gottheiten bringen uns zur Tür des höchsten *Sat-chit-ananda*; von dort ist es zur Selbst-Verwirklichung nicht mehr weit. Auch jene, die alle Begrenzungen hinter sich gelassen haben, lösen nicht alle Bindungen an eine Form. Es heißt, dass sogar *Jivanmuktas*, also diejenigen, die schon in diesem Leben befreit sind, sich danach sehnen, den göttlichen Namen zu hören."

Ammas Worte entfachten neues Licht im *Mind* der Zuhörer, als Sie die feinen Nuancen des *Sadhanas* enthüllte. Erfüllt verneigten sich alle vor Amma und kehrten zu ihren Pflichten zurück.

195

Sonntag, der 13. Oktober 1985

> *„Jemand, der jedes Wesen in sich und sich selbst in allem*
> *anderen sieht, hat gegen nichts eine Abneigung."*
—*Isavaya Upanishad*

Die Sickergruben der Gästehaus-Toiletten waren voll, und Amma schickte sich an, sie zu leeren. Sie war gerade von einer Tagesreise zurückgekehrt, wo Sie *Darshan* gegeben und *Bhajans* gesunden hatte. Doch wieder im *Ashram*, machte Sie sich sogleich an die Arbeit. Nicht, dass Ihre Kinder diese Arbeit scheuten, sie hatten in der Tat Amma gebeten, nicht mit anzupacken. Aber Amma bestand darauf, ein Beispiel zu geben. Das war meist der Fall. Sehr selten bat Sie jemand anderen darum, eine Arbeit zu verrichten.

Amma: „Es macht einer Mutter nichts aus, die Ausscheidungen ihres Babys zu entfernen, weil sie das Gefühl 'es ist mein' dem Baby gegenüber hat. Wie dem auch sei, wir jedenfalls sollten diese Liebe jedem gegenüber empfinden, dann fühlen wir weder Abneigung noch Ekel."

Die freudige Aufregung, mit Amma zu arbeiten, ist stets etwas Besonderes. Niemand kümmert es, ob mit Sand, Zement oder Exkrementen gearbeitet wird. Es ist wie ein Rausch, und auch jetzt, wo es sich um eine weniger schöne Arbeit handelte, sehnte sich jeder danach, an Ammas Seite zu arbeiten.

Amma fuhr fort: „Früher gab es keine Besucher für die Devotees, die zum *Darshan* kamen. Das bedeutete für die ersten Kinder Ammas, dass sie morgens erstmal das *Ashram*gelände reinigen mussten. Da es keine Zäune zu den Nachbargrundstücken gab, endete die Arbeit meist damit, dass auch die Nachbar-Grundstücke gereinigt werden mussten."

Ein *Brahmachari* reichte vorsichtig die gefüllten Eimer mit dem Inhalt der Sickergrube weiter, mit Achtsamkeit, dass nichts überschwappte. Als die Eimer schneller kamen, ließ seine

Aufmerksamkeit nach; ein Eimer fiel auf die Erde, und der Kot spritzte über seinen ganzen Körper.

Amma: „Gräme dich nicht, Sohn. Schließlich kann so etwas jedem von uns passieren. Es lässt sich wieder auswaschen. Der wirkliche Schmutz liegt in der Haltung: 'Ich bin der Handelnde', die wir gewöhnlich einnehmen, wenn wir etwas tun, egal, ob es sich um eine 'Puja' oder um das Reinigen des Abwasserkanals handelt. Diese Haltung lässt sich nur sehr schwer 'herauswaschen'. Meine Kinder, ihr solltet jede Arbeit als eine Gabe für Gott verrichten, dann werdet ihr innerlich gereinigt. Deshalb lässt euch Amma alle diese Dinge tun. Amma möchte nicht, dass Ihre Lieblingskinder nichts tun und nur andere anweisen, solche Arbeit zu verrichten. Ein *Brahmachari* sollte fähig sein, jegliche Arbeit zu erledigen."

Nicht nur die *Brahmacharis*, sondern auch einige *Devotees* halfen bei der Arbeit. Ein *Devotee* war von dem Lärm und dem Licht aufgewacht und herausgekommen, um zu schauen, was vor sich ging. Als er Amma mittendrin sah, konnte er nicht einfach zuschauen. Er zog sein Hemd aus, band seinen *Dhoti* hoch und war dabei, sich in den Tank zu begeben.

Amma: „Nein, Sohn. Die Arbeit ist fast beendet. Es ist nicht nötig, dass du heute Nacht auch noch ein Bad nimmst."

Die Lippen des *Devotees* bebten vor lauter Aufregung: „Wirst du mir wohl den Eimer geben und aus dem Weg gehen, Amma?"

Amma lächelte, als Sie seinen befehlenden Ton bemerkte, obwohl es aus Liebe kam.

Amma: „Sohn, Amma empfindet keine Abneigung, den Tank mit den Exkrementen Ihrer *Devotees* zu reinigen. Es ist mir ein Vergnügen."

„Gehe jetzt nicht diesem Vergnügen nach, Amma. Gibst du mir jetzt den Eimer?" sagte der *Devotee* scherzhaft, als er versuchte, Amma den Eimer aus der Hand zu nehmen.

Oft können wir beobachten, wie sich *Devotees* Freiheiten mit Amma herausnehmen, wie es sich die *Ashram*-Bewohner niemals getrauen würden. Aber Amma ist immer nachsichtig, wenn es um reine, unschuldige Hingabe geht.

Zu der besonderen Stunde vor Sonnenaufgang war die Arbeit beendet. Diejenigen, welche die *Ashram*-Abläufe beobachteten, schien es, als ob man die Aussage der *Gita* ändern müsste: 'Wenn für alle Lebewesen Nacht ist, bleibt der *Yogi* wach'. Hier wurde die Nacht zum Tag für alle, die mit der *Yogini* zusammenarbeiteten.

Samstag, der 19. Oktober 1985

Das Prinzip hinter den Ritualen befolgen

Amma kam am späten Nachmittag in den *Kalari*, obwohl es noch zu früh für die *Bhajans* war. Die *Brahmacharis* und einige der Haushälter-*Devotees* waren bei Ihr. Der Verwandte von Ottur, der auch im *Ashram* wohnte und sich um den alten Mann kümmerte, war krank. Deshalb sorgten jetzt einige der *Brahmacharis* für ihn. Was Rituale betraf, war Ottur normalerweise sehr genau, und es war recht schwierig, ihn zufrieden zu stellen. Als die Unterhaltung auf dieses Thema kam, sagte Amma:

„Amma kennt die *Acharas* nicht. Sie ist nicht damit aufgewachsen. Trotzdem war *Damayantiamma* (Ammas leibliche Muttter) sehr streng. Sie erlaubte uns Kindern keinerlei Freundschaften. Das hatte ein Gutes: wenn du alleine bist, dann kannst du Lieder zur Verehrung Gottes singen und du kannst mit ihm reden. Wenn jemand anderer bei dir ist, wird die Zeit mit nutzlosem Gerede verschwendet. Ein klein wenig Staub im gewaschenen Geschirr genügte Damayantiamma, um Amma zu schlagen. Nachdem Amma fertig mit dem Hoffegen war und falls

Damayantiammma doch noch ein wenig Schmutz fand, da schlug sie Amma mit dem Besen, bis er zerbrach. (Lachend) Vielleicht ist Amma mit Ihren Kindern so streng, weil Sie so aufgewachsen ist? Jetzt ist Sie ein Schrecken für alle, nicht wahr?

Nachdem Amma in jenen Tagen den vorderen Hof fegte, pflegte Sie in einer Ecke zu stehen und sich vorzustellen, dass Krishna vor Ihr herginge. Sie stellte sich vor, dass Sie dann jeden Seiner Fußabdrücke im Sand sah. Was immer Sie tat, Amma dachte nur an Gott.

Kinder, womit ihr auch beschäftigt seid, ihr solltet nur an Gott denken. Das ist der Sinn aller Rituale. Rituale helfen, gute Angewohnheiten zu pflegen, und bringen Ordnung ins Leben. Trotzdem sollten wir über Rituale hinauswachsen. Wir sollten nicht bis zu dem Tag, an dem wir sterben, an sie gebunden sein."

Ein *Brahmachari*: „Bewirken Rituale nicht, dass sich der *Mind* nach außen, anstatt zu Gott wendet?"

Amma: „Jedes Ritual wurde als Hilfsmittel konzipiert, um eine ununterbrochene Erinnerung an Gott aufrecht zu erhalten. Doch langsam wurden Rituale nur noch zur Routine. Habt ihr noch nicht diese Geschichte gehört? Es gab einmal einen Priester, dessen Katze ihn während der *Puja* störte. Darüber war er so ärgerlich, dass er die Katze eines Tages unter einen Korb steckte, bevor er mit der *Puja* anfing, und sie erst wieder freiließ, nachdem die *Puja* beendet war. Dies wurde bald eine Angewohnheit. Sein Sohn half ihm bei der *Puja*. Zu gegebener Zeit starb der alte Priester und der Sohn übernahm die Verantwortung für die *Puja*. Er vergaß niemals, die Katze unter den Korb zu stecken, bevor er mit der Verehrung anfing. Nach einiger Zeit starb die Katze. Am nächsten Tag, als es Zeit war, die *Puja* zu beginnen, war der Sohn besorgt. Wie konnte er mit der *Puja* anfangen, ohne die Katze unter den Korb zu tun? Er rannte nach draußen und fing die Katze des Nachbarn, setzte sie unter den Korb und begann die

Puja. Da es nicht immer möglich war, die Katze des Nachbarn rechtzeitig zur *Puja* zu fangen, ging er schließlich und besorgte eine neue Katze.

Der Sohn wusste nicht, warum sein Vater die Katze immer unter den Korb gesteckt hatte, denn er hatte ihn niemals danach gefragt. Er machte einfach alles nach, was sein Vater tat. Rituale sollten nicht so sein. *Acharas* sollten wir erst dann zelebrieren, wenn wir die dahinterstehenden Prinzipien begriffen haben. Nur dann nützen sie uns. Ansonsten verlieren sie ihren Wert und werden zur bloßen Routine.

Wir sollten soweit kommen, den Gedanken an Gott in allen unseren Handlungen aufrecht zu halten. Beispielsweise sollten wir, bevor wir uns irgendwo hinsetzen, den Platz berühren, uns dann verbeugen, indem wir uns die von uns gewählte Gottheit vorstellen. Das Gleiche sollten wir tun, wenn wir wieder aufstehen. Wann immer wir etwas in die Hand nehmen, sollten wir Ehrerbietung zeigen und uns die Gottheit in dem Gegenstand vorstellen. Wenn wir diese Aufmerksamkeit beibehalten, dann wird unser *Mind* immer in Gott verweilen und sich nicht in weltlichen Angelegenheiten verirren.

Habt ihr schon einmal eine Mutter beobachtet, die im Hause des Nachbarn arbeitet und ihr Kleinkind zuhause gelassen hat? Was immer sie tut, ihre Gedanken sind bei dem Kleinkind. Wird es zu nahe zum Brunnen gehen? Werden die anderen Kinder es vielleicht verletzen? Wird es in den Kuhstall gehen und unter eine Kuh kriechen? Wird es in die Nähe des Ofens in der Küche gehen? Solche Gedanken wird sie ganze Zeit haben. Ein *Sadhak* sollte genauso sein und immerzu an Gott denken.

Die *Brahmacharis* hier haben keines der Rituale gelernt. Wenn sie Menschen wie ihm (gemeint war Ottur) dienen, dann lernen sie etwas darüber. (Sich an den *Brahmachari* wendend) Sohn, selbst wenn er mit dir schimpft, solltest du nicht ärgerlich werden. Wenn du ärgerlich wirst, ist alles, was du getan hast, umsonst. Du solltest jede Gelegenheit, einem *Sadhu* zu dienen, als großen Segen ansehen."

Richtiges Verhalten bei Lob und Tadel

Ein *Brahmachari* beschwerte sich bei Amma über den Charakter eines Haushälter-*Devotees*. Dieser sehe die kleinsten Fehler der *Brahmacharis* als schwerwiegend an und zögere nicht, sie schroff zu kritisieren, ohne irgendeine der guten Seiten in ihnen zu bemerken.

Amma: „Sohn, es ist einfach, die zu mögen, die uns loben, doch sollten wir jene, welche unsere Fehler bemängeln, umso mehr lieben. Man könnte sagen, dass sie diejenigen sind, die uns wirklich lieben. Wenn wir unsere Fehler erkennen, dann können wir sie korrigieren und dadurch vorwärtsschreiten. Wir sollten die, die uns immer nur loben, als unsere Feinde betrachten und jene, die uns kritisieren, als unsere Freunde. Doch sollte diese Haltung unter uns bleiben. Wir müssen sie anderen nicht offenbaren. Es ist wahr, dass es sehr schwierig ist, eine solche Einstellung zu erreichen. Wie dem auch sei, wir sind hier, um das Selbst zu verwirklichen, und nicht den Körper. Vergesst das nicht.

Lob und Tadel finden auf der physischen Ebene statt, und nicht auf der Ebene des Selbst. Wir sollten beides als gleichwertig betrachten und lernen, unsere Gelassenheit nicht zu verlieren, ob wir nun Liebe oder Hass, Lob oder Tadel erhalten. Das ist wirkliches *Sadhana*. Wir machen erst dann Fortschritte, wenn wir dazu in der Lage sind."

Brahmachari: „Amma, warum hast du gesagt, dass wir jene, die uns loben, als Feinde ansehen sollten?"

Amma: „Weil sie uns von unserem Ziel abbringen. Wir müssen das verstehen und unser Unterscheidungsvermögen nutzen. Das heißt nicht, dass wir jemanden nicht mögen sollten. Alle Lebewesen sehnen sich nach Liebe. Solange wir nach weltlicher Liebe suchen, werden wir leiden - so, wie ein Glühwurm in der Flamme stirbt. Alles Streben nach weltlicher Liebe endet in Tränen. Das ist die allgegenwärtige Geschichte unserer Leben. Echte Liebe ist nirgendwo zu finden, es gibt nur unechte Liebe. Sie ist wie das Licht, das von einem Fischer benutzt wird. Er wirft das Netz aus, schaltet ein helles Licht an und wartet. Die Fische werden von dem Licht angezogen. Bald ist das Netz voll, und der Fischer füllt seine Körbe. Jeder liebt den anderen selbstsüchtig.

Wenn andere uns lieben, nähern wir uns ihnen in dem Glauben, dass sie uns Frieden bringen. Doch wir sehen nicht, dass der Honig, den sie uns anbieten, ein Tropfen auf einer Nadelspitze ist. Versuchen wir den Honig zu genießen, dann sticht uns die Nadel. Deshalb sollte man die Wahrheit erkennen und mit dem Wissen weitergehen, dass wir keine Freunde außer Gott haben. Dann müssen wir nichts bereuen."

Erde und Himmel waren in das strahlend goldene Licht der Abendsonne getaucht. Bald färbte sich der westliche Himmel dunkelrot.

„Die Fischer werden heute abend sehr froh sein", sagte Amma und zeigte auf die prächtige rote Farbe. „Man sagt, dies bedeute einen guten Fang."

Jemand fing an, Harmonium zu spielen, und Amma setzte sich auf Ihren Platz im alten Tempel. Bald schien Sie völlig von der äußeren Welt abgekehrt. Sie zeigte reine Hingabe, wie ein Gottsucher in der Einsamkeit. Die *Bhajans* begannen mit:

Kumbhodara varada

O Du, mit dem großen Bauch

und dem Elefanten-Kopf,
Segenspendender, Sohn Shivas,
Herr der Ganas.

O Du mit den fünf Händen, die Segen schenken,
Zerstörer von Leid,
Sohn von Shiva, segne uns mit der Erlösung.
Lasse Deinen wohlwollenden Blick
auf uns weilen!

O erster Herr, der Du uns über
den Fluss des Samsaras führst,
Sitz von allem Mitgefühl, Spender von Glücksehligkeit,
O Hari, Nektar der Glückseligkeit,
Beseitiger der Hindernisse,
zeige Dein Mitgefühl.

Der *Ashram* und seine Umgebung waren durchdrungen von den Klängen der hingebungsvollen Musik. Alle waren eingetaucht in deren Glut und hingebender Liebe.

Sonntag, der 20. Oktober 1985

Missgeschick verursaacht durch einen Hund

„Kinder, wir sollten alle lebenden Wesen lieben, doch diese Liebe sollte andere nicht verletzen. Wir sollten in die Welt hinausgehen und anderen dienen; aber das Mitgefühl, das wir einem Lebewesen gegenüber zeigen, sollte nicht dazu führen, ein anderes zu verletzen. Wenn wir an einem einsamen Ort leben, dann können wir Hunde, Katzen oder irgendetwas halten. Dies hier ist jedoch ein Ort, wohin viele Menschen kommen und bleiben. Halten wir hier einen Hund, wollen Kinder damit spielen und könnten gebissen werden. Es ist besser, keinen Hund in einem *Ashram* zu halten."

Als sie Ammas Stimme hörten, kamen zahlreiche Leute und versammelten sich um Sie. Amma war aus Ihrem Zimmer gekommen, als Sie Lärm hörte. Ammas Großmutter (Achamma, das bedeutet die Mutter des Vaters) war hinter die Hütte gegangen, um einen langen Stab zu holen, mit dem sie Blumen von den Bäumen pflückte. Eine Hündin hatte kürzlich Welpen geworfen und zog sie hinter der Hütte auf. Achamma wusste davon allerdings nichts. Der Hund biss in seiner Aufregung Achamma, die schrie. *Brahmacharis* und *Devotees* standen um sie herum, als Amma herunter kam.

Amma: „Armes Ding, wie kann sie jetzt Blumen pflücken? Der Biss des Hundes ist ziemlich tief."

Achamma sammelte jeden Tag in der *Ashram*-Umgebung Blumen für die *Puja* im Tempel. Nie gab sie diese Gewohnheit auf, ganz gleich wie schwach sie sich fühlte. Im Sommer, wenn es schwierig war, frische Blumen zu finden, sah sie oft in ihren Träumen, wo sie Blumen finden konnte, und ihre Träume waren immer richtig. Sie fand dann viele Blumen an solchen Plätzen, und die Nachbarn verwehrten es ihr kaum, die Blumen auf ihrem Grundstück zu pflücken.

Die *Ashram*-Bewohner diskutierten den Vorfall.

Br. Rao: „Unni hat angefangen, den Hund hier zu halten. Er füttert ihn täglich mit Reis, weshalb sollte er also den *Ashram* verlassen?"

Amma: „Wo ist Unni? Ruft ihn." Dann sah Sie Unni hinter sich. „Ist das dein Hund, Sohn? Bist du hierhergekommen, um Hunde zu züchten?"

Unni: „Amma, an einigen Tagen hintereinander sah ich den Hund beim Wasserhahn warten, als ich meine Hände nach dem Essen wusch. Ich hatte Mitleid mit ihm, als er so dastand."

Amma: „Wie lange fütterst du ihn schon?"

Unni: „Ich habe ihm gelegentlich Futter gegeben. Ich hätte nicht gedacht, dass er seine Jungen hier zur Welt bringt."

Amma: „Braucht der Hund deine Erlaubnis, um seine Jungen zu gebären?"

Unni (sein Lachen unterdrückend): „Amma, ich war bekümmert, als ich seinen hungrigen Blick sah."

Amma: „Wenn du darauf bestehst, den Hund weiterhin zu füttern, dann bringe ihn weit weg und füttere ihn dort. Hättest du das vorher gemacht, hätten wir jetzt nicht dieses Problem."

Sie fuhr mit ernster Stimme fort. „Dir tat der hungrige Hund leid. Hast du jetzt kein Mitleid mit dieser alten Großmutter, die hier steht und wegen des Hundebisses blutet? Wir sollten Gott in allem sehen und unsere Hilfe anbieten, das ist wahr. Das ist *Sadhana*. Wir sollten Mitgefühl für alle Lebewesen haben. Es gibt jedoch für alles die richtige Umgebung. Das ist nicht der passende Ort, um Katzen und Hunde zu halten. Weiß das arme Tier, dass dies hier ein *Ashram* ist oder dass Achamma nur versucht hat, den Stab hinter der Hütte zu holen? Du solltest eine Tracht Prügel dafür bekommen, dass du den Hund hier hältst und ihn fütterst!"

Amma ergriff Unnis Hände und hielt sie zusammen.

Unni: „Amma, ich habe ihn nicht täglich gefüttert, nur gelegentlich."

Amma: „Nein, nein, sage nichts. Ich werde dich heute anbinden!"

Ohne ihn zu loszulassen, ging Amma zur Essenshalle. In der Nähe einer Säule bat Sie einen *Devotee*, einen Strick zu bringen. Wohl wissend, dass das alles Ihr göttliches Spiel war, brachte er ein kleines Stück Seil. Als Amma es sah, änderte sich Ihre Stimmung. Sie sagte: „Diese Schnur ist nicht geeignet. Wenn Amma sie verwendet, wird es ihm wehtun. Vielleicht lassen wir ihn für diesmal laufen." Sie ließ den *Brahmachari* gehen.

Dr. Leela, heute Swamini Atmaprana, brachte Achamma zu Amma und sagte: „Amma, ich weiß nicht, ob der Hund vielleicht tollwütig ist oder nicht. Sollte ich Achamma nicht eine Spritze geben?"

Amma: „Der Hund ist nicht tollwütig oder krank. Versorge die Wunde nur mit etwas Medizin, das genügt."

Es war Sonntag, viele *Devotees* waren gekommen. Als Amma die *Darshan*-Hütte erreichte, drängten sie sich um Sie. Eine Frau flüsterte in Ammas Ohr: „Ich war über Ammas Stimmung heute Morgen erschrocken."

Amma lachte laut und gab Ihr einen liebevollen Kuss auf die Wange. Die Besucher, die mit Amma noch nicht vertraut sind, können verwirrt oder eingeschüchtert sein, wenn sie sehen, wie Amma die *Brahmacharis* zurechtweist. Bei solchen Gelegenheiten wird Ihr Gesicht sehr ernst; doch sie geraten auch in Erstaunen, wenn sie den Nektar der Liebe und des Mitgefühls, der im nächsten Moment von Ihr ausgeht, spüren. Amma ist die Liebe selbst. Sie weiß nicht, wie man wirklich böse wird. Sie weiß nur, wie man liebt.

Die Mutter, die unsichtbar Segen gewährt

Amma fragte eine *Devotee*: „Tochter, Amma hat dich neulich gesucht. Warum bist du so früh weggegangen?"

Als Amma einige Tage zuvor aus Ihrem Zimmer kam, lag ein Paket vor der Tür, das gekochten *Kachil* und Gewürze enthielt. Amma probierte ein Stück und bat eine *Brahmacharini*, die Frau zu holen, die das Paket gebracht hatte. Die konnte nicht gefunden werden, sie war anscheinend gegangen. Niemand wusste genau, wer das Paket vor Ammas Zimmer gelegt hatte.

Devotee: „Ich war an diesem Tag voller Sorgen, Amma. Die Verhandlungen bezüglich eines Grundstückes, das wir kaufen wollten, sollten an diesem Tag abgeschlossen werden. Ich hatte versprochen, um elf Uhr mit dem Geld am Gericht zu sein. Obwohl ich bereits meine Armreifen und meine Halskette verpfändet hatte, konnten wir nicht genug Bargeld aufbringen. Wir fragten verschiedene Leute, aber niemand half uns. Wenn die Urkunde nicht um elf Uhr registriert war, würden wir die bereits geleistete Anzahlung verlieren. Auf jeden Fall hatte ich vor, am Morgen Amma aufzusuchen, und brachte gekochten *Kachil* mit. Es war neun Uhr dreißig, als ich eintraf. Jemand sagte mir, dass Amma erst später kommen wird. Wenn ich vor Mittag im Gericht ankam, könnte ich wenigstens die Hälfte der Vorauszahlung zurückverlangen, auch wenn der Vertrag nicht zustande käme. Deshalb ließ ich das Paket vor Ammas Tür und ging. Ich weinte bitterlich, da ich gehofft hatte, mit Ammas Segen wenigstens die Hälfte der Anzahlung zurückzuerhalten.

Als ich nach Ochira kam, sah ich eine alte Freundin von mir, die auf den Bus wartete. Ihr Mann arbeitet in Saudi-Arabien. Da wir uns so zufällig begegneten, dachte ich, dass ich sie ebenfalls um Hilfe bitten könnte. Ich erklärte ihr die Situation: 'Wenn ich nicht zehntausend Rupien vor Mittag habe, wird der Vertrag hinfällig.' Durch Ammas Gnade hatte sie genau diesen Betrag bei sich! Sie hatte gerade die Rückzahlung einer Schuld von jemandem erhalten und kehrte nun nach Hause zurück. Wortlos gab sie mir das Geld, und ich brach in Tränen aus. Mit Ammas Gnade kam der Kauf zustande!"

Die Augen der Frau füllten sich mit Tränen. Amma umarmte sie fest und wischte die Tränen mit Ihrem Sari weg.

Der innere Schatz

Im Haus eines *Devotees* von Amma sollte eine *Puja* stattfinden. Der *Brahmachari*, der die *Puja* durchführen sollte, kam, um Ammas Segen zu erbitten, bevor er dorthin ging.

Amma segnete ihn und sagte: „Sohn, auf ihrem Grundstück befindet sich ein Ameisenhaufen. Weil jemand ihnen gesagt hat, er müsse beschützt werden, zerstören sie ihn nicht. Amma denkt nicht, dass dies nötig ist. Selbst wenn wir alles richtig machen, die *Devotees* aber nicht den richtigen Glauben und Hingabe haben, werden sie aus der *Puja* keinen Nutzen ziehen. Manche Leute glauben blind an etwas und bleiben hartnäckig dabei, ganz gleich, wie oft wir versuchen, sie aufzuklären. Deshalb müssen wir uns auf ihre Ebene begeben und tun, was nötig ist. Was immer hilft, ihnen etwas Frieden zu geben, ist auf dieser Ebene das geeignete Mittel.

Das heißt nicht, dass wir sie ihrem blinden Glauben überlassen sollen. Sage ihnen deshalb: 'Dieser Ameisenhügel wird euch nicht schaden; es ist jedoch nicht nötig, ihn so zu belassen. Bewahrt einfach etwas davon in eurem *Puja*raum auf. Den Rest könnt ihr zerstören. Wenn er weiter wächst, verschwendet ihr diesen Platz.' Gib ihnen am Ende der *Puja* ein wenig Sand des Ameisenhaufens, damit sie ihn im *Puja*raum aufbewahren."

Amma erklärte den Umstehenden: „Einst kam jemand mit einer ähnlichen Geschichte. In der Nähe des Hauses befand sich ein Ameisenhaufen. Ein Astrologe überzeugte ihn, dass sich darunter ein Schatz befinde und dass er ihn finden würde, wenn er einige *Pujas* durchführen ließe. Er suchte bei zahlreichen Astrologen und anderen Leuten Hilfe, um den Schatz zu finden. Viele versprachen, ihm zu helfen, und nahmen ihm sein Geld ab, aber er fand keinen Schatz. Schließlich kam er hierher. Seine einzige Frage war, wann er den Schatz finden würde. Die Frage, ob sich überhaupt ein Schatz unter dem Ameisenhügel befindet, kam ihn gar nicht. Was konnte Amma schon sagen? Er wurde böse auf Sie, nachdem Sie ihm gesagte, dass es keinen Schatz gibt. 'Alle Astrologen sagten mir, dass sich dort ein Schatz befindet. Wenn du ihn nicht sehen kannst, warum sollte ich dann zu dir kommen?', sagte er und ging. Er war gänzlich vom Traum des Schatzes ergriffen. Was können wir schon tun? Er konnte nicht akzeptieren, was Amma ihm gesagt hatte.

Bald danach kam er wieder. Er hatte eine Erfahrung gemacht, die ihn zurückbrachte." Amma lachte. „Nun ist er an dem inneren Schatz interessiert, und nicht mehr an dem äußeren. Hätte Amma ihn anfangs zurückgewiesen, wäre seine Zukunft von Dunkelheit überschattet geblieben. Bei solchen Menschen ist es wichtig, das wir ihrer Verständnis erkennen und ihnen auf dieser zu begegnen. Nach und nach können wir dann von den spirituellen Idealen und Prinzipien sprechen.

Alle wollen den äußeren Schatz. Dafür sind sie bereit, jede erdenkliche Mühe auf sich zu nehmen. Niemand will den inneren Schatz. Wir haben in uns einen Schatz, den wir niemals verlieren und den niemand stehlen kann, doch wir finden ihn nicht draußen. Wir müssen in unserem Inneren suchen. Wir müssen Gott die Blumen unseres Herzens darbringen."

Als Amma die Stufen zu Ihrem Zimmer hinaufging, schenkte sie ihnen noch ein bezauberndes Lächeln, das sie in ihrem Herzen bewahrten. Einige mögen sich gefragt haben, wie die 'Blume des Herzens' wohl aussieht, um sie Amma darzubringen. Einige erinnerten sich an ein Lied über die Blume, die der Göttlichen Mutter dargebracht wird, das Amma oft sang:

Pakalonte karavalli thazhukatha pushpam

Die Blume, die nicht von Sonnenstrahlen gestreichelt wird,
die Blume, die nicht heimlich vom Wind gestohlen wird,
die reine Seele, der Mind ist diese Blume - in voller Blüte.

Der Mind, unbefleckt von Sehnsüchten und Begierden,
der Mind, der keine Flammen des Zorns entfacht,
die Blume, die nicht in Liebe einem Mädchen geschenkt wird,
das ist der Mind, wo die göttliche Göttliche Kaiserin wohnt.

Der Mind, der deinem Leben seine einen Sinn verleiht,
der Mind, der sich nach dem Wohlergehen der anderen sehnt,
der Mind, von reiner unbefleckter Liebe erfüllt ist,
solchen Mind, den trägt die Göttliche Mutter als Girlande!

Die Stärke, die du suchst, ist direkt in dir.
Gib diese taumelnde Suche auf, O Mind!
Strebe kühn zum Ziel des Lebens,
wenn Selbstsucht verblasst,
wird die Göttliche Mutter dort erleuchten.

Wird alles hingegeben, bleibt die Seele, ein Mind,
frei von falschem Stolz, erfüllt von Frieden.
Das ist ein Licht, das nicht mit Worten
beschrieben werden kann,
dort wird die göttliche Mutter für immer tanzen!

Mittwoch, der 23. Oktober 1985

Einweihung durch die Göttin des Wissens

Am *Vijaya Dashami*-Tag trafen die Besucher schon früh mit ihren gerade schulpflichtig gewordenen Kindern im *Ashram* ein. Die Kinder erhalten an diesem Tag die Einweihung von der Göttin des Wissens 'persönlich'. Die meisten der *Devotees* waren Mütter aus dem umliegenden Küstengebiet. Leute von weiter weg waren bereits zwei Tage zuvor angereist und wohnten im *Ashram*. Amma begab sich mit einigen 'großen' und kleinen Kindern in den

Meditationsraum. Die Kleinen hatten ihre Bücher für die Saraswati -*Puja* , die Göttin des Wissens, aufgestapelt. Viele *Devotees* hatten schon ihren Platz im Raum eingenommen. Im ganzen *Ashram* herrschte eine festliche Stimmung. Im Meditationsraum gab es nicht für alle gleichzeitig Platz, deshalb rief Amma: „Kleine Kinder, kommt zuerst!" rief Amma.

Die Kinder versammelten sich um den Bücherstapel und hielten Tulsi-Blätter in ihren Händen.

Om mushika vahana modaka hasta
Chamarakarna vilambita sutra
Vamanarupa maheshwara putra
Viswa vinayaka pahi namaste

O Ganesh, der Du auf einer Maus reitest,
der süßes Modaka in seinen Händen hält,
dessen Ohren wie Fächer sind,
der alle Hindernisse beseitigt,
sei so gütig und beschütze mich,
ich verneige mich vor Dir.
Saraswati namastubyam
Varade Kamarupini
Vidyarambham karishyami
Siddhir Bharata me sada

O Saraswati (Göttin der Weisheit),
wenn ich meine Studien beginne,
verneige ich mich vor Dir,
die Du Segen schenkst
und wunderschön anzusehen bist.
Möge ich immer erfolgreich sein.

Padma putra vishalakshi
Padma Kesara varnini
Nityan padmalaya Devi
Sa mam pata Saraswati.

Ehrerbietung an Saraswati,
deren Augen groß sind,
wie die Blätter der Lotusblume;
deren Gesicht safrangelb ist
wie das Staubblatt einer Lotusblume,
und die immer im Lotus wohnt.

Viele zarte Stimmen wiederholten Zeile für Zeile das *Mantra*, zum Lob auf Ganesha und die Göttin Saraswati.

Amma: „Kinder, stellt euch jetzt alle vor, dass ihr eure bevorzugte Gottheit vor euch seht. Küsst ihre göttlichen Füße und verbeugt euch."

Amma verbeugte sich zuerst und die Kinder folgten Ihrem Beispiel. Viele Kinder warteten draußen. Die *Brahmacharis* setzten sich an die linke Südseite des Raumes und begannen mit den *Bhajans*. Amma nahm Ihren Platz an der Nordseite ein. Sie hatte einen großen Teller in der Hand, der mit Reis gefüllt war. In diesem Reis schreiben die Kinder, mit Ihrer Fingerspitze, geführt von Ammas Hand, jeweils die ersten Buchstaben des Alphabets. Die Eltern kamen nacheinander und brachten ihre Kinder zu Amma, damit Sie sie bei ihren ersten Schritten in die Welt des Wissens führen konnte. Sie setzte ein Kind nach dem anderen auf Ihren Schoß und beruhigte es jeweils mit einem Bonbon. Alle beobachteten fasziniert, wie Amma die kleinen Finger der Kinder führte und sie dazu brachte, ein paar Buchstaben in den Reis zu schreiben.

„Hari!" sagte Amma. Der kleine Junge, der auf Ihrem Schoß saß, ausstaffiert mit einem neuen *Mundu* mit vergoldeten Borten und mit einem Punkt aus Sandelholzpaste auf seiner Stirn, schaute Ihr verwundert ins Gesicht.

Amma stupste ihn an: „Hari! Sag's, 'Ha...ri!'"

Das Kind wiederholte treuherzig: „Hari, sage es, Hari!" Alle, Amma eingeschlossen, lachten.

Viele der Kinder fingen an zu weinen, als sie in Ammas Nähe kamen, aber Amma ließ sie nicht gehen, bevor sie in den Reis geschrieben hatten. Währenddessen wurden *Bhajans* zum Ehren der Göttin des Wissens gesungen, welche die Gefühle in den Herzen der Eltern ausdrückten:

> *O Saraswati, Göttin allen Wissens,*
> *schenke uns Deinen Segen!*
> *Wir sind keine Gelehrten,*
> *unwissend sind wir,*
> *nur Marionetten in Deinen Händen!*

Amma sieht es nicht gerne, wenn Ihre Kinder Ihr *Dakshina* geben. Trotzdem wollen die Eltern, dass ihre Kinder Amma bei dieser Gelegenheit etwas geben. Viele arme Eltern aus der Küstenregion hatten ihre Kinder gebracht. Damit die Eltern sich nicht verletzt fühlten, hatte Amma angewiesen, dass jedes Kind einfach nur eine Rupie gab, einfach um der Tradition zu genügen. Die Münze sollte vor das Bild von Saraswati gelegt werden. Sie wollte nicht, dass die Eltern traurig sind, falls ihr Kind keine oder nicht positiv vergleichbare *Dakshina* geben konnte. Die Uhr zeigte 11, und alle Kinder waren nunmehr in das Alphabet eingeweiht.

Danach ging Amma in den Hof. Die Haushälter und die *Brahmacharis* saßen dort in Reihen. Amma setzte sich zu ihnen und stimmte ein 'Om' an." Alle wiederholten die Ursilbe und schrieben sie in den Sand.

„OM."

Der Unterricht ging weiter: „*Hari Shri Ganapataye Namah!*"
Schließlich bekamen alle *Devotees* von Amma *Prasad*, um die
Süße des Lernens zu unterstreichen.

Am Mittag gingen viele Besucher wieder nach Hause. Alle
waren glücklich, nachdem sie Unterweisungen von Amma, der
Mutter des Wissens, erhalten hatten. Die *Brahmacharis* saßen
einzeln oder in Gruppen und wiederholten ihre Lektionen
oder rezitierten vedische *Mantren*. Mehrere *Devotees* warteten
gespannt, da sie wegen der Feierlichkeiten nicht die Möglichkeit
gehabt hatten, zum *Darshan* zu gehen und Amma die Last ihrer
Sorgen zu übergeben. Die unermüdliche Mutter versammelte sie
und ging mit ihnen zur *Darshan*-Hütte.

Denen die in Not sind geben

Janaki aus der Stadt Pandalam sprach mit Amma. Sie war eine
Lehrerin im Ruhestand und kam regelmäßig Amma besuchen. Sie
machte sich Sorgen wegen des Verhaltens ihres ältesten Sohnes.

Amma: „Wie geht es deinem Sohn jetzt?"

Janaki: „Du solltest ihn zur Vernunft bringen, Amma. Ich
kann es nicht. Was kann ich tun, wenn jemand in seinem Alter
keine Verantwortung für sein Leben übernimmt?"

Amma: „Das geschieht, wenn man den Kindern gegenüber
zu viel Zuneigung zeigt."

Janaki: „Er hat jede Menge Zeit für seine Freunde und
Nachbarn. Wenn jemand mit ihm über seine Geldprobleme
spricht, ist er bereit, ihm zu helfen, auch wenn er dazu etwas
aus unserem Haus stiehlt. Ich bin jetzt in Rente. Es ist traurig,
dass er noch nicht auf eigenen Beinen steht. Was bringt es ihm,
wenn er auf solche Art all sein Geld weggibt? Morgen werden
uns diese Menschen nicht einmal mehr kennen, wenn wir sie
um Hilfe bitten."

Amma: „Wenn wir geben, sollten wir wissen, wem wir etwas geben. Wir sollten da geben, wo es gebraucht wird, und wir sollten geben, ohne etwas dafür zu erwarten. Wenn wir geben, um etwas dafür zu bekommen, ist das dann nicht Handel?

Wir sollten erkennen, wer etwas benötigt und dann helfen. Wir sollten denen geben, die ihre Gesundheit verloren haben und nicht mehr arbeiten können: den Körperbehinderten, Kindern, die von ihren Eltern verlassen wurden, den Kranken, die kein Geld für Behandlungen haben und denen, die alt sind und ohne Familie, die ihnen hilft. Das ist unser *Dharma*, und wir sollten nichts für unsere Hilfe erwarten. Wir sollten jedoch zweimal darüber nachdenken, bevor wir solchen geben, die gesund sind und in der Lage zu arbeiten. Wenn wir ihnen Geld geben, werden sie dadurch noch fauler. Wenn viele ihnen etwas geben, werden sie sogar reichlich Geld haben, oder nicht? Sie werden es für Alkohol und Drogen ausgeben. Geschieht das, dann sind wir diejenigen, welche die Sünden ihrer Handlungen auf uns laden, denn hätten wir ihnen kein Geld gegeben, dann hätten sie diese Fehler nicht begangen.

Wir können einen Teil unserer Nahrung den Hungernden geben. Wir können den Kranken Medizin geben. Wir können Kleidung denjenigen geben, die Schutz vor der Kälte benötigen. Wer keine regelmäßige Arbeit findet, den können wir eine Arbeit verrichten lassen und ihm dafür finanzielle Hilfe zukommen lassen. Wenn wir arm werden, weil wir gedankenlos Geld an andere gaben, sollten wir Gott dafür nicht verantwortlich machen.

Es ist in Ordnung, *Ashrams* und anderen Institutionen, die Hilfe leisten, Geld zu geben. Sie werden dieses Geld nicht verschwenden, sondern sie geben das Geld für karitative Projekte aus. Aber auch in diesem Fall sollten wir nicht geben, um wegen unserer Spenden erwähnt zu werden. Wir sollten es als Gelegenheit betrachten, Gott zu dienen. Das durchs Spenden erworbene Verdienst erhalten wir auf jeden Fall. Wenn wir eine Schenkung vornehmen, sollten nur wir davon wissen. Gibt es nicht das Sprichwort, dass die linke Hand nicht wissen sollte, was die rechte tut?"

Amma wischte die Tränen der Frau weg, umarmte und tröstete sie mit den Worten: „Hör auf, dir Sorgen zu machen, Tochter. Amma ist für dich da!"

Janaki: „Amma, lass ihn alles weggeben, ganz gleich an wen. Ich habe keine Einwände. Aber ich habe nicht die Kraft, eines Tages mit anzusehen, wie er sich ein paar Münzen erbettelt. Du solltest mich vorher gehen lassen, Amma."

Amma: „Weine nicht, Tochter. Du wirst das nie erleben müssen. Es wird dir niemals an etwas mangeln. Ist Amma nicht immer bei dir?" Amma umarmte sie erneut und gab ihr einen Kuss.

Keine Armut für den wahren Devotee

Sobald die Frau sich mit einem friedlichen Lächeln, herbeigezaubert durch Ammas Kuss, von ihr zurückgezogen hatte, befand sich der nächste *Devotee*, ein Mann namens Divakaran, in Ammas Schoß.

Amma: „Sohn, wann bist du gekommen? Amma hat dich nicht gesehen, als sie *Prasad* verteilte."

Divakaran: „Ich wollte heute Morgen hier sein, Amma, aber der Bus verspätete sich, und so bin ich erst jetzt angekommen."

Amma: „Das letzte Mal war noch ein anderer Sohn bei dir."

Divakaran: „Ja, das war Bhaskaran. Er hat immer Schwierigkeiten, Amma. Er hat die letzten siebzehn Jahre regelmäßig den Tempel von Sabarimala besucht. Es gibt nur wenige Tempel, die er noch nicht besucht hat, trotzdem quälen ihn seine Armut und seine anderen Probleme nach wie vor. Wenn ich seinen Fall betrachte, frage ich mich, warum wir an Gott denken sollten."

Amma: „Sohn, wenn wir ganz in Gott Zuflucht suchen, dann werden uns nur gute Dinge geschehen, sowohl spirituell als auch materiell. Es gibt keine einzige Aufzeichnung über einen *Mahatma*, der verhungert wäre. Die ganze Welt geht vor ihnen auf die Knie. Jemand, der Zuflucht in Gott nimmt, wird nicht unter Armut leiden. Der Hauptgrund für unsere gegenwärtige Not liegt darin, dass wir uns nicht völlig Gott hingegeben haben. Unsere Hingabe äußert sich nicht um der Hingabe willen, sondern um unsere Wünsche zu erfüllen. Doch Wünsche führen immer zu Leid."

Ein anderer *Devotee*: „Hat Kuchela (ein Verehrer und Klassenkamerad von Krishna) nicht fest an den Herrn geglaubt? Trotzdem musste er unter Armut leiden."

Amma: „Es ist nicht richtig zu sagen, dass Kuchela wegen seiner Armut litt. Er war doch ständig mit seinem Mind in Gott versunken, wie hätte er da Leid erfahren können?? Seine reine Hingabe ließ ihn selbst inmitten der Armut glückselig bleiben. Wegen seiner Ergebenheit verschwand sogar seine Armut, welche Teil seines *Prarabdha* war. Kuchela brach weder unter der Last der Armut zusammen, noch vergaß er Gott in der Freude, als auf ihn alle Reichtümer hinabflossen.

Wenden wir uns Gott ganz zu, ohne Wünsche, dann wird Er uns im richtigen Moment alles geben, was wir benötigen. Wenn wir uns mit dieser Haltung Ihm zuwenden, wird Er für alles sorgen, und wir brauchen uns vor nichts fürchten. Überall wird Wohlstand und Freude herrschen. Die Göttin des Wohlstandes ist die Dienerin derjenigen, die reine Hingabe haben. Doch welche Art der Hingabe haben wir jetzt? Wir sagen, dass wir in den Tempel gehen; doch niemand geht dorthin, nur um dem Herrn zu begegnen. Sogar in Seiner heiligen Gegenwart reden wir nur über weltliche Dinge. Was ist dann der Sinn und Zweck dieser Tempelbesuche, wenn wir dort nur über unsere Familie und unsere Nachbarn reden? Sobald wir in einem Tempel sind, sollten wir allein über Gott meditieren und Ihm all unsere Lasten übergeben. Dabei sollte es uns klar sein, dass Gott all unsere Probleme bekannt sind, selbst wenn wir sie Ihm nicht mitteilen. In einen Tempel sollten wir gehen, um Gott zu verehren und um die Erinnerung an Gott zu stärken, nicht um unsere Beschwerden loszuwerden.“

An diesem Punkt der Unterhaltung begannen einige andere *Devotees*, die bisher nichts gesagt hatten, Fragen zu stellen.

Setze deinen Glauben in Tat um

Ein Devotee: „Aber Amma, du hast selbst gesagt, dass wir unsere Herzen öffnen und alles Gott mitteilen sollten.“

Amma: „Erleichtert es uns nicht, wenn wir unsere Probleme denen mitteilen, die uns lieb sind? Wir sollten diese Nähe und Liebe auch für Gott empfinden. Wir sollten das Gefühl haben, dass Er der einzige ist, der ganz zu uns gehört. Vor Ihm sollten wir nichts verbergen. Das meint Amma, wenn Sie sagt, dass wir Ihm alles mitteilen sollten. Es ist gut, die Last unseres Herzens zu erleichtern, indem wir Gott unser Leid mitteilen. Bei all unseren Schwierigkeiten sollten wir uns nur auf Ihn verlassen. Ein wahrer *Devotee* wird niemals jemand anderem von seinen Schwierigkeiten berichten. Gott ist seine einzige wahre Beziehung. Doch ist es sinnlos, sich mit einem Herzen an Gott zu wenden, das voller Begehren und Familienprobleme ist.

Wir müssen dem Rechtsanwalt die Hintergründe unseres Falles erklären. Nur dann kann er uns vertreten. Genauso müssen wir dem Arzt unsere Symptome mitteilen, erst danach kann er uns behandeln. Doch Gott müssen wir nicht alle Details unserer

Probleme mitteilen. Er weiß alles. Er wohnt in uns und beobachtet uns in jedem Augenblick. Sehen, hören und handeln können wir nur durch Gottes Kraft. Seine Kraft ermöglicht es uns, Gott zu erkennen. Selbst die Sonne sehen wir nur dank Seines Lichts. Aus diesem Grund sollten wir uns ganz Gott ergeben und ständig an Ihn denken. Unsere stärkste Beziehung sollte die zu Gott sein. Wenn wir uns entschließen, Ihm unsere Sorgen mitzuteilen, dann sollte es geschehen, um unsere Beziehung zu ihm zu intensivieren. Es ist unser Glaube an Ihn und unsere Ergebenheit für Gott oder den *Guru*, die alles Leid vernichten. Ihm lediglich unsere Schwierigkeiten zu schildern, wird nichts nützen."

Ein *Brahmachari*, der in der Nähe saß, zweifelte noch: „Amma, ist es denn möglich, Selbst-Verwirklichung zu erlangen, nur indem man an Gott glaubt?"

Amma: „Wenn ihr vollkommenen tiefen Glauben habt, dann ist das bereits die Verwirklichung, aber den habt ihr nicht. So müsst ihr euch darum bemühen und *Sadhana* praktizieren. Es genügt nicht, an den Arzt zu glauben, du musst auch die Medizin einnehmen, um zu genesen. Genauso ist beides nötig: Glaube und Selbst-Bemühung. Wenn du einen Samen säst, wird er sprießen, doch um gut zu wachsen, braucht er Wasser und Dünger. Der Glaube bringt uns unser wahres Sein zum Bewusstsein. Doch um es direkt zu erfahren, müssen wir uns darum bemühen.

Es gibt eine Geschichte über einen Vater und seinen Sohn. Der Sohn war krank, und der Arzt verschrieb ihm eine bestimmte Pflanze als Heilmittel. Sie suchten überall nach der Pflanze, konnten sie jedoch nicht finden. Sie wanderten lange umher und wurden sehr müde und durstig. Als sie einen Brunnen sahen, gingen sie hin. Sie fanden dort einen Strick und einen Eimer. Als der Vater den Eimer in den Brunnen ließ, sah er am Boden des Brunnens die Heilpflanze, nach der sie überall gesucht hatten.

Er versuchte, in den Brunnen hinunter zu steigen, doch gelang es ihm nicht. Es gab keine Stufen, und der Brunnen war sehr tief. Der Vater wusste, was er tun musste. Er band den Strick um die Hüfte seines Sohnes und ließ ihn vorsichtig in den Brunnen hinab. 'Pflücke die Pflanzen, wenn du dort unten bist', wies er den Jungen an. Einige Reisende kamen in diesem Moment vorbei. Sie staunten über das, was der Mann machte. 'Was für ein Mensch bist du, der du einen kleinen Jungen an einem Strick in einen Brunnen hinablässt?, fragten sie. Der Vater sagte nichts. Der Junge erreichte den Boden des Brunnens und pflückte vorsichtig die Pflanzen. Der Vater zog ihn langsam nach oben, und als er aus dem Brunnen heraus kletterte, fragten ihn die Reisenden: 'Woher hast du den Mut gehabt, an einem Strick in den Brunnen hinunter zu gehen?' Ohne zu zögern antwortete der Sohn: 'Es war mein Vater, der das Seil hielt.'

Der Sohn glaubte unerschütterlich an seinen Vater, obwohl er damit noch keinerlei reale Erfahrung gehabt hatte, bis er, am Seil angebunden, schließlich in den Brunnen stieg, um die Heilpflanzen zu holen. Kinder, so sollten wir an Gott glauben. Wir sollten denken: 'Gott ist hier, um mich zu beschützen, weshalb sollte ich mich sorgen? Nicht einmal um die Selbst-Verwirklichung mache ich mir Sorgen.' Solches Vertrauen müssen wir haben. Die Ergebenheit von jemandem, der immer von Zweifeln gequält ist, ist keine wirkliche Ergebenheit, solcher Glaube ist kein wirklicher Glaube."

Glaube an Gott und Glaube an sich selbst

Ein junger Mann: „Warum sollten wir von Gott abhängig sein? Ist es nicht genug, uns auf die eigenen Bemühungen zu verlassen? Wir haben doch letztlich alle Kraft in uns. Sind nicht alle Götter vom Menschen erschaffen?"

Amma: „Sohn, derzeit leben wir in der Haltung von 'Ich' und 'Mein'. Solange diese Haltung fortbesteht, werden wir nicht in der Lage sein, die Kraft in uns zu finden. Hängt vor dem Fenster ein Vorhang, können wir den Himmel nicht sehen. Zieh' den Vorhang auf, und der Himmel wird sichtbar. Genauso werden wir das Licht in uns sehen, sobald wir das Konzept von 'Ich' aus dem *Mind* entfernen. Dieses Ich-Konzept kann sich ohne Demut und Hingabe nicht auflösen.

Formen wir das Holz für den Bau eines Kanus richtig, dann benötigen wir die Kraft des Feuers. Ähnlich ist es mit Demut. Sie formt uns, und ihre Kraft hilft uns, unsere wahre Natur zu erkennen.

Ein dicker oder ausgefranster Faden geht nicht durch ein Nadelöhr. Er muss in eine schlanke Form zusammengedrückt werden, damit er hindurchgeht. Durch die Hingabe des Fadens werden zahlreiche Kleidungsstücke zusammengenäht. Genauso ist die Hingabe das Prinzip, welches das individuelle Selbst (*Jivatman*) mit dem höchsten Selbst (*Paramatman*) verbindet. All das ist bereits verborgen in uns, doch um es nach außen zu bringen, müssen wir uns unaufhörlich bemühen.

Vielleicht sind wir musikalisch begabt, doch nur, wenn wir regelmäßig üben, erfreut unser Gesang die Zuhörer. Was wir in uns haben, müssen wir zum Ausdruck bringen und in Erfahrung umsetzen. Es hat keinen Sinn zu behaupten: 'Alles ist in mir.' Wir sind stolz auf unseren Status, unsere Stellung und Fähigkeiten, dennoch schwanken wir bei widrigen Umständen. Wir verlieren den Glauben an uns selbst. Permanente Bemühung ist notwendig, um dies zu ändern.

Wir denken, dass alles aufgrund unserer Kraft geschieht. Doch ohne Gottes Kraft sind wir nur unbewegliche Körper. Wir prahlen damit, dass wir die ganze Welt niederbrennen können, indem wir auf einen Knopf drücken. Doch müssen wir nicht den

Finger bewegen, um auf den Knopf zu drücken? Woher kommt die Kraft dafür?

Es gibt Straßenschilder, die mit spezieller Leuchtfarbe beschrieben sind. Sie leuchten, wenn der Autoscheinwerfer sie anstrahlt. Dies hilft den Fahrern, Informationen über die Straßenverhältnisse und die Route zu erhalten. Doch stellt euch ein solches Schild vor, das nun denkt: 'Diese Autos fahren nur wegen meines Lichtes. Könnten sie denn ohne mich den Weg finden?' Wenn wir sagen 'meine Kraft' oder 'meine Fähigkeit', so entspricht es genau einer derartigen Denkweise. Das Zeichen leuchtet nur, wenn die Scheinwerfer es beleuchten. Gleichermaßen können wir nur durch die Gnade und Kraft des Allerhöchsten handeln. Er ist es, der uns immer schützt. Wenn wir uns Ihm anvertrauen, wird Er uns immer führen. Mit solchem Glauben werden wir niemals ins Schwanken geraten."

Es war bereits Mittag, und Amma hatte noch nichts gegessen. Sie war seit dem frühen Morgen mit Ihren Kindern zusammen gewesen. Dies geschah fast jeden Tag.

Wir verneigen uns vor Ihr,
die Verkörperung der Selbstlosigkeit,
die alle Menschen auf der ganzen Welt
als Ihre Kinder betrachtet,
und die immerzu Ihre Liebe an alle verströmt.

Kapitel 5

Die segenspendende Mutter

Sethuram, der in Assam arbeitete, kam mit seiner Familie und verbeugte sich vor Amma. Nach dem Abschluss der Hochschule hatte er mehrere Jahre lang keine Arbeitsstelle gefunden. Er wurde immer verzweifelter, bis er sich schließlich an Amma wandte. Sie hatte ihm ein *Mantra* gegeben und ihn angewiesen, es 108 Mal am Tag zu wiederholen, und außerdem sollte er das *Archana* rezitieren. Er befolgte Ammas Anweisungen genau. Drei Wochen später kam sein Onkel, der in Assam arbeitete, nach Hause zu Besuch. Er versprach, seinem Neffen eine Arbeit zu besorgen. Sethu konnte kurz danach eine Stelle in Assam antreten und verbrachte jetzt gerade seinen Urlaub zuhause in Kerala. Seine Frau begleitete ihn. Sie war eine Kollegin, und er hatte sie mit dem Segen der Familie und Ammas geheiratet. Amma hatte selbst die rituelle Namensgebung für die erstgeborene Tochter Saumya durchgeführt. Amma hieß Sethus Frau willkommen und schloss sie mit dem Baby in Ihre Arme. Ihr Gesicht strahlte vor Freude wie das einer 'Stammesmutter', die ihre junge Schwiegertochter in die Familie aufnimmt. Sethu stand daneben und weinte vor Glück.

Amma: „Bleibt ihr nicht bis morgen, Kinder?"

Sethu: „Wir wollten eigentlich gleich, nachdem wir bei dir waren, wieder abreisen, Amma, doch haben wir jetzt beschlossen, über Nacht hier zu bleiben."

Amma (zu einem *Brahmachari*, der neben Ihr stand): „Gib ihnen dein Zimmer, Sohn." Zu Sethu sagte Sie: „Kommt nach den *Bhajans* zu Amma."

Die *Brahmacharis* waren bereits auf ihren Plätzen und die *Bhajans* fingen an.

Prapanchamengum

O illusorische Erscheinung,
die das ganze Universum füllt,
O Strahlende, willst Du nicht
in meinem Herzen gleich morgen dämmern
und dort bleiben,
um für immer Dein Licht zu verströmen?

Ich möchte bis zum Übermaß von Dir erfüllt sein,
Deine mütterliche Liebe trinken,
Dir nahe sein
und mit Deinem göttlichen Licht verschmelzen.
All mein Leid wird verschwinden!

Wie lange bin ich umher gewandert,
auf der Suche nach Dir, dem Herzen
von allem, O Mutter,
willst Du nicht vor mir erscheinen und
mir die Glückseligkeit des Selbst gewähren?
Oh, willst Du nicht kommen?

Die Sterne schienen hell. Amma fing an, unter einigen *Chembu*-Pflanzen nach essbaren Knollen zu suchen, doch fand Sie keine. Einige Male zuvor hatte Sie mehrmals essbare Knollen ausgegraben. Die hingebungsvolle Musik der *Bhajans* klang leise aus dem Tempel. Amma hatte vorher mitgesungen und am Ende eines *Kirtans* den Tempel verlassen. Sie war dann zur Nordseite des *Ashrams* gegangen. Dies geschah ab und zu. Wenn Amma sich zu sehr in das Singen vertiefte, dann fühlte Sie, dass es für Sie nicht mehr einfach war, auf unserer Ebene zu verweilen. Also versuchte Sie, Ihre Gedanken mit praktischer Arbeit auf unsere Ebene zurück zu lenken. Sie hat oft gesagt: „Amma kann keine einzige Zeile völlig konzentriert singen, da Sie sich dann nicht auf dieser Bewusstseinsebene halten kann, sondern in *Samadhi* fällt. Deshalb versucht Sie beim Singen einer Zeile bereits an die nächste zu denken. Sie wundert sich, dass Ihre Kinder *Bhajans* singen können, ohne auch nur eine Träne zu vergießen!"

Nachdem Amma unter vielen *Chembu*-Pflanzen gesucht hatte, fand Sie endlich eine Handvoll essbarer Knollen. Sie wusch sie, legte sie in einen Topf mit etwas Wasser und entfachte ein Feuer. Anschließend kochte Sie die Knollen. Sie waren noch halb roh, als Amma sich ein heißes Stück davon in den Mund steckte. Sie gab den Rest Ihren Kindern, die Ihr gefolgt waren, und ging anschließend in Ihr Zimmer.

Ammas *Prasad* waren halbrohe, ungesalzene und ungewürzte *Chembu*-Stücke, die kleinen Spatzeneiern ähnelten! Ihre Kinder, die mit dem *Prasad* in den Händen, zum Tempel zurückgingen, kamen gerade rechtzeitig zum *Arati* am Ende der *Bhajans*. In ihrer Seele erblühte wie eine Blume bei Nacht, was Amma bei früheren Gelegenheiten gesagt hatte: „Meine Kinder, wisst ihr eigentlich, wie viel Mühe es Amma kostet, um hier in eurer Welt zu bleiben?

Eine Stunde nach Mitternacht kam Amma aus Ihrem Zimmer herunter. Ein *Brahmachari* rezitierte im Tempel still sein *Mantra*. Als er Amma so unerwartet vor sich stehen sah, verbeugte er sich vor Ihr. Amma bat ihn, alle *Brahmacharis* und *Brahmacharinis* herbei zu holen. Sobald sie hörten, dass Amma sie rief, waren sie hellwach und eilten zu Ihr. Die *Brahmacharis* hatten keine Ahnung, warum sie gerufen wurden. Amma empfahl, eine Sitz-unterlage mitzunehmen, und entfernte sich in Richtung Strand.

Jeder wusste nun, dass Meditations-Zeit war. Amma ging mit den *Brahmacharis* und *Brahmacharinis* manchmal zum Strand, um zu meditieren. Es gab hierfür keine festgelegten Zeiten. Es konnte jederzeit sein. Sie setzten sich am Strand um Amma herum. Alles war still, außer einem tiefen 'Om...', dem Klang des Meeres und dem unablässigen Rauschen der Brandung. Die Lichter der Fischerboote glitzerten weit draußen auf dem Meer. Amma sang dreimal 'Om' und die Anwesenden antworteten alle mit 'Om'. Es klang wie ein Echo. Sie sagte: „Wenn ihr fühlt das ihr schläfrig seid, steht auf und rezitiert euer *Mantra*. Seid ihr dann immer noch schläfrig, lauft ein wenig am Strand entlang und setzt euch dann wieder. Diese nächtliche Stunde, wenn die Natur ruht, ist die beste Zeit zum Meditieren." Zwei Stunden vergingen wie im Flug. Am Ende sang Amma wieder 'Om', und alle Anwesenden wiederholten es. Ihre Anweisungen befolgend, stellten sie sich ihre geliebte, von ihnen gewählte Gottheit vor und verbeugten sich davor. Amma sang die Hymne zum Preisen der Göttlichen Mutter: *Sri chakram ennoru...*

Das Mondlicht beleuchtete das Meer. Der Horizont lag teilweise hinter einem dünnen Nebelschleier verborgen. Ein paar einzelne Sterne schienen hoch oben. Sogar die Wellen schienen ruhig zu sein. Die Singenden in den weißen Gewändern glichen einer Schar von Schwänen, die herabgekommen war, um sich ein wenig am Ufer der Zeiten auszuruhen, im vagen Zwielicht einer uralten Epoche. Ammas Gestalt leuchtete in ihrer Wahrnehmung als ob sich der weiße Kailash in den stillen Wassern des Manasarovar-Sees spiegelte.

Dienstag, 29. Oktober 1985

Mutter trinkt vergiftete Milch

Am Nachmittag rief Amma die *Brahmacharis* zu sich. Sie saß in der Mitte Ihres Zimmers. Vor Ihr befanden sich viele Pakete, jedes enthielt verschiedene Süßigkeiten.

Amma: „Amma wollte diese Sachen schon seit einiger Zeit an euch verteilen, aber Sie hatte bis jetzt noch keine Zeit dazu." Sie gab jedem einige Süßigkeiten. Sie bemerkte, dass einige der *Ashram*-Bewohner fehlten, und fragte nach ihnen.

Ein *Brahmachari*: „Zwei *Brahmacharis* haben eine Augeninfektion und ruhen sich aus."

Amma: „Liegen sie im Bett? Können sie nicht einmal mehr laufen?"

Br: „Sie haben keine Probleme mit dem Laufen, doch sie befürchten, dass sie dich anstecken könnten, Amma."

Amma: „Sie müssen sich darüber keine Gedanken machen. Welche Krankheiten ihr auch habt, ihr könnt trotzdem zu Amma kommen. Sohn, Menschen mit allen möglichen ansteckenden Krankheiten erhalten Ammas *Darshan*. Wie viele Menschen kommen mit Augeninfektionen, Windpocken und Hautkrankheiten? Bis jetzt hat Amma niemals die regelmäßige Routine des *Darshans* unterbrochen. Gott hat Sie immer beschützt. Sie glaubt daran, dass das auch weiterhin so bleiben wird.

Einmal brachte eine Devotee ein Glas Milch. Amma trank es ganz aus. Wenig später begann Sie zu erbrechen. Sie wurde aufgrund des Wasserverlustes sehr schwach. Doch Sie dachte nur an die Menschenmenge, die darauf wartete, *Darshan* zu erhalten. Unter ihnen waren sehr arme Menschen, die als Tagelöhner viele Tage arbeiten mussten, täglich ein paar Paise sparten, um genug Geld für den Bus zu haben. Müssten sie weggehen, ohne Amma zu begegnen, wann würden sie dann wieder die Gelegenheit haben? Dieser Gedanke belastete Amma. Sie betete und setzte sich erneut auf. Sie rief die wartenden Devotees zu sich, tröstete Sie und gab ihnen die benötigten Ratschläge. Dann musste Sie wieder erbrechen. Deshalb ließ Sie die Türen schließen, setzte sich auf den Boden und übergab sich abermals. Wenig später wechselte Sie Ihre Kleidung und fuhr fort, *Darshan* zu geben. Nachdem Sie weitere zehn Menschen empfangen hatte, erbrach Sie erneut. Als Sie zu schwach war, um aufzustehen, stellte Sie sich vor, dass Sie einen *Kirtan* singen und tanzen würde. Das gab Ihr etwas Energie. Dann musste sie kurz darauf wieder erbrechen und gab bald danach wiederum *Darshan*.

Das ging so bis zum Morgen. Am Ende war Sie sehr schwach, doch hielt Sie durch, bis Sie wirklich alle *Devotees* empfangen hatte. Sobald Sie der letzten Person *Darshan* gegeben hatte, brach Amma zusammen. Sie wurde in Ihr Zimmer getragen. Alle waren besorgt und fürchteten, dass Sie sterben könnte. Wäre Amma nur Ihr eigenes Wohlergehen wichtig gewesen, dann hätte Sie den *Darshan* abgesagt. Es hätte genügt, sich in Ihrem Zimmer hinzulegen, und Sie hätte sich wahrscheinlich sehr schnell besser gefühlt. Doch als Sie an den Kummer all der wartenden Menschen dachte, konnte Sie das nicht. Sie war bereit zu sterben, wenn es hätte sein müssen.

Die Milch, die Amma gegeben worden war, enthielt Gift. Eine feindlich gesinnte Familie hatte die Milch einer Devotee mitgegeben. Die Frau wußte weder, dass die Milch vergiftet war, noch dass die Familie, die ihr diese gegeben hatte, Amma gegenüber feindselig gesinnt war."

Einige Zeit später verteilte Amma Süßigkeiten an alle und ging dann nach unten. Sie setzte sich in die Nähe des Wassertanks, an der Südseite des Meditationsraumes. Dort wuchsen einige Zuckerrohrpflanzen am Ufer eines Teiches. Eine der Zuckerrohrpflanzen war abgebrochen, und ein *Brahmachari* schnitt sie ab und brachte sie Amma. Sie schnitt sie in kleine Stücke und gab sie den *Brahmacharis*. Da dieses Zuckerrohr nicht weit vom Meer wuchs, hatte es einen leicht salzigen Geschmack. Amma kaute ebenfalls einige Stücke.

Die Reste ausspuckend sagte Sie: „Kinder, wenn ihr die Schriften studiert, dann solltet ihr euch an diese Reste erinnern. Wir spucken die Reste aus, nachdem wir den Saft des Zuckerrohrs essen. Genauso sollten wir die Essenz der Schriften aufnehmen und den Rest wegwerfen. Es wäre unklug, den Schriften bis zum Tode anzuhaften. Das gleiche sollten wir mit den Worten eines *Mahatmas* tun. Wir sollten nur das annehmen, was wir in unser eigenes Leben integrieren können. Nicht alle Anleitungen passen für jeden gleichermaßen. Die *Mahatmas* berücksichtigen immer die jeweiligen Umstände und die Verständnisebene der Person, die sie unterweisen."

Amma ging zum Tempel. Die wartenden *Devotees* eilten zu Ihr. Sie nahm sie alle mit hinein und setzte sich.

Mutters wirkliche Form

Eine *Devotee* verbeugte sich vor Amma und begann in Ihrem Schoß heftig zu schluchzen. Ihr Kummer rührte von dem Spott, den sie durch einige Leute erfahren musste, als sie auf der Fähre über den Kanal fuhr. Amma wischte ihre Tränen weg und tröstete sie. Dann sagte Sie zu den *Devotees*:

„Wenn du einen Baumstamm kneifst, wird er nichts spüren, aber wenn du eine zarte Knospe kneifst, dann wird sie Schmerz empfinden. Amma kann alles hinnehmen, was man über Sie sagt, doch wenn jemand die *Devotees* in irgendeiner Weise verletzt, wenn sie schreckliche Sachen über Ihre Kinder sagen, dann kann Sie das nicht ertragen. Auch wenn alle ein und derselbe *Atman* sind, kann Amma angesichts des Leids Ihrer Kinder nicht tatenlos zusehen. Krishna zuckte nicht, als Bhishma hundert Pfeile auf ihn schoss. Doch als Pfeile in Arjunas Richtung flogen, als sein *Devotee* in Gefahr war, stürzte Krishna da nicht mit seinem *Chakra* auf Bhishma los? Für Krishna ist es wichtiger, die *Devotees* zu beschützen, als ein Versprechen zu halten. Das hat Krishna uns gezeigt."

Ein *Devotee*: „Amma, ist es denn nicht möglich, von diesen Leuten befreit zu werden, die Gott verleumden und über den spirituellen Weg schimpfen?"

Amma: „Sohn, mit einer solchen Einstellung richten wir mehr Schaden an als jene. Eine spirituelle Person sollte niemals daran denken, jemanden zu verletzen. Sein Gebet zu Gott sollte sein, dass sich diese Leute bessern, und dass sie ein gutes Herz entwickeln. Das Ziel von Hingabe und Gebet ist, Liebe für alle zu kultivieren. Seid nicht traurig, wenn jemand schlecht über euch redet. Ihr müsst denken, dass auch das zu eurem Besten ist. Gibt es eine Welt ohne Gegensätze? Können wir die Helligkeit des Lichtes nicht nur deshalb erkennen, weil es Dunkelheit gibt?"

Devotee: „Wie glücklich können wir uns schätzen, dass wir dich haben, Amma. Wenn wir bei dir sind, gibt es nur Glückseligkeit!"

Amma (lachend): „Seid euch dessen nicht so sicher, Kinder. Gegenwärtig seid ihr alle krank. Ihr alle habt infizierte Wunden. Amma wird die Wunden ausquetschen, damit der Eiter herauskommt. Sie wird eure kleinen Fehler groß erscheinen lassen. Dann wird es ein wenig wehtun.

Amma sagt Ihren Kindern: 'Amma mag den Herrn des Todes mehr als Shiva.' Rufen die Menschen nicht nach Shiva, weil sie sich vor dem Tod fürchten? Wer würde sonst Zuflucht bei Shiva suchen? Wenigstens werdet ihr aus Angst vor Amma Gott rufen." Amma lachte.

„Früher sangen die *Brahmacharis* und die Kinder immer *'Amma, snehamayi!...'* (Die Mutter, durchdrungen von Liebe!). Jetzt singen sie: *'Amme, kruramayi!...'* (Die Mutter, von Grausamkeit durchdrungen!)" Amma lachte und sang *'Amma, kruramayi!...'*, langsam zu der Melodie. Alle krümmten sich vor Lachen.

Amma fuhr fort: „Manchmal behauptet Amma, dass Ihre Kinder etwas Falsches getan haben, selbst wenn es richtig war. Warum? Weil sie *Shraddha* brauchen. So lernen sie jeden ihrer Schritte zu beobachten. Falls Amma sie treten oder schlagen würde, hätte das keine Wirkung. Sie würden nur lächelnd dastehen. Sie sagen oft: 'Wir mögen es, wenn Amma uns schimpft. Wenigstens können wir dastehen und Amma anschauen. Noch besser ist es, wenn Sie uns einige Male schlägt.' Wie oft Amma Ihre Kinder auch züchtigt, sie wissen, dass Amma nicht anders kann, als im nächsten Moment zu lächeln. Deshalb bleibt als einzig wirksames Mittel, dass Amma in Hungerstreik tritt. Die Kinder können es nicht ertragen, wenn Amma nicht isst."

Eine Weile lang sprach niemand. Alle fanden es erstaunlich, welches Maß an Zuneigung und Fürsorge Amma Ihren Kindern schenkte. Sogar bei ihren leiblichen Müttern kam es in dieser Form selten vor.

Hingabe an Gott

Eine *Devotee* stellte die Frage: „Amma, du sagst, dass wir Gott in allem sehen sollen, doch wie ist das möglich?"

Amma: „Kinder, ihr müsst die *Vasanas*, die in euch sind, loswerden. Gott sollte eure einzige Zuflucht werden. Ihr müsst es euch angewöhnen, immer an Gott zu denken, ganz gleich, was ihr macht. Dann werdet ihr langsam die Einheit in der Vielfalt erkennen."

Ein Mädchen kam zu Amma und umarmte Sie. Sie legte ihren Kopf auf Ammas Schulter und begann zu schluchzen. Sie war die Tochter eines Lkw-Fahrers, und ihr Vater war meist nicht zuhause. Ihre Stiefmutter drängte sie zu einem unmoralischen Leben. Sie hatte die Schulbildung beendet und wollte studieren. Aber niemand in der Familie wollte, dass sie auf ein College geht. Das Mädchen: „Amma, ich habe niemanden! Ich bleibe hier und arbeite."

Ammas Augen füllten sich voller Mitgefühl. Sie sagte: „Tochter, Gott ist immer da, sich um uns zu kümmern. Er ist die Heimat des Mitgefühls. Er ist unsere wahre Mutter und unser Vater. Die Menschen, die wir unsere Eltern nennen, haben uns nur aufgezogen. Wenn sie unsere wirklichen Eltern wären, könnten sie uns dann nicht vor dem Tod retten? Doch dazu sind sie nicht in der Lage. Wir existierten bereits, bevor wir ihre Kinder wurden. Gott ist unser wirklicher Vater, unsere wahre Mutter und unser Beschützer."

Amma tröstete das Mädchen und gab ihr Vertrauen: „Gehe nach Hause, Tochter und sage deinem Vater mit Entschiedenheit, dass du studieren möchtest. Er wird zustimmen. Es ist Amma, die dir dies sagt. Mach dir keine Sorgen, Tochter!"

Eine *Devotee*: „Ich möchte gerne jeden Tag hierher kommen und dich besuchen, Amma, aber ich wohne alleine zuhause. Wie kann ich herkommen und das Haus unbewacht lassen? Heute habe ich das Haus abgeschlossen, und den Nachbarn den Schlüssel gegeben bevor ich ging."

Amma: „Es ist gut, jemanden zu bitten, ein Auge auf das Haus zu werfen, wenn du hierher kommst. Wir müssen den äußeren Dingen Aufmerksamkeit schenken. Doch kann nicht trotzdem etwas gestohlen werden, selbst wenn wir die sichersten Schlösser benutzen und das Haus gegen Einbruch bewachen lassen? Wie können wir das erklären? In Wirklichkeit sind nicht die Wachen unser Schutz. Unser wirklicher Beschützer ist Gott. Wenn wir alles in Seine Obhut geben, dann wird Er wach bleiben und uns immer beschützen. Andere Bewacher werden einschlafen, worauf die Diebe ihre Chance ergreifen und unser Eigentum stehlen werden. Doch mit Gott als unserem Wächter haben wir nichts zu befürchten!

Stellt euch vor, wir besteigen ein Boot. Wir haben eine schwere Tasche und statt sie abzustellen, behalten wir sie weiterhin in der Hand. Sieht der Bootsmann das, sagt er: 'Ihr seid jetzt im Boot. Wollt ihr nicht die Tasche abstellen?' Wir sind nicht darauf vorbereitet, die Tasche abzustellen. Stattdessen weinen wir und beschweren uns, dass die Tasche zu schwer ist. Ist das nötig? Also: warum tragen wir all diese Lasten? Legt alles zu Gottes Füßen! Er wird sich um alle unsere Lasten kümmern!"

Keine Zeit für Sadhana

Inzwischen hatte sich Soman, ein Lehrer, mit einer Frage genähert: „Amma, nach der Schule sind hundert Sachen zu erledigen. Wie kann ich da Zeit für *Japa* finden?"

Amma: „Sohn, du findest die Zeit, wenn du es wirklich möchtest. Du musst die Überzeugung haben, dass es nichts Größeres gibt als an Gott zu denken. Dann wirst du die Zeit sogar inmitten deiner Arbeit finden. Einst ging ein reicher Mann zu seinem *Guru* und beschwerte sich: 'Meister, ich habe keinen inneren Frieden. Ich mache mir ständig Sorgen. Was kann ich tun?'

Der *Guru* sagte: 'Ich werde dir ein *Mantra* geben. Rezitiere es regelmäßig.' Der reiche Mann erwiderte: 'Ich habe so viele Verpflichtungen, woher soll ich die Zeit nehmen, das *Mantra* zu rezitieren?'

Der *Guru* fragte: 'Wo nimmst du dein Bad?' 'Im Fluss.' 'Wie lange brauchst du, um dorthin zu gelangen?' 'Drei Minuten.' Der *Guru* sagte: 'Dann sage dein *Mantra* beginnend beim Haus, bis du zum Fluss kommst. Versuche das.'

Nach ein paar Monaten kam der Mann sehr freudig zurück, um den *Guru* zu besuchen. Er verneigte sich zu seinen Füßen und sagte: 'Meine Rastlosigkeit ist weg. Ich bin innerlich ruhig und friedlich. Ich rezitiere das *Mantra*, das du mir gegeben hast, regelmäßig. Jetzt ist es unmöglich für mich, es nicht zu sprechen! Zunächst wiederholte ich es, wenn ich zum Fluss ging. Später rezitierte ich es auch auf dem Weg zurück und beim Baden. Dann sagte ich es auch auf dem Weg zur Arbeit. Dann im Büro. Wann immer der Gedanke an das *Mantra* aufkam, begann ich es zu sprechen. Ich wiederhole es, wenn ich ins Bett gehe. Ich schlafe ein, während ich es rezitiere. Jetzt habe ich den Wunsch, es jeden Tag mehr und mehr zu wiederholen. Ich bin unglücklich, wenn ich dies nicht tue.'"

Amma fuhr fort: „Durch beständige Übung wurde die Wiederholung des *Mantras* zur Gewohnheit. Ihr solltet früh aufstehen. Sobald ihr aufgewacht seid, meditiert zehn Minuten. Nach dem Bad meditiert erneut eine halbe Stunde. Am Anfang genügt es, kurz zu meditieren. Danach könnt ihr eure Pflichten erledigen. Bevor du zur Schule gehst, meditiere erneut eine halbe Stunde. Die Zeit, die nach dem Meditieren noch übrig ist, sollte man mit *Japa* ausfüllen. Wir können *Japa* praktizieren, wenn wir gehen oder sitzen, eigentlich bei jeder Tätigkeit. Sohn, Amma schlägt diese Disziplin vor, weil du das spirituelle Leben magst. Anfänger müssen nur eine halbe Stunde oder eine Stunde meditieren. Der Rest der Zeit kann für *Japa* oder das Singen von *Kirtans* verwendet werden."

Soman: „Amma, wie kann ich immer auf Gott konzentriert bleiben? Ich bin jetzt ein Jahr lang verheiratet. Ich muss noch das

Geld zurückzahlen, das ich mir geliehen habe, um unser Haus zu bauen, und meiner Frau geht es nicht sehr gut. Wenn man all diese Probleme ständig im *Mind* hat, wie kann man dann *Japa* machen und meditieren?"

Amma: „Das ist wahr. Doch was hat es für einen Sinn, sich Sorgen zu machen? Wird dir das helfen, das Geld zu bekommen, um den Kredit zurückzuzahlen? Erledige die Arbeit und verschwende keine Zeit. Versuche, die ganze Zeit das *Mantra* zu rezitieren. Selbst wenn du es manchmal vergisst, fang wieder an, sobald du dich daran erinnerst.

Wenn du die Wurzeln eines Baumes gießt, kommt das Wasser auch in die Zweige und in die Blätter. Wenn du das Wasser oben auf den Baum schüttest, ist es sinnlos. Indem man sich Sorgen macht, erreicht man gar nichts. Konzentriere dich auf Gott, suche Seinen Schutz, und du wirst bekommen, was du benötigst. Deine Probleme werden auf irgendeine Art gelöst, und du wirst inneren Frieden finden. Denjenigen, die zu Gott beten und ernsthaft meditieren, wird es an nichts Wesentlichem mangeln. Das ist Gottes Wille. Amma hat es selbst erfahren. Das gilt selbst dann, wenn es euch möglich ist, nur das *Lalita Sahasranama* täglich mit Liebe und Hingabe zu rezitieren. Meine lieben Kinder, ihr werdet keinen inneren Frieden finden, wenn ihr kein *Sadhana* macht. Ganz gleich, wie reich ihr seid, wenn ihr friedvoll schlafen wollt, müsst ihr Zuflucht bei Gott suchen. Selbst wenn ihr vergesst zu essen, vergesst nicht an Gott zu denken."

Völlige Hingabe an Gott ist das Wesentliche von Ammas Lehre. Wie auch immer unsere Last aussehen mag, wenn wir sie in Gottes Hand legen, wird uns das Gewicht der Last nicht niederdrücken. Amma sichert uns im Lichte Ihrer eigenen Erfahrungen zu, dass Gott sich in jeder Weise um uns kümmert. Ihre Antworten auf alle Fragen, die weltliche Dinge betreffen, heben uns zur Ebene der Hingabe und der Spiritualität empor.

Ihre liebevollen Worte zu hören und Ihre segensreiche Gegenwart zu erleben - all dies wird zur unvergesslichen Erfahrung.

Als Amma sich von Ihrem Sitz erhob, verbeugten sich alle *Devotees* vor Ihr und standen auf.

Samstag, der 2. November 1985

Mutter in Ernakulam

Amma und Ihre Gruppe wohnten im Haus Ihres *Devotees* Gangadharan Vaidyar in der Nähe von Ernakulam. Am nächsten Morgen brachen sie zum Haus eines anderen *Devotees* in Eloor auf. Auf dem Weg besuchten sie drei weitere *Devotees* und ihre Familien.

Es hatten sich viele Menschen in dem Haus in Eloor versammelt, um Amma zu begegnen, und viele kamen das erste Mal. Es warteten Eltern mit geistig zurückgebliebenen Kindern und Menschen, die auf irgendeine Weise behindert waren. Auch waren Leute gekommen, die seit Jahren Arbeit suchten. Ferner spirituell Suchende, die Unterweisungen für ihr *Sadhana* brauchten, sowie solche, die ein Leben der Entsagung in Ammas *Ashram* führen wollten.

Ein Besucher kam mit seinem etwa 12 Jahre alten Sohn nach vorne. Er verbeugte sich vor Amma, und während er seinen Sohn in Ammas Nähe zerrte, sagte er: „Amma, dieser Junge ist sehr ungezogen. Er geht in die beste Schule, aber er zeigt seine Fähigkeiten nur, indem er Unfug treibt und nicht beim Lernen. Er ist noch ein Kind und fragte doch schon ein Mädchen in seiner Klasse, ob sie ihn heiraten möchte. Dann verprügelte er den Jungen, der dies dem Lehrer berichtete. Amma, bitte segne ihn und bring ihn zur Vernunft."

Amma (den Jungen umarmend): „Was ist das, Sohn? Sagt dein Vater die Wahrheit?" Sie hielt Ihren Finger vor seine Nase (In Indien bedeutet dies „Schande"). Der Junge war sehr beschämt und wollte aus Ammas Schoß fliehen. Amma ließ ihn allerdings nicht gehen. Sie brachte ihn dazu, auf Ihrem Schoß zu sitzen, gab ihm einen Apfel und einen Kuss auf die Wange. Sie konnte nicht lange mit seinem Vater reden, da Sie nur kurz in diesem Haus bleiben würde. Sie willigte ein, dass er später nochmals zu Ihr kommen könnte. Er verneigte sich erneut und ging. Amma war für den Besuch des Krishna-Tempels in der Nähe bereits spät dran. Sie würde dort *Bhajans* singen. Trotzdem stand Sie nicht auf, bevor sie nicht allen Anwesenden *Darshan* gegeben hatte.

Nach den *Bhajans* standen noch weitere Hausbesuche bei *Devotees* an. Es war sehr spät, als Sie zu Vaidyars Haus in Ernakulam zurückkam. Obwohl Sie geplant hatte, in den *Ashram* zurückzukehren, gab Sie dem Drängen der *Devotees* nach und beschloss, über Nacht zu bleiben.

Der *Devotee*, der bereits zuvor mit seinem Sohn beim *Darshan* gewesen war, wartete auf Amma. Weil es so spät wurde, verlor er allmählich die Hoffnung, Amma in dieser Nacht noch zu begegnen. Plötzlich sah er einen *Brahmachari* signalisieren, dass Amma ihn rief. Deshalb ging er zu Ihr und verbeugte sich.

Der Mann: „Ich hatte nicht erwartet, Amma heute Nacht nochmals zu treffen."

Amma: „Amma hatte eigentlich geplant, gleich weiter zu reisen, doch entschied Sie sich zu bleiben, da alle Kinder hier darauf bestanden. In Haripad warten auch schon einige. Wir werden sie morgen auf dem Rückweg besuchen. Als Amma hier ankam, hatte Sie das Gefühl, dass du unglücklich bist. Sohn, du musst dir wegen deines Jungen keine Sorgen machen. All den Unfug wird er lassen, wenn er älter ist."

Der Vater: „Amma, die Kinder heutzutage machen Sachen, die mir in meiner Jugend nicht einmal im Traum eingefallen wären. Ich kann den Grund dafür nicht verstehen, so sehr ich auch darüber nachdenke."

Lasst das Dharma in jungen Jahren beginnen

Amma: „Sohn, früher wuchsen die Kinder in einer *Gurukula* unter der direkten Aufsicht eines *Gurus* auf. Sie lebten mit dem *Guru* zusammen und wurden darin unterwiesen, wie man den *Guru* respektiert und wie man sich den Eltern gegenüber verhält; auch darin, wie man in dieser Welt zu leben hat. Es wurde ihnen beigebracht, was die Essenz Gottes ist. Diese Dinge wurden nicht nur gelehrt, sondern sie wurden auch ins tägliche Leben umgesetzt. Selbstloses Arbeiten für den Guru, *Tapas* und das Studium der Schriften waren die Grundlage ihrer Erziehung. Deshalb konnte dieses Zeitalter Menschen wie Harischandra hervorbringen.

Der *Devotee*: „Und wie war König Harischandra?"

Amma: „Er zeigte, dass ihm sein Wort wichtiger war als sein Reichtum, seine Frau und sein Kind. Das ist das Beispiel, das uns die Menschen von früher vorgelebt haben. Es war ihr Erziehungs-Ergebnis. Wenn die Kinder dann nach abgeschlossener Erziehung aus der *Gurukula* zurückkamen und ein Familienleben entsprechend den spirituellen Prinzipien als *Grihasthashrama* begannen, erhielten sie von ihren Eltern die Verantwortung für den Haushalt und die Eltern traten damit in den Lebensabschnitt, in dem man sich traditionsgemäß in den Wald zurückzog, *Vanaprastha* genannt. Selbst ein König trug nur ein einziges Kleidungsstück, um zwecks *Tapas* in den Wald gehen. Er würde nichts von den äußeren Zeichen der Königswürde beibehalten. In jenen vergangenen Tagen hatten die meisten gewissermaßen das Ziel, alles aufzugeben und ein Leben in *Sannyasa* zu führen. Aufgrund dieser Kultur waren die heranwachsenden Kinder fest im *Dharma* verwurzelt. Wie auch immer die Lebensumstände aussahen, nichts konnte sie beirren, sie gingen mutig ihren Weg."

Ein *Devotee*: „Amma, aber heute passiert genau das Gegenteil. Tag für Tag zerfällt unsere Gesellschaft mehr."

Amma: „Wie können sich heutzutage gute Eigenschaften in den Kindern entwickeln? Nur sehr wenige Eltern halten die Grundsätze ein, die für diese Lebensphase gültig sind. Wie können sie also ihren Kindern gute Eigenschaften vermitteln? Früher führten die Eltern das Leben wahrer *Grihasthasramis*. Sie nahmen sich trotz ihrer Arbeit Zeit für *Tapas*. Sie dachten niemals, das Leben sei nur zum Essen und Trinken bestimmt. Sie aßen, um zu leben. Sie gaben ihren Kindern gute Anleitungen und waren Vorbilder für sie, da sie entsprechend dem lebten, was sie ihnen vermittelten. Doch wer tut das noch heutzutage? Wo sind die *Gurukulas*? Selbst im Kindergarten rufen die Kinder schon politische Parolen. An den Schulen wird politisiert und es gibt sogar Streiks. Man kann Kinder sehen, die bereit sind, die Mitglieder einer gegnerischen Partei zu vernichten. So werden sie in einer sehr destruktiven Art aufgezogen.

Der Sohn, der seinen alten und kranken Vater pflegen und trösten sollte, verlangt stattdessen seinen Anteil des Besitzes. Wenn der Familiensitz aufgeteilt wird und es geschieht, dass auf dem Grundstücksanteil des Bruders ein paar Kokosnusspalmen mehr stehen, ist er bereit, das Messer zu zücken und seinen Vater zu erstechen. Der Sohn ist gewillt, seinen Vater wegen eines kleinen bisschen Besitzes zu töten!

Doch was zeigten uns Rama und andere? Um das Wort seines Vaters zu ehren, gab Rama das Königreich auf. Auch Dasaratha, sein Vater, wich nicht von seinem Wort ab. Er hielt das Versprechen, welches er seiner Frau Kaikeyi gegeben hatte.

Das Versprechen war die Gegenleistung für ein großes Opfer, das seine Frau erbracht hatte. Was Dasaratha damals an seiner Frau beeindruckte, war nicht ihre Schönheit oder die Liebe, die sie für ihn zeigte, sondern ihre Selbstlosigkeit auf dem Schlachtfeld, wo sie ihr Leben riskierte, um ihn zu retten. Später hielt er aus selbstsüchtigen Gründen sein Wort nicht ein, und Rama akzeptierte auch dann die Worte seines Vaters bedingungslos.

Was ist mit Sita? Hat sie etwa ein großes Getue veranstaltet, als Rama sich entschied, in den Wald zu gehen? Sie sagte nicht zu ihm: 'Du solltest nicht in den Wald gehen. Du bist der rechtmäßige Erbe des Königreichs. Du solltest gekrönt werden, ganz gleich mit welchen Mitteln.' Als ihr Mann in den Wald ging, folgte sie ihm stillschweigend. Sein Bruder Lakshmana begleitete beide. Was zeigte uns Bharata darüber hinaus? Er sagte nicht: 'Jetzt sind sie alle weggegangen und ich kann das Königreich regieren.' Stattdessen suchte er seinen Bruder. Er erhielt Ramas Sandalen, brachte sie zurück und stellte sie auf den Thron, um zu zeigen, dass er das Land nur im Namen von Rama regierte. So war es damals. Das sind die Vorbilder, denen wir in unseren Leben nacheifern sollten. Doch wer beachtet solche Werte noch und setzt sie in die Praxis um?

Die Völker des Altertums lehrten uns die wahren Prinzipien, doch schenken wir ihnen keine Aufmerksamkeit. Jetzt sehen wir das Ergebnis, was wir verloren haben. Welche Art von Kultur erleben die Kinder hingegen heutzutage? Man findet überall nur Fernseher und Kinos. Die Filme handeln ausschließlich von Liebesgeschichten, Sexualität, Heirat und Gewalt. Zeitschriften und Bücher befassen sich meist mit weltlichen Themen. Kinder sehen und lesen all dies. Das ist die Kultur, die unsere Jugend heutzutage aufnimmt. Das wird nur dazu führen, dass mehr Menschen wie Kamsa (Name eines dämonischen Königs, der versuchte Krishna zu töten, dann aber selbst von Krishna getötet wurde) werden. Wir werden in Zukunft kaum noch Menschen wie Harischandras finden.

Wollen wir dies ändern, müssen wir unseren Kindern besondere Aufmerksamkeit widmen. Wir sollten sehr vorsichtig in der Auswahl ihrer Bücher sein. Wir dürfen ihnen nur Informationen zugänglich machen, die ihnen in ihren Studien helfen oder spirituelle Angelegenheiten erklären. Ja, mehr noch - wir sollten sogar Druck auf sie ausüben, damit sie spirituelle Bücher lesen. Diese Kultur, die auf spirituellen Prinzipien beruht, nehmen sie auf und behalten sie bei, wenn sie heranwachsen. Selbst wenn sie etwas Falsches tun, werden sie es tief in ihrem Innern spüren und ihre Handlung bedauern. Dadurch werden sie sich ändern.

Viele Kinder sehen TV und Filme und träumen von einem Leben als verheiratete Paare, so wie in den Filmen gezeigt. Wie viele Menschen aber können ein derartig glückliches und luxuriöses Leben überhaupt führen? Werden sie älter, heiraten und entdecken, dass es unerreichbar ist, dann sind sie enttäuscht, und die Eheleute entfernen sich innerlich voneinander. Einmal kam eine junge Frau zu Amma. Sie hatte sehr jung geheiratet und war bereits geschieden. Amma fragte sie nach den Gründen, und sie erzählte ihre Geschichte. Sie hatte einen Film über ein reiches Ehepaar mit einem großen Haus, einem Auto und teurer Kleidung gesehen. Im Film fuhren sie abends zum Strand, und es gab keinen Augenblick, in dem sie nicht glücklich waren. Nachdem das Mädchen den Film gesehen hatte, begann sie davon zu träumen.

Bald war sie verheiratet, doch hatte ihr Mann nur eine schlecht bezahlte Arbeit. Es gab nicht genug Geld, er konnte ihr nicht das Leben anbieten, nach dem sich seine Frau sehnte. Sie wollte ein Auto, mehr und mehr Saris, tägliche Ausflüge, ständig ins Kino, und so weiter. Sie wurde immer wieder enttäuscht.

Was konnte der arme Mann tun? Schließlich fingen sie an zu streiten, und es gab sogar Schläge. Sie waren beide unglücklich. Deshalb wurde die Ehe geschieden, und das machte sie nur noch verzweifelter. Sie bedauerten, dass all das passierte. Was konnten sie tun?

Denkt an die alten Zeiten. Damals waren ein Mann und seine Frau bereit, für einander zu sterben. Sie liebten sich gegenseitig wirklich. Obwohl verschiedene Körper, waren sie im Herzen eins. Kinder: Liebe und Selbstlosigkeit sind die tragenden und beflügelnden Elemente des Ehelebens. Sie helfen euch, in den Himmel der Freude und der Zufriedenheit emporzusteigen."

Amma sieht auch diejenigen Dinge genau an, die andere vielleicht als unbedeutsam erachten. Sie ignoriert dabei Wohlergehen und Annehmlichkeiten für sich selbst, schenkt aber ihren Kindern die größtmögliche Aufmerksamkeit, um ihnen Lösungen für ihre Probleme vorzuschlagen.

Ein Besucher, der intensiv Ammas Worten zuhörte, sagte: „Wieder zu Hause, möchte ich alles, was du gesagt hast, in die Praxis umsetzen. Bitte gib mir deinen Segen, Amma!"

Amma: „Sohn, kein Wort und keine Handlung, die mit *Shraddha* ausgeführt wird, ist verschwendet. Wenn nicht heute, dann ziehst du morgen den Nutzen daraus.

Amma sät die Samen und geht weiter. Einige Samen sprießen schon morgen, und andere vielleicht erst Jahre später. Selbst wenn niemand da ist, um es zu hören: Mutter Natur zeichnet jedes eurer ernsthaften Gebete auf. Strengt euch an, Kinder - Amma ist bei euch!"

Sonntag, der 3. November 1985

Zurückgebliebene Kinder - Wessen Karma verursacht ihre Behinderung?

Amma und die *Brahmacharis* brachen von Gangadharan Vaidyars Haus am Morgen um sechs Uhr dreißig auf. Auf dem Weg sprachen die *Brahmacharis* über die behinderten Kinder, die am Tag zuvor zu Amma gekommen waren:

„Das Los dieser Kinder zu sehen, ist wirklich beklagenswert. Ihre Körper wachsen, doch ihr Verstand entwickelt sich nicht mit. Was für ein Leben!"

„Die Situation ihrer Eltern ist sogar noch bedauernswerter. Haben sie irgendwelche Freiheiten im Leben? Können sie ihre Kinder zurücklassen und ausgehen, ohne sich zu sorgen?"

„Wessen *Prarabdha* ist es: Das der Kinder, oder das der Eltern?"

Am Ende beschlossen sie, Amma zu fragen. Sie hatte der Diskussion aufmerksam zugehört.

Amma: „Solche Kinder leben mehr oder weniger wie in einem Traum. Sie sind sich ihres Leidens, so wie wir es sehen, nicht bewusst. Wenn sie sich dessen bewusst wären, würden sie sich selbst bedauern und denken: 'Ach, warum bin ich nur unter solchen Bedingungen in der Welt?' Dieses Bewusstsein haben sie jedoch nicht. Es sind ihre Eltern, die leiden. Sie sind diejenigen, die mit den Schwierigkeiten umgehen müssen. Deshalb kann man sagen, dass es im Wesentlichen das *Prarabdha* der Eltern ist."

Br: „Arme Eltern! Was können sie vom Leben erwarten? Was können wir für sie tun?"

Anweisungen für Brahmacharis

Amma: „Kinder, dieses Mitgefühl, das ihr für sie empfindet, wird ihnen bereits zu innerem Frieden verhelfen, und es wird ebenfalls eure Herzen weiten. Wir müssen für die Leidenden Mitgefühl empfinden. Je tiefer der Brunnen ist, desto mehr Wasser kann er speichern. Nur Mitgefühl kann die Brunnenquelle des *Paramatman* zum Fließen bringen. Dieses höchste Prinzip erwacht in uns durch Mitgefühl.

Selbst wenn sie meditieren, denken manche Leute darüber nach, wie sie sich rächen könnten. Kinder, indem ihr Backsteine aufeinander schichtet, könnt ihr kein Haus bauen. Ihr braucht Zement, damit die Steine zusammenhalten. Dieser Zement ist die Liebe. Nur einen sauberen Kessel kann man frisch beschichten. Zuerst muss er saubergeschrubbt werden. Nur wenn unser *Mind* rein ist, kann sich die Hingabe darin tief verankern, so dass wir uns der göttlichen Gegenwart erfreuen können. Denkt an Kuchela. Seine Kinder hungerten, er ging fort, um Nahrung zu erbetteln. Auf dem Rückweg streckte jemand weinend die Hand aus und klagte, dass seine Familie nichts zu essen habe. Kuchela gab ihm das Essen, welches er bekommen hatte.

Kennt ihr die Geschichte des Weisen Durvasas und des Königs Ambarisha? Der Weise ging zu Ambarisha, weil er den König verleiten wollte, ein geleistetes Versprechen zu brechen. Versagte dann der König, würde er ihn mit einem Fluch belegen. Doch Ambarisha war ein aufrichtiger Verehrer Gottes. Obwohl Durvasas mit Ambarisha sehr böse wurde, reagierte er in keiner Weise und behielt die Haltung eines Dieners gegenüber dem Weisen. Er war sich seiner eigenen Macht bewusst, doch zeigte er keinerlei Widerstand dem Weisen gegenüber. Mit gefalteten Händen betete er zu Durvasas: 'Bitte vergib mir, falls ich Fehler begangen habe. Ich habe nur versucht, mein Versprechen einzuhalten. Vergib mir meine Unwissenheit.' Duravasas jedenfalls vergab ihm nicht und beschloss, ihn zu töten. Doch bevor dies geschehen konnte, kam Vishnus *Sudarshana Chakra* um Ambarisha zu retten. Erschrocken über das *Sudarshana* rannte Durvasas hilfesuchend zu den Göttern. Als der Weise gegangen war, dachte Ambarisha keineswegs: 'O gut, er ist weggegangen. Jetzt kann ich in Frieden etwas essen.' Durvasas gelang es nicht, Hilfe von den *Devas* zu erhalten. Er hatte deshalb keine andere Wahl, als Zuflucht bei Ambarisha selbst zu suchen. Sogar noch als Durvasas kam und um Vergebung bat, wollte der König ihm die Füße waschen und das Wasch-Wasser trinken. Gott ist ganz auf Seiten solcher Menschen. Er wird immer Menschen mit so viel Demut helfen. Menschen, die denken: 'Ich möchte Glück, Reichtum und Erlösung!' finden Gott nicht an ihrer Seite."

Amma hielt inne. Sie saß schweigend da und schaute aus dem kleinen Fenster an der rechten Seite des Busses. Sie fuhren an Bäumen und Häusern vorbei. Ein Lastkraftwagen überholte hupend. Alle Augen waren auf Amma gerichtet. Ein *Brahmachari* brach die Stille und rief: „Amma!"

„Ja, was willst du?" fragte Amma abwesend. Der *Brahmachari* senkte die Stimme und sagte: „Es tut mir leid, dass ich Amma kürzlich ärgerlich gemacht habe."

Amma: „Das ist alles bereits Vergangenheit. Warum machst du dir darüber jetzt Gedanken? Amma hat es auf der Stelle vergessen. War Amma nicht aus Liebe so streng mit dir?"

Tränen begannen aus seinen Augen zu strömen. Amma wischte sie mit dem Zipfel ihres Saris weg und sagte: „Mach dir keine Sorgen, mein Lieber."

Vor einigen Tagen hatte Amma ihn gebeten, die Terrasse des Tempels zu reinigen, bevor sie den *Ashram* verließen. Doch in der Eile des Aufbruchs hatte er es vergessen. Als Amma zur Abfahrt bereit war, bemerkte Sie, dass die Terrasse immer noch schmutzig war. Deshalb rief Sie den *Brahmachari* und schimpfte mit ihm.

Dann fing Sie selbst an, sauber zu machen. Als die anderen dies sahen, kamen sie alle, um zu helfen, während der *Brahmachari* mit hängendem Kopf beschämt dastand. Amma verließ den *Ashram* erst, als der ganze Bereich gereinigt war.

Amma fuhr fort: „Wenn Amma etwas mit Strenge zu euch sagt, dann nicht deshalb, weil Sie wirklich ärgerlich wäre. Es ist nur, um euch davor zu bewahren, egoistisch zu werden. Amma würde gerne, solange Sie gesund ist, all die nötigen Arbeiten selbst erledigen. Doch befindet sich Ihr *Mind* oft auf einer anderen Bewusstseins-Ebene, deshalb neigt Sie dazu, die Arbeiten zu vergessen. Nur deshalb bittet Sie euch darum, dass ihr Arbeiten erledigt. Amma würde z.B. gerne selbst Ihre Kleider waschen. Doch sobald Sie es versucht, hindert sie Gayatri daran. Amma möchte niemandem Sorgen bereiten.

Amma liebt es, anderen zu dienen und nicht bedient zu werden. Sie braucht keine Bedienung. Trotzdem muss Sie es akzeptieren, um Menschen glücklich zu machen. Auch dann denkt Amma nur daran, was für euch gut ist.

Ihr Kinder habt mehr Glück als andere Menschen. Ihr müsst euch um nichts sorgen: Amma ist hier, um sich um all eure Probleme zu kümmern. Sie ist hier, um euren Sorgen zuzuhören und euch zu trösten. Es gibt ein Sprichwort, das besagt, dass man erst dann in die Welt hinausgehen sollte, wenn man die Selbstverwirklichung erlangt hat. Dies trifft nicht auf diejenigen zu, die sich einem *Satguru* ergeben haben. Ein Schüler, der von einem *Satguru* in die Welt geschickt wird, muss sich vor nichts fürchten. Der *Guru* ist immer da, um ihn zu beschützen."

Ein *Brahmachari*, der zugehört hatte, fragte: „Amma, du hast oft gesagt, dass man das Selbst in nur drei Jahren verwirklichen kann. Welches *Sadhana* empfiehlst du dafür?

Fit für die Verwirklichung

Amma: „Jemand mit intensivem Verlangen benötigt keine drei Jahre. Warum? Er braucht nicht einmal solange, wie man braucht, um ein Lotusblatt mit einer Nadel zu durchstechen. Doch muss das Verlangen unglaublich intensiv sein. Mit jedem Atemzug sollte der Suchende nach Gott rufen: 'Wo bist du?' Er muss in den Zustand kommen, in dem er nicht länger leben kann, solange er Gott noch nicht verwirklicht hat.

Einige Menschen kommen auch nach 50-60 Jahren *Tapas* nicht ans Ziel. Wenn ihr das befolgt, was Amma sagt, dann könnt ihr euer Ziel mit Sicherheit in drei Jahren erreichen. Aber ihr braucht *Shraddha*. Ihr braucht wahres *Lakshya Bodha* und echte Hingabe. Amma spricht über Menschen, die das haben. Wenn ihr in Indien einen normalen Bus nehmt, dann wisst ihr nicht genau, wann er sein Ziel erreicht, weil er an vielen Stellen anhält. Doch wenn ihr einen 'Expressbus' nehmt, könnt ihr genau sagen, wann er ankommt, weil er nicht hier und dort anhält. Wir können bei jenen nicht sicher sein, denen es nur zwei Tage lang gelingt, Entsagung zu praktizieren.

Sohn, wenn der Gedanke, dass du geboren bist, stirbt, so ist das die Selbst-Verwirklichung. Wenn dir bewusst wird, dass du reines Sein bist ohne Geburt, Wachstum und Tod, dann bist du verwirklicht. Das ist nicht etwas, was du von woanders bekommst. Du musst deinen *Mind* unter Kontrolle bringen. Das ist es, was notwendig ist.

Wisst ihr, wie Amma lebte? Nie ließ Sie Ihre eigenen Fußabdrücke zurück, wenn Sie den vorderen Hof fegte. Falls Ihre Fußspuren noch da waren, beseitigte Sie sie mit dem Besen. War alles sauber gefegt, sollte Gott als erster seine Fußspuren hinterlassen. Sie war überzeugt, dass Gott dort entlanglief. Geschah es, dass Sie bei einem Atemzug nicht an Gott dachte, hielt Sie sich die Nase zu, um nicht mehr zu atmen. Dann dachte

Sie an Gott, und erst danach atmete Sie erneut. Beim Gehen folgte ein nächster Schritt, nachdem Sie an Gott gedacht hatte. Falls Sie es bei einem Schritt vergaß, ging Sie einen Schritt zurück, dachte an Gott und ging erst dann wieder weiter.

Kennt ihr die Geschichte des Mannes, der nach Tambrans Löwen suchte? Wir benötigen die Intensität, mit der er suchte. Wir sollten nie von der Suche ablassen und stets rufen: 'Wo bist du? Wo bist du?' Aufgrund der Intensität unserer Suche wird es überall so heiß, dass Gott nicht mehr ruhig bleiben kann. Er wird vor uns erscheinen.

Bevor Amma begann zu meditieren, entschied Sie, wie viele Stunden sie meditieren wird. Bevor diese Zeit nicht um war, stand sie nicht auf. Konnte Sie nicht so lange sitzen, machte Sie Mutter Natur laut Vorwürfe, bereit, sie zu schlagen. In der Nacht schlief Sie überhaupt nicht, Sie saß wach da und weinte. Sie war normalerweise nicht müde. Wenn die Zeit zum Schlafen nahte, war Sie bekümmert, dass wieder ein weiterer Tag verschwendet war. Amma kann nicht einmal die Erinnerung an diese Zeit ertragen. Es war so schwer."

Brahmachari: „Stört es nicht die Meditation , wenn ein 'normaler' Mensch nicht schläft?"

Amma: „Wer sich danach sehnt, Gott zu erkennen, wird nicht einen Moment aufhören, an ihn zu denken. Er wird nicht müde sein und sich auch nicht hinlegen. Selbst wenn er liegt, wird sein Kummer ihn wachhalten. Amma spricht von solchen Suchenden. Für jene, welche der Welt entsagen und die Verwirklichung Gottes suchen, ist *Tapas* die beste Form des Ausruhens. Es gibt keine bessere Ausruhen als *Tapas*. Wer *Tapas* praktiziert, benötigt keinen Schlaf. Ein solcher Zustand ist unser Ziel."

Brahmachari: „Heißt es nicht in der *Gita*, dass jemand, der zu viel schläft und jemand, der überhaupt nicht schläft, *Yoga* nicht erlangen wird?"

Amma: „Amma sagt nicht, dass du den Schlaf völlig aufgeben solltest. Du solltest genug schlafen - jedoch gerade genug. Ein *Sadhak* wird nicht in der Lage sein zu schlafen, wenn er an sein Ziel denkt. Er wird sich nicht zum Schlafen hinlegen. Er wird mit dem *Japa* fortfahren und einschlafen, ohne es zu bemerken. Studenten, die ein Examen bestehen wollen, ist nicht nach Schlaf zumute. Sie werden in der Nacht aufbleiben und lernen. Studieren wird zu ihrer zweiten Natur. Ein *Sadhak* nimmt automatisch diese Haltung an.

Kinder, die Amma wirklich lieben, sollten die Prinzipien, die Sie lehrt, in sich aufnehmen. Sie sollten bereit sein, alles aufzugeben und entsprechend dieser Prinzipien leben. Sie sind es, die Amma wirklich lieben. Das Ziel eines solchen Menschen ist es, unentwegt an diesen Prinzipien festzuhalten, selbst wenn es bedeutet, dem Tod ins Auge zu schauen. Jemand, der einfach nur die Worte daher sagt: 'Amma, ich liebe dich', liebt Sie nicht wirklich.

Ein König hatte zwei Diener. Einer von ihnen war immer in der Nähe des Königs, ohne sich um irgendeine seiner Pflichten zu kümmern. Der andere verbrachte den ganzen Tag damit, das zu tun, was der König ihm auftrug. Er mühte sich ab, ohne zu essen oder zu schlafen. Es kümmerte ihn nicht, ob der König dies alles sah oder davon wusste. Wer ist der bessere der beiden? Wen schätzt der König am meisten?"

Mutters wahre Natur

Amma fuhr fort zu sprechen und Ihr Wesen weiter zu erklären: „Der Fluss fließt von selbst. Er reinigt alles, was hineinkommt. Er braucht kein Wasser aus dem Teich. Ihr müsst Amma nicht um Ihrer selbst willen lieben. Amma liebt jeden von euch. Doch um euretwillen zeigt sie Ihre Liebe vielleicht nicht immer. Nach außen hin zeigt Amma Gayatri gegenüber keinerlei Liebe. Doch wenn Gayatri nicht da ist, dann füllen sich Ammas Augen mit Tränen bei dem Gedanken an sie, ihre harte Arbeit und ihr Leiden. Amma liebt die Einstellung dieser Tochter; ihr Handeln und diese Liebe kommen ganz von selbst, Amma tut - zumindest bewusst - nichts dazu. Trotzdem zeigt Amma Ihre Liebe nicht einmal für eine Sekunde. Sie findet Fehler in allem, was Gayatri tut. Sie spricht sie die meiste Zeit nicht einmal als '*mol*' an.

Amma denkt oft: 'Bin ich wirklich so grausam, dass ich Gayatri gegenüber kein Mitgefühl zeigen kann? Ich lasse Sie immer leiden!' Selbst wenn sich Amma nachts entschließt, Gayatri am nächsten Morgen Liebe zu zeigen, endet es damit, dass Sie sie wegen irgendetwas schimpft. Sie hat Gayatri schon geweckt und sie aufstehen lassen. Sie hat sie hinausgeworfen und die Tür verschlossen. Sie hat sie auf viele Arten bestraft. Das hat nichts damit zu tun, dass Amma sie nicht liebt. Amma liebt Gayatri sehr. Amma prüft jedoch ihren *Mind*. Gayatri ist noch niemals ins Schwanken geraten. Das zeigt ihre tiefe, reine Liebe."

Sadhana-Regeln

An diesem Punkt stellte Br. Pai die Frage: „Amma, du sagst oft, dass ein *Sadhak* keine engen Verbindungen zu weltlichen Menschen haben sollte, dass er nicht ihre Kleidung und andere Dinge benutzen und nicht ihr Schlafzimmer betreten sollte. Wie kann er dann selbstlose Arbeit in der Welt verrichten?"

Amma: „Diese Arbeit schadet nicht, doch sollte man niemals sein *Shraddha* verlieren. Es ist wahr, dass alles das gleiche Selbst ist, dass alles Gott ist, und dass Gott in jedem und in allem ist. Doch sollte man mit Unterscheidungsvermögen entsprechend der Umstände handeln. Besucht ein *Sadhak* ein Haus, dann sollte er es vermeiden, in die Schlafzimmer zu gehen. Wenn du einen Ort aufsuchst, an dem mit Kohle gehandelt wird, bleibt etwas Kohlenstaub an dir haften, selbst wenn du nichts berührst. Es heißt, dass man in Kurukshetra immer noch den Klang der früheren Schlacht vernehmen kann. Hältst du dich in diesen Räumen auf, egal wie lange, werden diese Schwingungen in dein Unterbewusstsein gelangen, und früher oder später wirst du die Auswirkungen erleiden. Falls ihr ein Haus besucht, dann wohnt deshalb im *Puja*-Raum und haltet euch möglichst darin auf. Sprecht auch dort mit den Familienmitgliedern. Versucht, in euren Gesprächen weltliche Angelegenheiten zu vermeiden. Es ist besser, nicht über das zu reden, aus dem kein spiritueller Nutzen gezogen werden kann. Unterhaltungen über unnötige Dinge wirken wie Wirbelwind. Der *Mind* wird, ohne dass man es merkt, davon heruntergezogen. Die Kleidung von anderen Menschen enthält die Schwingung ihres *Mindes*. Deshalb sollten *Sadhaks* nicht die Kleidungsstücke von weltlichen Menschen tragen. Es ist auch nicht gut, ihre Seife zu verwenden. Wenn ihr jemandem eure Seife ausleiht, nehmt sie besser nicht wieder zurück. Tragt die notwendige Kleidung und euer *Asana* mit euch, wo ihr auch hingeht.

Sadhaks sollten mit niemandem enge Bindungen eingehen, insbesondere nicht mit Haushältern. Doch sollte unser Verhalten nicht verletzend wirken. Bestehen sie auf etwas, erklärt euren Standpunkt mit einem Lächeln. Nachdem der Suchende durch sein *Sadhana* erst einmal eine bestimmte Stufe erreicht hat, ist er nicht mehr so leicht zu beeinflussen und wird so unberührt bleiben wie ein Lotusblatt, auf das ein Tropfen Wasser fällt. Doch auch dann sollte man wachsam bleiben."

Nachdem Amma einige *Devotees* zu Hause und Ihren Zweig-Ashram in Ernakulam besucht hatte, erreichte Sie mit der Gruppe um die Mittagszeit Haripad. Prof. N.M.C. Warrier und seine Familie waren die ganze Nacht wach geblieben, weil

Amma gesagt hatte, Sie würde am Abend kommen. Da sie sich entschieden hatten, nichts vor Ammas Ankunft zu essen, hatte niemand in der Familie etwas zu sich genommen. So hatte Amma ihnen die Möglichkeit zu einer guten Meditation geschenkt. Was macht Gott nicht alles, um die Aufmerksamkeit seiner Devotees fest an sich zu binden?

Für Ammas Willkommen hatte der Sohn der Familie einige *Kalams* mit Reismehl und Turmerikpulver auf den Boden gezeichnet und in deren Mitte eine Öllampe angezündet. Amma sah sich die Zeichnung genau an und meinte: „Hier ist ein kleiner Fehler. Es sollte kein Fehler unterlaufen, wenn man ein *Kalam* zeichnet. Es heißt, dass es sonst Streit in der Familie gibt. Wir sollten solche Zeichnungen mit einem sicheren Entschluss ausführen. Sohn, du solltest zunächst im Sand üben. Miss alles aus und vergewissere dich, dass es richtig ist. Erst nachdem du genug geübt hast, solltest du ein *Kalam* zeichnen. Doch ist das, was du gemacht hast, trotzdem in Ordnung, weil du es mit einem reinen Herzen getan hast, das voller Liebe und Hingabe für Amma ist. Das nächste Mal solltest du aber aufmerksamer sein."

Amma besuchte fünf weitere Familien in Haripad. Besucht Sie ein Haus, wird Sie von den Nachbarn meist auch eingeladen. Ganz gleich wie müde Sie ist, und unabhängig vom Drängen anderer, sich doch auszuruhen, besuchte Amma alle Häuser. Und die Familien freuen sich sosehr, wenn Ammas heilige Füße ihr Heim betreten und es segnen, dass die *Devotees* dazu neigen, Ammas viele Verpflichtungen zu vergessen.

Als Amma im *Ashram* ankam, sah Sie, dass viele *Devotees* seit dem Morgen auf Sie gewartet hatten. Obwohl körperlich mitgenommen, änderte Amma nicht das normale Programm, und der *Devi Bhava* fand wie gewohnt statt.

Montag, der 4. November 1985

Amma war um drei Uhr nachmittags im Zimmer von Br. Srikumar und saß neben ihm auf seinem Bett. Er hatte seit zwei Tagen Fieber. Ein *Brachmachari* brachte ein Gefäß mit heißem Wasser für Srikumar. Das Gefäß war fest mit einem Bananenblatt verschlossen.

Amma: „Setz dich auf den Boden und halte deinen Kopf in den Dampf, dann wirst du dich besser fühlen."

Eine Strohmatte wurde auf den Boden gelegt, und Amma war Srikumar behilflich, sich im Bett aufzusetzen. Sie hielt seine Hand und half ihm auf die Strohmatte. Er wurde mit einem dicken Tuch bedeckt.

Amma: „Sohn, öffne jetzt das Gefäß. Inhaliere solange den Dampf, bist du richtig schwitzt. Dann wird das Fieber verschwinden."

Einige *Devotees*, die für einen *Darshan* angereist waren, kamen zur Hütte, als sie hörten, dass Amma sich dort befand.

Amma: „*Sri mon* (mein Sohn Sri) hat nun seit zwei Tagen Fieber. Amma dachte, dass es gut wäre, ihm ein Dampfbad zuzubereiten. Wann seid ihr gekommen, Kinder?

Eine Frau: „Vor einiger Zeit, doch haben wir erst jetzt herausgefunden, dass Amma hier sitzt."

Amma nahm das Tuch weg, das Srikumar bedeckte. Er hatte genug geschwitzt. Sie half ihm, sich wieder auf das Bett zu legen. Amma unterhielt sich mit den *Devotees* und nach einigen einleitenden Worten wendete sich die Unterhaltung ernsthaften Dingen zu.

Vedanta - das Wahre und das Falsche

Ein *Devotee*: „Amma, letztens hat mich ein Freund von mir besucht. Er liebt die Frau einer seiner Freunde. Während wir uns darüber unterhielten, sagte er: „Kabirdas gab seine Frau weg, als jemand ihn darum bat, nicht wahr? Was ist daran also falsch?"

Amma: „Hat aber Kabirdas nicht freudig seine Frau jemandem gegeben, der darum gebeten hatte? Er betrog nicht seinen Freund und nahm ihm seine Frau weg. Lasst diese Person, die im Sinne von 'Vedanta' spricht, seinen Freund fragen, ob er bereit ist, seine Frau wegzugeben. Wenn er danach fragt, wird er vielleicht nicht mehr lange auf Erden sein." Amma lachte.

„Kabir war ein rechtschaffener Mensch. Für ihn war das *Dharma* höherstehend als seine Frau oder er selbst. Deshalb zögerte er nicht. Seine Einstellung war, das zu geben, worum er gebeten wurde. Er entfernte sich nicht vom *Dharma*, selbst als ihn jemand um seine Frau bat. Doch hat eine Frau ihr eigenes *Dharma*. Wenn eine Frau ihrem Mann gegenüber wirkliche Hingabe empfindet, schaut sie nicht einmal in das Gesicht eines anderen Mannes. Ravana raubte Sita. Er setzte alles daran, sie in Versuchung zu führen, doch sie wurde niemals schwach. Sie dachte nur an Rama. Sie hatte entschieden, dass sie keinem anderen Mann nachgeben würde, selbst wenn dies bedeutete, zu sterben. Das ist das *Dharma* einer Ehefrau.

Was wir in Kabir sehen, ist das Zeichen eines befreiten Wesens. Er hatte alle Konzepte von 'Ich' und 'Mein' aufgegeben. 'Alles ist das Selbst oder Gott', das ist die Haltung, die ein spiritueller Mensch haben sollte. Er sollte Gott in allem sehen, oder er sollte alles als sein eigenes Selbst sehen. Aus einer bestimmten Sicht ist alles Gott. Von daher kann man niemanden hassen oder auf ihn wütend sein, sondern ihn nur verehren. Aus einer anderen Sicht ist nichts von unserem eigenen Selbst getrennt, es gibt keine Zwei. Beseitige die Grenze zwischen zwei Feldern, und es gibt nur noch ein Feld. Wir sehen uns selbst in allem. So wie die rechte Hand kommt, um die Wunde an der linken Hand zu versorgen, sehen wir das Leid eines anderen Menschen als unser eigenes und eilen zu Hilfe."

Ein *Brahamachari* war dabei, den *Ashram* zu verlassen, um ein paar Tage nach Ernakulam zu fahren und einiges zu besorgen. Er nahm einen Schirm aus der Hütte. Der Schirm hatte aber keinen Griff und war etwas ausgebleicht. Deshalb stellte er ihn zurück. Ein neuer Schirm hing hinter der Tür. Stattdessen nahm der *Brahmachari* diesen Schirm. Er verbeugte sich vor Amma und ging hinaus.

Amma rief ihn zurück. Sie nahm ihm den neuen Schirm ab und bat ihn, den alten Schirm zu nehmen, den er zuerst in der Hand gehabt hatte. Der *Brahmachari* tat dies, ohne zu zögern und ging. Alle schauten erstaunt zu. Danach gefragt sagte Amma: „Er wollte nicht den alten Schirm, nur den neuen. Ein *Brahmachari* sollte nicht auf äußeren Glanz hereinfallen. Man lebt in einem *Ashram*, damit man nicht mehr von luxuriösen Dingen angezogen wird."

Wenig später bat Amma jemanden, den *Brahmachari* zurückzurufen. Sie nahm ihm den alten Schirm ab und gab ihm den neuen. Er verbeugte sich erneut und stand dann auf.

Amma: „Sohn, ein spirituell Suchender sollte nicht von äußerer Schönheit beeindruckt sein. Die ist vergänglich. Es wird ihn ruinieren. Er sollte nach der inneren Schönheit suchen, die unvergänglich ist. Nur dadurch kann er wachsen. Nur wenn er die äußeren Versuchungen völlig ablegt, kann er Fortschritte erzielen. Amma gibt dir den neuen Schirm, weil Sie in dir die Hingabe sah, die dich das Gute und das Schlechte gleichermaßen akzeptieren ließ. Du hattest den besseren Schirm gewählt, um die Anerkennung von anderen zu erhalten, nicht wahr? Sei nicht vom Lob der anderen beeindruckt. Möchtest du eine Anerkennungsurkunde von anderen, dann wirst du keine von Gott erhalten. Was wir wirklich brauchen, ist Gottes Urkunde.

Deshalb musst du deinen *Mind*, der im Äußeren sucht, nach innen richten. Du musst suchen und entdecken, was in dir liegt. Ich werde alle Lebensbereiche meiner Kinder im Auge behalten. Ich werde sogar kleine Dinge beachten. Wer außer Amma ist da, um selbst eure kleinsten Fehler zu korrigieren? Doch sollte sich eure Aufmerksamkeit nicht auf den äußeren Glanz richten. Ihr solltet euch allein auf Gott ausrichten."

Da Amma hier ist, um selbst die scheinbar unwichtigen Dinge im Leben Ihrer Kinder zu beachten, warum sollten sich diese dann um die äußeren Dinge kümmern? Das ist Ammas Einstellung.

Ammas Bhakti Bhava

Amma: „Amma hat nach den letzten zwei, drei Tagen des Reisens die Stimme verloren! Es gab nie eine Pause. Jetzt fällt es Ihr schwer, *Bhajans* zu singen. Amma hat in all den Jahren noch nie solche Schwierigkeiten gehabt. Wozu hat man eine Zunge, wenn man keine *Bhajans* singen kann?"

Brahmachari: „Du hast das *Prarabdha* derjenigen auf dich genommen, die dich in Eloor besuchten, Amma. Das ist die Ursache. Es kamen viele kranke Menschen, und sie waren nicht mehr dieselben, als sie gingen. Sie gingen lächelnd davon."

Amma: „Ist mein Schmerz das Ergebnis ihres *Prarabdhas*, und wenn ich erleide, was sie hätten durchleiden sollen, dann bin ich nicht unglücklich darüber. Schließlich ist jemand geheilt worden. Doch selbst dann kann ich, ohne Gottes Namen zu singen, keinen einzigen Tag verbringen."

Amma weinte plötzlich. Die Tränen strömten Ihr Gesicht hinunter. Sie verkörperte das Bild einer Gottessuchenden, die mit schmerzendem Herzen klagte, Gottes Namen nicht singen zu können. Abendrot tauchte die ganze Umgebung in purpurrote Farbe und alles schien Ihre segensvolle Stimmung widerzuspiegeln. Ammas Schluchzen hörte langsam auf, und Sie glitt in einen Zustand von *Samadhi*, der eine Stunde anhielt.

Alle Anwesenden erhielten von Amma eine Lehre, wie man nach Gott weint und ruft. Kurz nachdem Sie aus dem *Samadhi* zurückgekehrt war, ging Amma zu den *Bhajans* im alten Tempel.

Kannante Kalocha

Ich hörte die Schritte Kannans,
in einer silbrigen Mondlicht-Nacht.
Ich hörte die Töne seiner Flöte,
und mein Mind verschmolz
in einem goldenen Traum!

O Duft des Winters,
der sich im Weiß
des silbernen Mondes ausbreitet!
Meine Mind glänzt glückselig
in diesem honigsüßen Lächeln!

O Kanna,
ich habe zahllose Geschichten zu erzählen.
Kanna, bitte gehe nicht!
Bitte bleib für ein Bad,
im glückseligen See meines Mindes!

Als Amma in Ihr Zimmer zurückkehrte, wartete bereits ein *Brahmachari* auf Sie. Er hatte geschwollene Augen, und sein ganzes Gesicht war verändert.

Amma: „Was ist denn mit dir geschehen, Sohn?"

Brahmachari: „Es fing heute Morgen an. Mein Gesicht schwoll an."

Amma: „Kein Grund zur Besorgnis. Die Schwellung ist durch Staub entstanden, der dir in die Augen geraten ist."

Amma bat eine *Brahmacharini*, etwas Rosenwasser zu bringen. Als sie damit zurückkam, ließ Amma den *Brahmachari* sich auf den Boden legen. Sie gab ihm Ihr Kissen, damit er seinen Kopf darauflegen konnte. Aber er zögerte, es zu benutzen.

Amma: „Wahre Ehrerbietung gegenüber Amma liegt nicht in der Zurückweisung der Dinge, die Ihr gehören. Amma sieht es nicht so. Ein Zeichen der Ehrerbietung liegt für Amma im Gehorsam Ihr gegenüber...“

Sie legte den Kopf des zögernden *Brahmacharis* auf das Kissen und goss etwas Rosenwasser in seine Augen. Er musste so einige Zeit ruhig liegenbleiben.

Freitag, der 8. November 1985

Brahma Muhurta

Der Morgenstern ging auf. Als die *Brahmacharis* aufstanden, schien das angezündete Licht durch die Löcher der Palmblätter-Hütte. Mit einer Taschenlampe ging Amma zu jeder Hütte, und prüfte, ob Ihre Kinder auf waren. Die meisten *Brahmacharis* hatten schon ihr Bad benendet. Die vedischen *Mantren* hallten durch den Raum.

In einer der Hütten brannte kein Licht, deshalb leuchtete Amma mit der Taschenlampe hinein. Der *Brahmachari* schlief fest. Amma zog an einer Ecke seines Betttuches. Er drehte sich zur anderen Seite um und deckte sich wieder zu. Amma machte dies Spaß. Sie zog erneut an dem Tuch. Er schob die Hand weg, welche das Tuch hielt, und rollte sich wieder zusammen. Amma holte Wasser von draußen und näherte sich Ihrem Sohn erneut. Sie tropfte etwas Wasser in sein Gesicht.

Er setzte sich auf und blickte wegen dieser Unterbrechung seines Schlafes irritiert um sich. Vor ihm waren zwei durchdringende Augen. Selbst in seinem schlaftrunkenen Zustand erkannte er sofort die Gestalt in reinem Weiß. Zitternd stand er auf. Als Amma sah, dass er wach war, verschwand Ihr Lächeln. Jetzt setzte Sie ein ernstes Gesicht auf.

Amma: „Während des *Archanas* kommen alle Gottheiten hierher. Liegst du hier, um ihre Ungunst auf dich zu ziehen? Wenn du nicht einmal am Morgen aufstehen kannst, warum lebst du dann im *Ashram*? Warum gehst du nicht und suchst dir ein Mädchen und lebst ein glückliches Leben mit ihr? Weinen dann deine Kinder Tag und Nacht wegen irgendetwas, musst du ihnen etwas vorsingen und sie an deiner Schulter einschlafen lassen. Erst dann werden Leute wie du lernen."

Amma war nicht bereit, Ihre Tirade zu beenden. „Seit wie viel Tagen warst du nicht beim *Archana*?"

Der *Brahmachari* sagte zögernd: „Seit zwei Tagen." Er brachte es nicht fertig, den Kopf zu heben und Amma anzuschauen.

„Du solltest dich schämen, das zu sagen. Sogar Achamma, die über siebzig ist, steht um 4.30 Uhr auf."

Die *Brahmacharis*, die jetzt vom *Archana* zurückkehrten, bekamen Amma flüchtig in Ihrer Gestalt als Kali zu sehen. Sie verneigten sich vor Ihr. Als Amma aus der Hütte trat, war Ihre Stimmung völlig verändert. Sie zeigte ein freundliches, lächelndes und wohlwollendes Gesicht. Sie setzte sich mit Ihren Kindern in die Nähe der *Darshan*-Hütte. Wo war die grimmige Stimmung von Sekunden zuvor? Augenblicklich erblühte Ihr Lotusgesicht in einem Lächeln sanfter Liebe.

Amma: „Ich fragte ihn, warum er hier lebt, wenn er nicht in der Lage ist, die *Ashram*-Regeln zu befolgen und seinem *Sadhana* nachzugehen. Es muss ihn verletzt haben. Es ist schmerzlich für Amma, Ihre Kinder zu schimpfen. Doch ist es mehr Ammas Tadel als Ihre Liebe, welche die Unreinheiten in euch ausmerzt. Zeigt euch Amma nur Liebe, werdet ihr nicht in euch gehen. Hinter Ammas Zurechtweisung steht nichts anderes als Ihre Liebe für euch. Es ist Ihr Mitgefühl. Es ist wirkliche Liebe, Kinder. Es mag euch vielleicht aus der Fassung bringen, wenn Amma euch straft, doch macht es Amma, um eure *Vasanas* zu schwächen und das wirkliche Selbst in euch zu erwecken. Es gibt keine Möglichkeit, die *Vasanas* zu beseitigen, ohne dass es ein wenig schmerzt.

Der Bildhauer bricht mit einem Meißel den Stein, nicht weil er auf den Stein ärgerlich wäre, sondern um die wirkliche Form im Innern hervorzubringen. Der Schmied erhitzt das Eisen und schlägt es, um ihm die gewünschte Form zu geben. Um einen entzündeten Abszess zu heilen, muss man den Eiter herausdrücken. Manchmal wird der Arzt den Abszess auch aufschneiden. Wer das beobachtet, mag denken, dass der Arzt grausam ist. Doch wenn er aus Zuneigung zum Patienten einfach nur etwas Medizin aufträgt, um dem Patienten den Schmerz der Abszess-Öffnung zu ersparen, wird es nicht heilen. Genauso sind die Zurechtweisung und die Disziplinierung durch den *Guru* vielleicht schmerzlich für den Schüler, doch ist das einzige Ziel des *Gurus*, die *Vasanas* zu beseitigen.

Kinder, wenn die Kuh an einer jungen Kokospalme herumknabbert, hat es keinen Sinn, ihr freundlich zu sagen: 'Friss sie nicht auf, meine Liebe.' Doch wenn du die Kuh anschreist: 'Geh weg! Verschwinde!' wird die Kuh aufhören, die Pflanze zu fressen und weggehen. Ammas Worte müssen in euch die gewünschte Veränderung bewirken. Deswegen nimmt Amma solch eine Stimmung an."

Wer außer Amma war für die Bewohner des *Ashrams* da, um sie zu schimpfen, ja gar den Stock zu schwingen und ihnen davon, falls nötig, eine Kostprobe zu geben?

Amma blieb für einige Augenblicke still und fuhr dann fort: „Kinder, wenn ihr deshalb aus eurer Fassung geratet, wird Amma aufhören, euch zu tadeln. Amma möchte, dass ihr glücklich seid. Sie möchte euch nicht verletzen."

Als die *Brahmacharis* diese Worte hörten, bebten ihre Herzen. Immer dann, wenn Amma sie in die Pflicht nahm, vertiefte sich ihre Liebe für Sie, und das Band zu Ihr wurde nur noch stärker.

Amma stand auf und ging aus dem Esssaal. Sie fuhr fort, mit den *Brahmacharis* zu sprechen, die Ihr wie Schatten folgten.

Amma: „Amma hat nicht die Absicht, euch durch Ihre Strenge zu verletzen. Sie gibt euch nur die Möglichkeit, selbst zu sehen, wie stark eure Verbindung zu Amma ist. Nur diejenigen, die bereit sind zu bleiben, obwohl sie Schläge erhalten und ihr Ego stirbt, können sich weiterentwickeln. Ein *Brahmachari* muss die ganze Last der Welt auf seinen Schultern tragen, deshalb sollte er nicht durch Kleinigkeiten erschüttert werden. Ich werde meine Kinder wirklich wachrütteln. Alleine diejenigen, die nach Selbst-Verwirklichung streben, werden bleiben, die anderen allerdings werden gehen."

Mutter erzählt alte Geschichten

Im Tempel (*Kalari*) fanden gerade die abendlichen *Bhajans* statt. Ottur hatte seit einigen Tagen gehofft, etwas Zeit mit Amma zu verbringen. Jetzt ging er langsam zu Ammas Zimmer. Er freute sich sehr, als er Sie sah. Sie nahm seine Hand, um ihn neben sich sitzen zu lassen. Ottur aber verbeugte sich vor Ihr, um Ihr seine Ehrerbietung zu zeigen, und legte dann seinen Kopf wie ein kleines Kind in Ihren Schoß. Amma streichelte ihm liebevoll den Rücken. Ottoors Neffe, Narayanan und ein anderer *Brahmachari* waren ebenfalls im Zimmer.

Ottor hob den Kopf und sagte: „Die *Brahmacharis* kommen und erzählen mir die alten Geschichten. Ich bereue es sehr, dass ich nicht das Glück hatte, diese Dinge mit eigenen Augen zu sehen. Amma, es genügt, wenn du über diese Begebenheiten von früher erzählst. Sie berichteten mir, dass deine Familie dich angebunden und geschlagen hat. Als ich das hörte, kam mir der kleine Ambadi Kanna (Krishna) in den Sinn. Warum haben sie dich denn geschlagen?"

Amma lachte und begann zu erzählen: „In jenen Tagen brachte Amma den Menschen in der Umgebung etwas zum Essen, selbst dann, wenn Sie es von zuhause stehlen musste. Deshalb haben sie Amma geschlagen. Amma sammelte bei den Nachbarn gewöhnlich Tapioka-Schalen und *Kadi*, um damit die Kühe zu füttern. In den meisten der Nachbarhäuser hungerten die Menschen, und Amma hatte Mitleid mit ihnen. Deshalb füllte Sie im Haus Ihrer Eltern, wenn es niemand sah, einen Topf mit gekochtem Reis. Sie gab vor, dass Sie *Kadi* besorgen wolle, und brachte den Reis zu den hungernden Nachbarn. In manchen Familien gab man der Großmutter keine Seife, oder was sie sonst noch so benötigte, deshalb brachte ihnen Amma Seife. Sie wusch ihnen außerdem die Kleidung."

Ottur: „Oh, das waren Menschen mit gutem *Karma*, dass sie an Ammas *Leela* teilhaben konnten!"

Amma: „So handelte Amma eine Zeitlang, doch später fühlte Sie sich von allem völlig losgelöst. Sie mochte nicht, dass sich Ihr jemand näherte und Sie am Meditieren hinderte. Sie fühlte gegen alles eine Abneigung. Sie konnte nicht einmal Mutter Natur leiden. Sie hasste Ihren eigenen Körper, deshalb biss und verletzte Sie sich selbst. Sie riss sich sogar die eigenen Haare aus. Erst später merkte Sie, dass Sie sich diese Verletzungen selbst zugefügt hatte."

Ottur (mit Erstaunen): „Haben deine Eltern das alles bemerkt?"

Amma: „Als Ammas Vater Sie laut weinen sah, kam er und hob Sie hoch. Er hatte keine Ahnung, warum Amma sich so verhielt oder warum Sie weinte. Eines Tages sagte Amma zu ihm: 'Bringe mich an einen abgelegenen Ort. Bringe mich zum Himalaja!' und Sie fing an zu weinen. Amma war damals noch sehr jung. Ihr Vater drückte Sie an seine Schulter, damit Sie aufhörte zu weinen, und sagte: „Ich werde dich bald dorthin bringen. Schlaf jetzt ein wenig, mein Kind!"
Plötzlich glitt Amma im *Samadhi*. Ihre Hände waren ganz still und formten ein mystisches *Mudra*. Nur die zu Herzen gehenden Klänge und Rhythmen der *Bhajans,* die vom Tempel herübertönten, unterbrachen die Stille.

Amba Mata Jaganmata

O göttliche Mutter, Mutter des Universums,
O allermutigste Mutter,
Du schenkst Wahrheit und göttliche Liebe!
O Du, die Du das Universum selbst bist,
Du bist Mut,
Wahrheit und göttliche Liebe.

Als die *Bhajans* den Höhepunkt erreichten, waren die *Brahmacharis* völlig ins Singen eingetaucht und hatten alles andere vergessen. Amma blieb im Zustand des *Samadhi*. Langsam ging das Lied zu Ende. Die Instrumente verklangen, während das Harmonium für den nächsten *Kirtan* eingestimmt wurde. Amma kam langsam aus Ihrem erhabenen Zustand zurück. Die Unterhaltung ging weiter.

Ottur: „Wie alt warst du damals?"

Amma: „Sieben oder acht. Ammas Vater hielt Sie an seinen Schultern und ging umher. Hatte er Ihr nicht versprochen, Sie zum Himalaja zu bringen? Wie jedes Kind, glaubte Sie ihm völlig und schlief erneut an seiner Schulter ein. Als Sie aufwachte und sah, dass er Sie nicht zum Himalaja brachte, fing Sie wieder an zu weinen. Danach hatte Ammas Vater Schwierigkeiten mit Amma. Amma meditierte in der Nacht im Hof, ohne zu schlafen. Ammas Vater blieb ebenfalls auf, um auf Amma aufzupassen. Er hatte Angst, seine Tochter dort in der Nacht alleine zu lassen.

Amma sammelte oft Zweige, um die Ziegen zu füttern. Es gab einen großen Baum, der sich über das Wasser neigte. Sie kletterte auf diesen Baum und setzte sich. Plötzlich überkam Sie das Gefühl, Krishna zu sein. Dann saß Sie mit den Beinen schwingend auf dem Baum und ganz von selbst entstanden die Flötentöne in Ihr. Brach Amma einige Zweige des Baumes ab und warf sie nach unten, dann hoben die anderen Mädchen sie auf und Amma stellte sich vor, dass sie die *Gopis* waren. Diese Gedanken kamen Ihr ganz von selbst, so dass Sie sich selbst fragte, ob Sie verrückt geworden sei.

Amma ging normalerweise alleine Wasser holen, da Ihre Familie es nicht mochte, wenn Sie mit anderen Kontakt hatte. Eines Tages kletterte Sie plötzlich auf den *Banyan*-Baum und legte sich dort auf einen Zweig, so wie Gott Vishnu auf Ananta (eine große Schlange, welche die Zeit repräsentiert) liegt. Der Ast war recht dünn, brach jedoch nicht ab. Dieser Baum steht immer noch am Strand."

Ottur: „Du bist hochgeklettert und hast dich auf einen dünnen Ast gelegt?"

Amma: „Ja, wie der Herr, der auf Ananta ruht. Einige, die dies beobachteten, sagten zum Beispiel, dass Ammas Körper verschiedene Farben annahm. Amma weiß es nicht. Es war wahrscheinlich Ihr Glaube. Amma kann jetzt gar nicht mehr an diese Zeit zurückdenken."

Ottur: „Ich würde gerne die Geschichte hören, wie Amma Wasser in *Panchamritam* verwandelte."

Amma: „Amma hat es diejenigen, die nicht an Sie glaubten, selbst machen lassen. Sie selbst hat nichts berührt. Damals gab es viele Menschen, die nicht an Amma glaubten. Es war die Zeit, als Sie mit den *Bhava-Darshans* gerade anfing. Amma bat einige Menschen, die Sie ablehnten, etwas Wasser zu bringen. Sie brachten also Wasser in einem Krug, und Amma forderte sie auf, sich vorzustellen, dass das Wasser verwandelt wird. Auf der Stelle, als sie es in ihren Händen hielten, verwandelte es sich in *Panchamritam*."

Die *Bhajans* im alten Tempel waren zu Ende. Das *Mantra*, welches Frieden schenken soll, war überall zu hören.

Om purnamadah purnamidam
purnat purnamudachyate
purnasya purnam adaya
purnam evavashishyate
Om shanti, shanti, shantihi
Om Shri gurubhyo Namah!
Harihi Om!

Om, das ist das Ganze, dies ist das Ganze, aus dem Ganzen
wird das Ganze offenbar, wenn man das Ganze vom Ganzen
wegnimmt, bleibt das Ganze.

Om Friede, Friede, Friede!
Ich verneige mich vor dem Guru!
Hari OM!

Einige Augenblicke lang war es überall still. Dann begann die Glocke für das *Arati* zu erklingeln. Narayanan half Ottur aufzustehen, und sie gingen zum *Kalari*, um dem *Arati* beizuwohnen. Der *Brahmachari* ging in sein Zimmer zurück mit einem Gefühl der Ehrfurcht und der Dankbarkeit, dieser Szene beigewohnt zu haben, in welcher liebevolle Hingabe auf der einen Seite und tiefe mütterliche Zuneigung für den *Devotee* auf der anderen Seite so wunderbar zusammenschwangen.

Glossar

Abisheka baden der Gottheit, der Verehrung entgegengebracht
wird

Achara Traditionelle Sitten und Gebräuche.

Archana Verehrung durch rezitieren der 108 oder 1000 Namen
einer bestimmten Gottheit (z.b. Lalita Sahasranama).

Ashram ‚Ort des Strebens'. Ein Ort, an dem spirituelle Suchende
leben oder sich aufhalten, mit dem Ziel ein spirituelles Leben
zu führen. Gewöhnlich werden die Suchenden durhc eine
spirituellen Meisters, Heiligen oder Asketen, hier anleitet.

Ātma das Selbst oder Bewusstsein.

Ātma shakti die Kraft des Höchsten Atma

Aum gemäß den vedischen Schriften ist dies der Urklang des
Universums und der Keim der Schöpfung. Alle anderen Klänge
entstehen aus dem Om und lösen sich wieder in das Om auf.

Avatār göttlichen Verkörperung, der sich des Zwecks seiner
Geburt und seiner Identität mit Gott voll bewusst ist.

Bhagavan Der gesegnete Herr; Gott. Nach dem Vedanta, einem
Zweig der vedischen Literatur, ist Bhagavan derjenige, der die
wandernde Existenz zerstört und die Einheit mit dem Höchsten Wesen gewährt.

Bhajan hingebungsvolle Gesänge

Brahma Herr der Schöpfung in der hinduistischen Trinität

Brahmachāri ein zölibatärer männlicher Schüler, der unter einem
Meister spirituelle Disziplinen praktiziert.

Brahmachārini eine zölibatärer weibliche Schülerin, der unter einem Meister spirituelle Disziplinen praktiziert.

Brahman die ultimative Wahrheit jenseits aller Attribute. Das allwissende, allmächtige, allgegenwärtige Substrat des Universums.

Brahma Sutras Eine der drei Hauptquellen von Vedanta, zusammen mit der Bhagavad Gita und den Upanishaden. Die Brahma Sutras systematisieren und fassen den philosophischen und spirituellen Inhalt der Upanishaden zusammen und verbinden die scheinbar widersprüchlichen Aussagen der Upanishaden miteinander.

Darśan/ Darshan eine Begegnung mit einer heiligen Person oder einer Vision des Göttlichen. Ammas Darshan erfolgt in einzigartiger Form einer mütterlichen Umarmung.

Deva himmlische Wesen.

Devi Göttin; göttliche Mutter

Devi Mahātmyam ein sehr alter Lobgesang auf die Göttliche Mutter. Name eines Abschnittes des Mârkandeyapurâna, in welchem die Taten und die Größe der Shakti gepriesen werden.

Dharma/dharmisch bedeutet im Sanskrit „das, was (die Schöpfung) aufrechterhält". Meistens bezeichnet in Harmonie mit dem Universum der Schöpfung.

Ganesha Die Gottheit mit dem Elefantenkopf. Eine der bekanntesten und am meisten verehrten Gottheiten im Hinduismus.

Guru spiritueller Lehrer.

Gurukula traditionelle Schule, in der die Kinder bei einem Guru leben, der sie in den heiligen Schriften und akademischem Wissen unterrichtet und ihnen gleichzeitig spirituelle Werte vermittelt.

Grihasthāsrama Haushälter ein Familienleben führt, der ein rechtschaffenes Leben führt.

Jīva /Jīvātma individuelle Seele. Nach Advaita Vedanta ist der
Jivatma keine begrenzte individuelle Seele, sondern ein und
dasselbe wie Brahman, der auch als Paramatma bezeichnet
wird, die eine Höchste Seele, die sowohl die materielle als auch
die telligente Ursache des Universums ist.

Jivanmukta eine befreite Seele/ Verwirklichte Person

Jñāna Spirituelle Weisheit

Jnāna Yoga „ Einheit durch Wissen". Der spirituelle Weg des
Zuhörens, Nachdenkens und Meditierens über die wichtigsten
spirituellen Prinzipien.

Jñānī eine Person, die Gott oder das Selbst verwirklicht hat.
Jemand, der die Wahrheit kennt

Kāli die Göttin mit furchterregendem Aussehen; sie wird als
dunkel dargestellt und trägt eine Girlande aus Schädeln und
einen Gürtel aus menschlichen Händen. Sie ist der weiblich
Aspekt von Kala (Zeit)

Kamsa mütterlicher Onkel von Krishna, der seinen Vater stürzte
und den Thron von Mathura an sich riss; wurde von Krishna
getötet.

Kanna Ein Name von Krishna

Karma Yoga "Einheit durch Handeln". Der spirituelle Weg des
hingebungsvollen, selbstlosen Dienens und die Hingabe der
Früchte des eigenen Handelns zu Gott.

Keshava Name von Vishnu; einer mit langem Haar, einer, der
den Dämon Keshi vernichtet hat; daher einer von Krishnas
Beinamen

Karma Handlung; mentale, verbale oder physische Aktivität.
Auch die Wirkungskette, die durch unsere Handlungen hervorgerufen wird.

Kirtan Hymne

Kṛṣṇa /Krishna die Hauptinkarnation von Vishnu. Er wurde in
einer königlichen Familie geboren, wuchs aber bei Pflegeeltern

auf und lebte als junger Kuhhirte in Brindavan, wo er von seinen treuen Gefährten, den Gopis und Gopas, geliebt und verehrt wurde. Später gründete Krishna die Stadt Dwaraka. Er war ein Freund und Berater seiner Vettern, der Pandavas, insbesondere Arjuna, dem er während des Mahabharata-Krieges als Wagenlenker diente und dem er seine Lehren in Form der Bhagavad Gita offenbarte.

Lakshya Bodha Das Ziel ständig vor Augen haben und darauf ausgerichtet sein

Leela göttliches Spiel.

Madhava Ein Name von Sri Krishna

Mahābhārata eines der beiden großen indischen historischen Epen, das andere ist das Ramayana. Es ist eine große Abhandlung über Dharma. In der Geschichte geht es hauptsächlich um den Konflikt zwischen den rechtschaffenen Pandavas und den ungerechten Kauravas und dem großen Krieg bei Kurukshetra. Mit 100.000 Versen ist es das längste epische Gedicht der Welt, geschrieben um 3.200 v. Chr. von dem Weisen Veda Vyasa

Mahātma wörtlich: ,große Seele', jemand, der spirituelle Verwirklichung erreicht hat

Mananam Reflexion. Zweiter Schritt des dreistufigen Prozesses zur Selbstverwirklichung, in Vedanta dargestellt.

Mantra Heilige Worte oder Gebete, die man ständig wiederholt. Sie erweckt die schlummernden spirituellen Kräfte und helfen, das Ziel zu erreichen. Ein Mantra ist am wirkungsvollsten, wenn man es von einem spirituellen Meister während der Einweihung erhält.

Māta Amritānandamayi Devi Ammas offizieller Ordensname bedeutet „Mutter der unsterblichen Glückseligkeit" und wird oft mit dem Präfix Sri versehen, um die Glückseligkeit zu verdeutlichen.

Māyā Illusion. Nach Advaita Vedanta ist es Maya, die den Jivatma dazu bringt, sich fälschlicherweise mit Körper, Mind und
Intellekt zu identifizieren, anstatt mit seiner wahren Identität,
dem Paramatma.

Mind – Fluss, all unserer Gedanken, Gefühle, Konzepte und
innewohnenden Neigungen, der mit dem Pendel einer Uhr verglichen werden kann. Wie das Pendel einer Uhr schwingt der
Mind ununterbrochen von Glück zu Leid und wieder zurück.

Moksa Erlösung aus dem Geburts-Todes-Kreislauf, dem obersten
Ziel des menschlichen Lebens gemäß der Sanatana-Dharma-
Tradition

Mudra ein Handzeichen, das auf mystische spirituelle Wahrhei-
ten hinweist.

Nārāyana ist der Name einer vedischen Gottheit, die auch als
oberster Hindu-Gott gilt

Nirvāna Im Buddhismus ist das Nirwana der höchste Zustand,
den jemand erreichen kann, der Zustand der Erleuchtung.

Oja bedeutet „Kraft" und am besten als essentielle Energie für
Körper und Mind zu verstehen ist.

Pada Puja Zeremonielles Waschen der Füße des Gurus oder
seiner Sandalen als Zeichen der Liebe und des Respekts.
Normalerweise gießt man reines Wasser, Milch, Joghurt,
Ghee, Honig und Rosenwasser über die Füße /Sandalen.
Seine Füße/Sandalen sind die symbolische Darstellung der
höchsten Wahrheit.

Pandavas fünf Söhne von König Pandu und die Helden des
Mahabharata-Epos; Cousins von Krishna

Paramātma Das Höchste Wesen; das höchste Selbst.

Prarabdha (Karma) die Früchte der Handlungen aus früheren
Leben, die man im gegenwärtigen Leben erfährt.

Prasad gesegnete Gabe oder Geschenk einer heiligen Person oder
nach einer Puja, oft in Form von Nahrung

Puja Rituelle Verehrung.

Purnam Vollkommen

Rajas Das Prinzip der Aktivität; eine der drei Gunas oder Eigenschaften der Natur.

Rāma der göttliche Held aus dem Epos Ramayana. Als Inkarnation von Lord Vishnu gilt er als das Ideal von Dharma und Tugend.

Ramāyana das Epos über Lord Rama, verfasst von dem Weisen Valmiki

Rishis ein Weiser oder Seher, dem die Mantras in tiefer Meditation offenbart wurden.

Sadhaka Spiritueller Aspirant oder Suchender, der sich ganz dem spirituellen Ziel widmet, eine Person, die intensives Sadhana praktiziert

Sādhana Spirituelle Praxis

Sādhu ein religiöser Asket, Bettelmönch oder eine andere heilige Person

Samādhi wörtlich: „Aufhören aller geistigen Bewegungen"; Eins Sein mit Gott; ein transzendentaler Zustand, in dem man jeden Sinn für die individuelle Identität verliert; Vereinigung mit dem Absoluten; ein Zustand intensiver Konzentration, in dem das Bewusstsein vollständig vereinheitlicht ist.

Samsāra der Kreislauf von Leben und Tod; die Welt der Vielfalt

Sanātana dharma „Der ewige Weg des Lebens". Der ursprüngliche und traditionelle Name für den Hinduismus.

Sankalpa göttlichen Entschluss.

Sanyasi ein Mönch, der das formale Entsagungsgelübde abgelegt hat. Ein Sannyasi trägt traditionell ein ockerfarbenes Gewand

Samskara mentale Neigungen, die sich aus vergangenen Handlungen gebildet haben

Saraswati Göttin des Wissens und der Künste.

Shakti/Sakti den dynamischen Aspekt von Brahmans als die Universelle Mutter, mit śaktis werden in diesem Buch die göttlichen Helfer und Helferinnen benannt.

Satsang Sat = Wahrheit; sanga = Verbindung, in Gesellschaft von Weisen und Rechtschaffenen oder spirituellen Lehrer Zeit zu verbringen.

shānti Frieden.

Seva selbstloser Dienst, dessen Ergebnisse Gott gewidmet sind.

Śiva /Shiva der statische Aspekt von Brahman als das männliche Prinzip. Wird als Erster in der Linie der Gurus und als formloses Substrat des Universums in Beziehung zur Schöpferin Shakti verehrt. Er ist der Herr der Zerstörung in der Dreifaltigkeit von Brahma (Herr der Schöpfung), Vishnu (Herr der Erhaltung) und Shiva. Normalerweise wird er als Mönch dargestellt, mit Asche am ganzen Körper, Schlangen im Haar, nur mit einem Lendenschurz bekleidet und mit einer Bettelschale und einem Dreizack in den Händen.

Shraddha Im Sanskrit bedeutet Shraddha Glaube, der in Weisheit und Erfahrung begründet ist, während derselbe Begriff in Malayalam Hingabe für die eigene Arbeit und Aufmerksamkeit bei jeder Handlung bedeutet. Mutter verwendet den Begriff oft in dem letzteren Sinn.

Siddhi Psychische Kraft; Vollkommenheit.

Sishya Schüler

Sloka Sanskrit verse.

Srimad Bhagavatam Siehe Bhagavatam. Srimad bedeutet ‚verheißungsvoll'.

Swāmī Titel einer Person, die das Sannyasa-Gelübde abgelegt hat

Tapas wörtlich „Hitze". Die Praxis der spirituellen Enthaltsamkeit und Askese.

Tapasvin jemand, der Askese oder spirituelle Enthaltsamkeit ausübt.

Uddhava Gita ein Gespräch zwischen Lord Krishna und seinem großen Devotee Uddhava. Enthalten im Srimad Bhagavatam
Upanishaden die Teile der Veden, die sich mit der Philosophie des Non-Dualismus befassen.

Vairagya Losgelöstheit

Vasanas latente Neigung oder subtiles Begehren im Mind, das sich als Handlung und Gewohnheit manifestiert.

Vanaprastha die dritte Lebensphase, die der Entbehrung und der Abgeschiedenheit gewidmet ist.

Vedanta wörtlich: „Das Ende der Veden". Es bezieht sich auf die Upanishaden, die sich mit dem Thema Brahman beschäftigen

Veden die ältesten aller Schriften. Sie wurden nicht von einem menschlichen Autor verfasst, sondern sie wurden den alten Rishis in tiefer Meditation „offenbart". Die Mantras, aus denen die Veden bestehen, sind in der Natur immer in Form von subtilen Schwingungen; die Rishis erreichten einen so tiefen Zustand der Absorption, dass sie in der Lage waren, diese Mantras wahrzunehmen.

Vishnu Alles durchdringend. Der Gott der Existenzsicherung.

Viveka Unterscheidung, insbesondere die Unterscheidung zwischen dem Ewigen und dem Vergänglichen

www.ingramcontent.com/pod-product-compliance
Lightning Source LLC
Chambersburg PA
CBHW071211090426
42736CB00014B/2773